Chinese Economic Sociology
Research (Vol.6)

经济社会学研究

第六辑

主　编／刘世定

执行主编／严　俊　张樹沁

社会科学文献出版社
SOCIAL SCIENCES ACADEMIC PRESS (CHINA)

经济社会学研究　　第六辑

2019 年 6 月出版

目　　录

社会行为基础上的理论建模 ………………… 严　俊　张樹沁　刘世定 / 1

参照群体、社会身份与位置考虑 ………………… 李国武　陈姝妤 / 14

评论：社会比较的结构性与情境性

　　——对李国武、陈姝妤论文的评论 ………………………… 庄家炽 / 34

有限理性行动者的偏好变化与行为策略：一个初步的

　　理论模型 ………………………………………… 严　俊　李婷婷 / 39

评论：如何理性地研究经济理性问题

　　——对严俊、李婷婷论文的评论 …………………………… 韩　亦 / 58

偏好变迁和资本积累

　　——扩展性偏好函数理论的实证和理论研究 ……………… 方　辉 / 63

评论：需求定律与偏好的内生性问题

　　——评方辉《偏好变迁和资本积累》 ……………………… 翟宇航 / 98

门槛模型：一个社会学形式理论的建构与拓展 ……………… 刘　炜 / 103

评论：形式理论对社会学的意义：从刘炜的《门槛模型》

　　一文谈起 ………………………………………………… 王晓路 / 126

社会分析中的“故事”范畴

　　——对文献的一个挖掘式梳理与探讨 …………………… 刘幼迟 / 133

评论：社会研究中对"故事"进行分析的几种可能

　　——评刘幼迟《社会分析中的"故事"范畴——对文献的

　　一个挖掘式梳理与探讨》 ……………………………… 汪琳岚／155

强弱关系，还是关系人的特征同质性 …………… 邱泽奇　乔天宇／162

评论：节点特征与边特征的关系

　　——对邱泽奇、乔天宇论文的评论 ……………………… 刘世定／190

科层体系的镶嵌式博弈模型 ……………………………… 王水雄／194

评论：博弈模型如何进入科层体系研究

　　——评王水雄的《科层体系的镶嵌式博弈模型》 ……… 刘玉照／216

经济社会学与行为地理学：亲和性与

　　互补性 …………………………… 刘世定　户雅琦　李贵才／219

评论：地点效用概念的引入及其可能的研究方向

　　——对刘世定、户雅琦、李贵才论文的评论 …………… 张树沁／234

《经济社会学研究》征稿启事 ………………………………… ／241

Table of Contents & Abstracts ……………………………… ／244

经济社会学研究 第六辑

第 1～13 页

© SSAP，2019

社会行为基础上的理论建模

严 俊 张樹沁 刘世定[*]

摘 要： 既有的经济社会学研究往往只强调各类作为外生制约条件的社会因素，因此，不可避免地造成与经济学结论的偏离，以及中间机制讨论的薄弱。与之截然不同的是，作为经济社会学理论发展的另一种研究纲领与工作方式，理论建模则以主体的社会行动为基础，旨在推进社会学概念或思路对既有模型的内生化修正。近年来，中国学者已逐渐参与到这项建模工作中，主要体现在对效用最大化静态分析模型与集体行动模型的扩展运用、内生相对位置偏好强度的研究、引入行动者特定假定下的网络行动模型、镶嵌式博弈模型、偏好改变的动态模型等研究领域。这些多样化成果充分说明，理论建模工作不仅可以依托既有经济学模型展开，也能直接面对真实的社会过程，这将有望将分析触角指向更广阔的人类行为领域。

关键词： 理论建模 社会行为 模型的内生化修正

一 引言

经济社会学的研究纲领之一，是以主体的社会行为为基础，通过主

---

* 严俊，上海大学社会学院讲师；张樹沁，中央财经大学社会与心理学院讲师，阿里研究院新乡村研究中心客座研究员；刘世定，北京大学中国社会与发展研究中心研究员，北京大学社会学系教授，浙江大学社会学系兼任教授。

体间在一定前提条件下的互动，来说明社会系统现象。在理论上，则是通过在社会行为基础上的理论建模来推进理论发展。

这一研究纲领，可以追溯到韦伯有关社会行动概念的界定以及有关的理论探讨。然而，及至当代的研究，已在社会行为之具体设定、理论模型的建构方面，呈现出多样化特征。本文将在遵循上述研究纲领的同时，特别关注已有研究的多样化特征；并以此为宗旨，对近年来中国学者在社会行为基础上的理论建模工作进行评述，以期为推进经济社会学理论的进一步研究做铺垫。

二　对效用最大化决策静态分析模型的扩展运用

在个体行动者的行为假定方面，不少经济社会学者接受或事实上接受了来自经济学的效用最大化假定。但他们同时认为，这一假定并不是经济社会学的个体行为假定的全部内容。与新古典经济学不同，在经济社会学的效用最大化行为假定中，还假定社会性因素直接影响个人效用。这里说的直接影响，意味着在个体行动者的心智结构中存在着社会性因素。这已经为诸多心理学实验所证实，并在包括行为经济学在内的诸多行为研究中得到运用。

对于何种社会性因素怎样影响个人效用的问题，有不同的处理方式。一种处理方式是强调个人效用直接受到他人状况的影响。这一假定，在加里·贝克尔的社会互动理论研究中，以扩展的效用函数的形式给出了模型化的表述，虽然就理论思想而言，这一假定可以追溯到边沁等古典学者那里（贝克尔，2000）。

在贝克尔社会互动理论的基础上，刘世定建构了存在他人影响下的消费者决策模型（刘世定，2011：116）。传统经济学的消费者决策理论中假定，个人消费决策不受他人购买行为的直接影响，并以此为基础推导出向下倾斜的需求曲线。与此不同，引入社会互动的模型则假定，个人消费决策会受到他人购买行为的直接影响，而他人影响又分为正效应和负效应。在建模技术上，该模型依旧使用了经济学中常用的无差异曲线、预算约束线等工具，有所不同的是，假定无差异曲线会受到购买某类产品的他人数量的影响。这样，便将社会学中的从众和求异概念引入模型分析。有趣的是，在此模型的基础上可以推导出，当价格发生变化时，在他人影响正效应或负效应等条件下，会有不同性状的需求曲线产生。在直角坐标系中，需求曲线不仅可能像经济学的需求定理所说的那样从左上方向右下方倾斜，而且可能从右上方向左下方倾斜。后者不是特例，而是在统一的理论逻辑下的不同表现；后者也不是如经济学中通常处理的那样，归于某种产品属性（劣质的所谓"吉芬产品"），而是行动者的社会互动特性使然。该模型的启示在于，在引入社会学因素之后，有可能对于某些较传统经济学业已关注到的丰富市场现象做出更加合理的解释。

在厂商行为研究方面，结合社会学对经营活动中人际关系重要作用的经验和理论研究，一个双目标厂商决策模型被经济社会学研究者建构出来（刘世定，2011：153）。传统经济学的厂商理论通常假定厂商是追求利润最大化的，而该经济社会学的厂商模型则假定，厂商决策的具体目标是双重的，一是货币利润，另一是关系建立和维护的净收益（简称关系净收益，系指关系建立和维护的收益和为此付出的代价之间的差额）。厂商在这两个目标的权衡中试图实现其效用最大化。相比于利润最大化假定，引入关系净收益的双目标厂商决策模型假定厂商具有更强的社会性。它不是为了利润随时准备斩断社会联系的赚钱机器，而是在追求利润的同时视长期关系维系为重要价值的社会化行动者。

站在维护单一利润目标假定的学术立场，对厂商决策的双目标行为假定可能提出的一个质疑是：此时对关系净收益的追求是实现未来更大利润的手段，因此应将其统一到最大利润目标假定上去。然而，厂商对关系净收益的追求不是一时的，而是持续的。即使到"未来"，厂商也仍然在双目标之间权衡。只要这个基本事实是厂商活动的常态，货币利润－关系净收益的双目标假定就有其合理性。事实上，双目标假定下的理论模型是统一在效用最大化这单一目标下的，就目标的简洁性而言，并不比利润最大化厂商模型弱，只不过前者的效用函数比后者扩展了。从技术处理的角度看，比起经济学家经常采用的将未来作时间贴现来说，双目标假定更容易在经验中观察获得经验事实的检验。

借助厂商的货币利润－关系净收益双目标模型，可以对厂商在资源条件、获利条件、关系建立和维护条件发生变化后的行为特征做出逻辑推导；还可以对歧视型厂商在竞争中何以长期存在，何以未被非歧视型厂商排挤做出解释。

那威将厂商的货币利润－关系净收益双目标模型加以改造后，建构出社会企业决策模型（那威，2014）。该模型也是双目标的，但与前一模型有所不同的是，货币利润目标之外的另一目标是企业追求的某种社会价值。该模型假定，两个目标之间存在一定程度的替代关系，即如果较多地实现社会价值目标将较少地实现利润目标；反之，如果较多地实现利润目标将较少地实现社会价值目标。这种替代关系的存在对社会企业来说是本质性的。因为如果利润获得越多社会价值目标实现越多，那只需要传统的牟利企业就足够了；如果社会价值目标实现越多利润越多，以某种社会价值为目标的社会组织就没有靠自身资源生存的压力，这两种情况都意味着没有必要发展特殊的社会企业来既实现社会价值目标，又解决自身生存问题。

以货币利润 – 社会价值双目标为特征的社会企业模型，已开始被用来更深入地考察社会企业的运行（刘世定，2017）。借助新的模型可以看到，社会企业在组织存续的条件、竞争优势、激励结构等方面都显著不同于一般市场企业。

就理论建模的技术而言，上述模型都属于规划论模型范畴，其中将互动因素作为给定的条件来处理。在这种模型中引入社会因素固然增加了对社会现象的解释范围，但在考察社会互动时却有很大局限，对此，诺依曼和摩根斯顿（2004）在博弈论的创始之作《博弈论与经济行为》中已经指出。

三 内生相对位置偏好强度的研究

相对位置影响个人效用是经济社会学的一个十分重要的行为假定。上一节所叙述的他人影响中，部分就来自与他人比较中确定的相对位置影响。

许多与相对位置偏好有关的研究，是将相对位置偏好作为外生给定的因素，研究在如此给定的条件下，人们的行为会有怎样的特征。例如，炫耀性消费、晋升激励、嫉妒与仇恨等一系列为人所熟悉的理论模型，都是这样。然而，另一路径上的研究，即将相对位置偏好做内生处理的研究，也正在发展。李国武、陈姝妤（2018）有关参照群体、社会身份对位置偏好影响的研究，就是在这一研究路径上的一个成果。

这篇论文的主要着力点是在统计分析，但我们从其研究假设中可以考虑某些理论建模问题。论文从三个变量考虑位置偏好强度的差异，即比较事项、参照群体、社会身份。换言之，一个人的位置偏好强度，受到其与他人比较的事项、选择的参照群体以及个人社会身份的影响。在已有相关研究的基础上，作者在每一个变量集中，选择了更具体的子变量集形成有待数据检验的假设命题。

（1）在比较事项变量集合当中，选择了子集｛有害品，有益品｝、子集｛孩子特征，自己特征｝，形成两个假设命题：

假设命题1a：人们对有害品和有益品有不同的位置考虑，对有益品比对有害品有更强的相对位置倾向。

假设命题1b：人们对孩子特征和对自己特征有不同的位置考虑，对孩子特征比对自己特征有更强的相对位置倾向。

假设命题1a和心理学揭示的损失厌恶有密切关系。从理论建模的角度看，尚有一些基本论证过程需要完成。例如，通过结合心理学的损失厌恶模型、经济社会学的相对位置比较的基础模型、效用最大化假定等，建构有严格逻辑的理论模型作为假设命题的基础，是一必要的理论工作。

假设命题1b中的变量虽然和假设命题1a中的变量同在比较事项变量集中，但性质实有很大的不同，它涉及代际的效用互补性、生命周期等因素。从理论建模着眼，将长辈对后代的利他主义模型、相对位置比较的基础模型以及生命周期对相对位置变更的影响等结合起来考虑，也许值得一试。

（2）在参照群体变量集合当中，选择了子集｛同事，其他人｝，形成一个假设命题：

假设命题2：当参照群体是其他人时，人们在更多事项上倾向于相对位置考虑；而当参照群体为同事时，人们在更多事项上表现出平等考虑倾向。

从理论模型建构的角度看，假设命题2的得出还需要有一些重要的中间环节。其中，互动频率以及与之相联系的互惠状态或许应予考虑。如果这个思路有道理，那么还有必要对互惠理论模型有更深入的研究，并将其和相对位置模型结合起来分析。

（3）在社会身份变量集合当中，选择了子集｛在职人员，在校大学生｝，形成一个假设命题：

假设命题3：在参照群体和比较事项既定的条件下，在职人员比在校大学生具有更高的平等考虑倾向。

从理论模型建构的角度看，命题3的得出涉及社会生活经历、关系网络对个人偏好的内化影响。这方面已有的理论模型可以结合起来考虑。

相对位置是社会学贡献于经济社会学的一个十分关键性的要素。将相对位置引入社会经济生活分析，传统实证经济学的一系列逻辑结论以及规范经济学的一些重要标准，都将面临挑战。同时，结合行为分析，在当事者的比较中考察相对位置，并进而研究与这样的相对位置相联系的社会结构，又将挑战传统社会学中外生给定分层结构的范式。事实上，无论在劳动经济学还是社会分层研究中，将与重要他者间的"相对位置"作为核心自变量（通常操作化为相对收入）的讨论已经成果众多。但是，"与谁参照"（参照群体选择）却一直是个悬而未决的问题。由此来看，相对位置研究在社会科学的深化发展中具有重要地位。而内生相对位置偏好研究更是一个有待开拓的领域，经济社会学需要在这个方面的经验研究和理论建模工作中投入更多力量。

四　对市场扩展与非市场扩展行动的
统一理解：集体行动模型

前面第二节的讨论集中于微观决策，即在引入社会因素的扩展效用函数的基础上考察单个主体决策。近年来，受他人影响的个人决策聚合成集体行动的理论模型开始受到中国社会学者的注意。

特别受到关注的是谢林、格兰诺维特的临界规模模型——也有人称为门槛模型（谢林，2005/1978；格兰诺维特，2007/1978）。有的经济社会学教科书对该模型做了初步介绍和应用。刘炜专门著文对该模型与传统微观经济学的基本假定、建模思想和工具的差异进行了比较，并对该模型提出后的某些发展做了阐释（刘炜，2016）。

就本文的关注点而言，临界规模模型有两个与行为有关的重要概念。一个概念是行动临界点值（threshold），它指的是使个人的行动得以发生的其他人的最少人数（或比例），这是一个微观概念。另一个概念是临界规模（critical mass），它指的是在一个社会系统中能够导致自发集体行动持续进行的临界行动者规模，这是一个群体的或宏观的概念。使微观行为与宏观行为发生关联的，是行动临界点值在一个群体中的分布，它影响着群体行为发生、自行扩展和持续的特征。

结合存在他人影响的消费者行为决策和临界规模模型，有的研究者试图对市场需求的扩展加以描述（刘世定，2011）。虽然描述尚粗略，但表现了一个研究意向，即通过集体行动模型来理解市场过程。或者说，在集体行动的架构下，对市场扩展与非市场扩展行动做统一理解。研究集体行动者皆知，奥尔森曾以精于计算成本收益及与他人的合作关系，却无从众倾向的个人行为为基础，统一理解市场中的个人行动与非市场的集体行动，并提出著名的集体行动中的搭便车理论（奥尔森，1995）。我们在这里讨论的研究意向与此不同，是以有从众倾向的个人社会行为为基础，把市场中的行动看作与其他领域中的许多行动具有共性的一种可受到他人影响的自发集体行动。无疑，这方面的研究工作还有待深入、系统地展开。

　　近年来，"故事"在集体行动特别是与市场联系的集体行动中的作用受到关注。在中国经济社会学研究中，这种关注与阿克洛夫和席勒将"故事"引入对经济波动的考察带来的启发有关（Shiller，1981，1984；阿克罗夫、席勒，2016）。张树沁、宋庆宇（2017）结合社会学已有的研究，指出"故事"作为一个有学术潜力的概念，在行动者的决策行为中还有诸多值得分析之处，值得经济社会学者重视。刘幼迟在一篇讨论社会分析中的"故事"范畴的文章中，将"故事"界定为包含着他人的行动方式、观点、态度、后果等信息的具象载体。在这个定义中，有着他人行动的内容是一个关键因素，从而使"故事"成为一个具有社会学内涵的概念，"故事"影响的行动被视为社会行动的一个子集。

　　这篇论文尝试将"故事"引入临界规模模型加以讨论。作者指出，该模型隐含着一个前提，即集体行动的潜在参与者能够观察或判断已参与行动的人数规模。而在现实情况中，许多集体行动是无法获知较为准确的参与人数的，人们是通过想象或对不完整信息的分析来对参与人数进行判断。根据卡尼曼的"便利性"法则，人们在不确定性条件下，容易高估对于容易获得的案例的价值，提高对于这类事件发生概率的估计。而"故事"则往往是这类人们容易获得的"案例"。根据这个逻辑，在集体行动出现了某个正在扩展的"故事"时，潜在的行动参与者可能会高估偏好参与的人数。这样，在临界规模模型中，当没有"故事"效应的曲线尚处在未达临界规模的区间时，有"故事"效应的曲线却可能已经达到临界规模，形成自我持续的集体行动，甚至使集体行动在一个更大规模的水平上持续下去。此外，初始行动群体规模，也可能在"故事"影响下扩大，从而使行动曲线处在高位。"故事"还可能降低同一集体行动的潜在参与者的预期临界值，从而使临界值频次分布函数以及累积分布函数发生变化（刘幼迟，2017）。

无论是强调社会化作用还是对动员效应的关注，经济社会学视野中的集体行动模型都充分重视他人影响下的个体参与。较之奥尔森的集体行动模型，这一思路下的分析不仅更接近真实的行动者面貌，也表现出对复杂过程机制的更好解释力。当然，尽管引入临界行动者规模、"故事"效应等因素已经产生了显著的解释优势，社会学经典概念中所蕴含的对该问题的讨论潜力还远未穷尽。

五 引入行动者特性假定下的网络行动模型

在引入他人影响的最一般行为模型中，对行为主体与"他人"的社会性质特征并无具体规定。甚至在将"他人"具体为关系人的模型中，也是如此。但是，当研究深入、具体到一定程度的时候，仅有这种最一般的模型就不够了。此时需要做出更具体的假定，建构更具针对性的模型。

邱泽奇、乔天宇（2018）在一篇讨论社会网络节点特性的论文中，提出了关系人的特征同质性（根据他们的界定，特征同质性的本质是关系人在社会特征属性上的相似性）在节点间关系的建立，以及节点间帮助的发生过程和结果方面的关键作用。据此，他们在和弱关系还是强关系在寻求帮助中具有优势的流行视角的论辩中提出，两节点之间的同质性程度是讨论关系强度的前提条件。这虽然是一篇论辩形式的论文，却提出了网络行动者的基本行为假定，即行为主体与他人的互动行为受他人特征的影响。在此假定下，网络行动模型也会有一些新的特征需要考虑。

从理论建模角度看，如果关系人的特性便于用同一维度（比如，社会同质性）上的程度高低来表示，那么用通常的单维网络加上某些特征标注（如赋值）建构网络模型是可以的。但是，如果关系人的特性不便简化为同一维度上的程度高低，而需要在不同维度上体现，那么也许就需要建构多维网络模型，或者混合网络模型。

进一步看，当考察关系人间提供帮助的概率时，即使是给定同一维度上的关系人特性，依据不同的交往领域、不同的需要提供帮助的资源类型和数量，在关系人间得到积极回应的概率也可能是不同的。重要的是，在不同的条件下，不仅关系人间积极回应的概率值可能不同，而且概率高低排序也可能不同。考虑到这些因素的模型，会更加复杂一些。

总之，节点行动者特性的引入，给网络行动模型带来了一些新的激励，需要经济社会学者去进行开拓性研究。

六 镶嵌式博弈的研究视角与模型建构

在博弈论中，对参与者的基本行为假定是，其收益是自己的行动策略以及其他参与者策略的函数，因此，理性参与者在确定自身行动策略时要考虑其他博弈参与者的策略。显然，这是他人指向的社会行动的一种形式。与此相联系，博弈论成为分析社会互动的重要工具。

在近年的社会学文献中，有相当多的论文运用了博弈论的概念或运用博弈论模型来分析社会现象或讨论社会问题。但是，如果不满足于简单运用已有的博弈论模型，而是试图在社会学研究立足的重要领域、面对的重要社会问题中发展出有新意的理论模型，那么我们会看到，这样的工作尚处在开拓阶段。王水雄（2009；2019）进行的镶嵌式博弈研究，就是这类工作中的一项。

镶嵌式博弈的特点是，在一个博弈的参与者中至少有一位同时参与着另一个博弈，其总收益来自两个博弈。这类博弈显然比单一博弈要复杂。经济社会学者之所以对发展这类博弈感兴趣，并非是出于对复杂技术的偏好，而是因为他们所关心的一些现实问题的研究需要这类分析工具，或者说运用这类分析工具来处理可以得到更明晰、深刻的认识。例如，经济社会学者在考察商业缔约博弈时，还同时关注更广泛的社会合约中的博弈；在考察层级制度中的博弈时，同时关注对上和对下的博弈；在考察基层治理时，同时关注基层政府与民众的博弈及与上级政府的博弈；在考察某个事件中的博弈时，也关注在该事件"结束"后遗留因素连带的另一博弈，等等。采用镶嵌式博弈可望考察传统的单一博弈分析所观察不到的社会互动特征。

在理论建模技术方面，王水雄在博弈的标准式表述的基础上，发展出了双矩阵连带的基准表达方式。该方式简洁、清晰，有应用潜力。当然，这并不是唯一可采用的表述方式。

采用镶嵌式博弈的思想和技术，王水雄已经对市场体系和层级体系分别进行了一些研究。事实上，镶嵌式博弈不仅在经验研究领域方面可进一步扩展，而且在理论模型建构方面也有作为空间。在镶嵌式博弈由思想发展成分析技术后，它将不是一个模型，而是一组模型，或者说是模型集合，以适应不同条件下的分析。

七　偏好改变的动态模型

传统经济学中的一个假定是个人偏好稳定。采用这一假定并非是因为经济学家们真的确认个人偏好是不变的（事实上，科学地论证人的偏好是否稳定不是经济学家最胜任的工作），而是因为分析技术上的考虑：个人偏好的内容与结构难以被直接观察，对于那些能够用价格、收入、政策等便于观察的变量比较顺利地解释的现象，尽量不诉诸偏好。在解释某些现象的时候，如此处理影响不大，比如，理解瞬时的、短期的需求变化，价格、收入、政策通常能够做出很好的解释。但是，当拉长时段来考察变迁的时候，如此处理的缺陷就暴露出来。稳定偏好下单纯因约束条件变化而出现的变迁与偏好改变造成的（直接）变化将难以在同一套理论中得到甄别。而无论是历史研究还是直观感受都告诉我们，理解社会变迁离不开理解人的偏好变迁。

对社会学来说，个人心智经历着外部环境的内化过程、经历着社会化过程是基本共识。同时，文化变迁研究中也隐含着心智结构的变迁。因此，经济社会学者虽然重视经济学的诸多研究，但对偏好稳定假定的解释边界保持着高度警惕。经济社会学的他人状态影响在个人效用假定、有限社会化假定中，都蕴含着个人偏好变动的可能。经济社会学在研究人们之间利益互动的同时，高度关注规范互动，而规范互动的前提是互动者内化和遵循的规范存在差异，这种差异正体现着偏好沿不完全相同的路径变迁的积淀。

在偏好改变的研究方面，如果经济社会学者不满足于仅仅通过调查讲述变迁的故事，那么就还需要在偏好改变的机制方面进行深入研究，在必要的时候，还可以借助理论模型对改变有更清晰的理论把握。

方辉在 2005 年完成的论文《偏好变迁和资本积累：扩展性偏好函数理论的实证和理论研究》是中国经济社会学研究者较早结合社会变迁考察偏好改变的作品（方辉，2019）。在贝克尔扩展的效用函数的框架下，他结合调查案例对个人资本、社会资本的积累改变偏好的机制进行了考察，在理论上也进行了一些探讨。他注意到，贝克尔在模型中对个人资本和社会资本是分开考虑的，这样的处理有局限性。Ole Rogeberg（2003）已经指出，关于资本的种类细分和资本互动作用是贝克尔理论中待解决的问题。针对此，方辉在文中对个人资本和社会资本的相互作用，包括个人资本影响社会资本、社会资本影响个人资本以及个人资本和社会资本的冲突进行了初步探讨。这个方面的研究还可以继续深入。

该文建构了一个简单的演化博弈模型，以刻画在演化过程中具有扩展偏好函数者何以胜出只具有狭义偏好函数者。演化博弈是研究变迁的一种重要建模工具。在我们看来，就现实社会变迁和偏好变迁建构理论模型加以研究，仍有深化和扩展余地。

严俊、李婷婷（2018）近期发表的一篇论文也对偏好变化进行了理论讨论，并尝试在有限理性的基础上建构理论模型。自西蒙提出有限理性概念后，理性选择假定的采用者也逐渐调整了理性假定的内容。其中一个被广为接受的调整是，理性选择不再以信息的完全性为前提。在有限信息条件下，只要能够对备选方案排序且满足排序间的可传递性（即逻辑一致性），其选择即被认可为理性的。在这样的调整之后，需要问的是，有限理性的思想还有哪些未被消化？这些思想内容中，与偏好的变化性如何有机勾连？

从他们的论文中我们可以至少感受到两点。

第一，满意原则的运用。文中的四个从简单到复杂的模型，都是建立在满意原则的基础上的。这组模型不仅能够更准确地刻画业已被经验感知的差异化行动者类型，而且为分析偏好的短期变化和长期变化预留了空间。

第二，在满意模型预留的空间基础上，在给定信息下，事实上还有其他的因素会导致偏好变动与有限理性相容，而不是与无理性相容。例如，借助卡尼曼的快思考与慢思考的分类，不难合乎逻辑地得出这样的结论：在给定信息下，对信息的理性加工程度（这事实上是有限理性必须考虑的维度）会导致备选方案差异以及排序的差异。具体来说，理性加工程度高的慢思考获得的备选方案的数量通常会多于理性加工程度更低的快思考获得的方案数量，而且，方案间的排序也可能不同。而方案排序的变动，是偏好不完全稳定的表现。

给定信息下对信息的理性加工程度，常常和决策者所处的社会情境有关。由此来看，如此建模时，不仅要假定有限理性，而且要假定社会情境对理性加工程度的影响。这也是社会行为假定中的一个角度。但与传统处理办法中对情境约束的描述性阐释不同，当情境影响在模型层面上与偏好变化下的行动机制构成明确的函数关系，将更充分地体现出经济社会学跨学科分析视角的独特效力。

八　结语

上面我们对近年来中国的经济社会学者在社会行为基础上的理论建模工作进行了梳理。可以看到，在对社会行为特征的不同假定下，运用不同的工具，理论建模工作在逐渐开展。这里开展的工作是点滴的、分散的，尚未形成持续积累推进的理论大厦，但基础工作展现的前景是充满希望的。

值得进一步说明的是，理论建模作为一种工作方式之于经济社会学理论发展的意义。依照通行的定位声称，这门以"社会学"为中心词的交叉学科旨在"将社会学的参考框架、变量和解释模型应用于分析关于稀缺物品和服务的生产、分配、交换及消费活动这样复杂的现象"（斯梅尔瑟、斯威德伯格，2009）。在既往的研究实践中，这种努力往往表现为描述各类作为外生制约条件的社会因素，以及由此造成的与经济学分析结论的偏离，关于中间机制的讨论却相对薄弱。如果能够在社会行动基础上，重新讨论社会学概念或思路对既有模型的内生化修正方案，将促使经济社会学理论发展更上一个台阶。同时，上述研究的尝试充分说明，建模工作不仅可以依托既有经济学模型展开，而且能够直接面对真实的社会过程，从而顺理成章地将分析触角指向更广阔的人类行为领域。

参考文献

Ole Rogeberg. 2003. "Preferences, Rationality and Welfare in Becker's Extended Utility Approach." *Rationality and Society* 15（3）：283 – 323.

Shiller, Robert J. 1981. "Do Stock Prices Too Much to Be Justified by Subsequent Changes in Dividends?" *American Economic Review* 71（3）：421 – 436.

——. 1984. "Stock Prices and Social Dynamics." *Brookings Papers on Economic Activity*（2）：457 – 510.

方辉，2019，《偏好变迁和资本积累：扩展性偏好函数理论的实证和理论研究》，载刘世定主编《经济社会学研究》第六辑，社会科学文献出版社。

冯·诺依曼、摩根斯顿，2004，《博弈论与经济行为》，王文玉、王宇译，生活·读书·新知三联书店。

加里·S. 贝克尔，2000，《社会相互作用理论》，《口味的经济学分析》，李杰、王晓刚译，首都经济贸易大学出版社。

李国武、陈姝妤，2018，《参照群体、社会身份与位置考虑》，《社会学评论》第6期。

刘世定，2011，《经济社会学》，北京大学出版社。

刘世定，2017，《社会企业与牟利企业：来自经济社会学的理论思考》，载徐家良主编《中国第三部门研究》第13卷，社会科学文献出版社。

刘炜，2016，《门槛模型：一个社会学形式理论的建构与拓展》，《社会学评论》第6期。

刘幼迟，2017，《社会分析中的"故事"范畴——对文献的一个挖掘式梳理与探讨》，《社会学评论》第4期。

马克·格兰诺维特，2007，《门槛模型与集体行为》，《镶嵌：社会网与经济行动》，罗家德译，社会科学文献出版社。

曼瑟尔·奥尔森，1995，《集体行动的逻辑》，陈郁等译，上海人民出版社。

那威，2014，《社会企业的一种模式：以温江芙蓉劳务服务有限责任公司为例》，北京大学硕士学位论文。

尼尔·斯梅尔瑟、理查德·斯威德伯格，2009，《经济社会学导论》，载斯梅尔瑟、斯威德伯格编《经济社会学手册》（第二版），罗教讲、张永宏等译，华夏出版社。

乔治·阿克罗夫、罗伯特·席勒，2016，《动物精神》，黄志强、徐卫宇、金岚译，中信出版社。

邱泽奇、乔天宇，2018，《强弱关系，还是关系人的特征同质性?》，《社会学评论》第1期。

托马斯·C. 谢林，2005，《微观动机与宏观行为》，谢静、邓子梁、李天有译，中国人民大学出版社。

王水雄，2009，《镶嵌式博弈：对转型社会市场秩序的剖析》，上海人民出版社。

王水雄，2019，《科层体系的镶嵌式博弈模型》，载刘世定主编《经济社会学研究》第六辑，社会科学文献出版社。

严俊、李婷婷，2018，《有限理性行动者的偏好变化与行为策略：一个初步的理论模型》，《社会学评论》第6期。

张樹沁、宋庆宇，2017，《动物精神的社会学逻辑——〈动物精神〉一书引发的思考》，《社会发展研究》第1期。

经济社会学研究　第六辑

第 14~38 页

© SSAP, 2019

参照群体、社会身份与位置考虑[*]

李国武　陈姝妤[**]

　　摘　要： 社会科学研究中对人们的社会比较倾向存在着三种不同的观点：绝对收益考虑、相对位置考虑和平等主义考虑。通过针对在校大学生和在职人员两类群体的问卷调查，本文探讨了不同条件下人们社会比较倾向的复杂性和变异性。研究发现，随着比较事项、参照群体和社会身份等条件的变化，个体的位置考虑也会相应地发生变化。在参照群体从其他人变为同事后，无论是在校学生还是在职人员，在所有事项上的相对位置考虑都明显降低，而平等考虑和绝对收益考虑明显增加。当参照群体为其他人时，在几乎所有事项上在职人员明显比在校大学生表现出更低的相对位置考虑和更高的平等考虑；而当参照群体为同事时，在绝大多数事项上在职人员的位置考虑与在校大学生没有显著差异。

　　关键词： 相对位置　平等主义　绝对收益　参照群体　社会身份

一　引言

　　关于人们的位置考虑或者说社会比较倾向，在社会科学研究中存在

---

　　*　本文曾发表于《社会学评论》2018 年第 6 期。

　　**　李国武，中央财经大学社会与心理学院教授；陈姝妤，浙江大学马克思主义学院助教。

着三种不同的行为假定：绝对收益考虑、相对位置考虑和平等主义考虑。在传统经济学的理论体系中，假定行动者不考虑与其他人的比较，只关注自身绝对收益的最大化，从而搁置了他人状况对个体效用的影响。新古典经济学的消费者行为理论和厂商理论就建立在绝对收益最大化假定基础之上。不过，位置考虑虽未被纳入主流经济学理论体系之中，但时常在一些经济学家的理论思想中出现（Becker，1974；Duesenberry，1949；Hirsch，1976；Veblen，1899），特别是最近30多年来行为经济学家对位置、公平等社会性偏好进行了大量研究（Fehr and Schmidt，1999；Ferrer-i-Carbonell and Ramos，2010；Frank，1985a，1985b，2008）。而在社会学和心理学的研究中，社会比较对人的态度和行为的影响则一直受到充分的重视（马磊、刘欣，2010；默顿，1949/2006；吴菲、王俊秀，2017；张海东，2004；Adams，1963；Festinger，1954；Hyman，1942；Kelley，1952；Kulik and Ambrose，1992；Shibutani，1955）。

对于行动者重视与他人比较的假定，又存在着两种不同的观点：一种观点是相对位置考虑，认为行动者倾向于追求相对位置的最大化，希望比其他人越多越好（Carlsson et al. ，2007；Frank，1985a；Veblen，1899）；另一种观点是认为行动者存在不公平厌恶和平等偏好，更希望与其他人的差距越小越好，使不平等最小化（Celse，2012；Fehr and Schmidt，1999；Grosfeld and Senik，2008；Norton and Ariely，2011；Senik，2005）。

在经验研究和实验研究中对人的社会比较倾向得出的结果是存在分歧的。一些研究已经为相对位置最大化的观点提供了丰富的证据（Carlsson and Qin，2010；Chao and Schor，1998；Grolleau and Saïd，2008；Solnick and Hemenway，1998；Solnick et al. ，2007），学者们通过经验数据证实了人们具有明显的相对位置倾向，这种相对位置倾向甚至突出地表现为，即使需要增加个人成本或者放弃一定的绝对收益，人们也愿意选择比别人越多越好（Carlsson et al. ，2007）。为什么行动者会具有相对位置最大化的追求呢？一些经济学家认为，位置考虑是完全理性的，较高的相对地位对达成目标至关重要（Frank，1985a；Sen，1983）。在同等的成本或资源占有量前提下，相对位置下降，人们所得到的效用下降；相对位置上升，则得到的效用提高。调查数据表明，当人们处于相对优势地位（包括相对收入、人际竞争等方面）时，其幸福感和生活满意度也相对较高（Easterlin，1995；Luttmer，2005）。

但也有些研究强调不公平厌恶和人们的平等偏好，认为人们会有位置考虑，不是为了要比别人更好，而是追求相对平等。如果出现不公平的情形，人们将会表现出不满甚至怨恨。越来越多的经验研究证实了人们公平偏好的存在。行为经济学家进行的大量"最后通牒博弈"实验研究发现，大部分人在面临分配决策时并非追求自我收益最大化，而是关注与其他人的比较，更倾向于平等分配，甚至以放弃一定的绝对收益为代价（Fehr and Schmidt，1999）。Norton 和 Ariely（2011）的调查发现，人们描绘的理想社会倾向于贫富差距的减小。无论对分配政策的关注是基于风险厌恶情绪（Ravallion and Lokshin，2000），还是纯粹的平等主义偏好（Thurow，1973），都体现了人们是希望平等的。平等与否直接关系到人们的主观幸福感（Alesina et al.，2004；Graham and Felton，2006；Oshio and Kobayashi，2011；Senik，2005）。

这些研究表明，绝对收益、相对位置和平等主义这三种假定都有其现实基础，那么，在什么情况下人们更关心自己的绝对收益，又在什么情况下更在乎位置考虑？到底哪些因素影响着人们社会比较倾向的变化和差异呢？

有国外学者已经对人们的位置考虑进行了一些经验研究，他们主要关注的是位置考虑在不同领域和比较事项上的差别（Celse，2012；Solnick and Hemenway，1998，2005；Solnick et al.，2007），但这些研究尚未涉及参照群体变化是否引起人们对位置考虑的变化。而且，这些经验研究的调查对象主要是在校学生，其发现是否适合于在职人员并未被严格检验。在这些研究的基础上，本文将引入参照群体和社会身份两个因素，考察位置考虑在比较事项、参照群体、社会身份等条件变化后将发生何种变化。

二 文献回顾与研究假设

这部分，我们分别讨论比较事项、参照群体和社会身份对人们位置考虑的影响，并提出研究假设。

（一）不同事项上的位置考虑

以往的研究发现，人们在不同事项上的位置考虑可能不同。这些研究最早主要集中在收入和消费领域（Veblen，1899；Duesenberry，1949）

的位置考虑。Frank（1985a）认为人们更倾向于选择绝对收入低但相对收入更高的报酬。随后，位置考虑的研究领域得以扩展，一些学者开始关注其他比较事项，比如休闲、汽车（Carlsson et al.，2007）、化妆品（Chao and Schor，1998）、相貌（Hamermesh and Biddle，1994）。

学者们将这些不同领域和事项上的位置考虑从商品属性上进行了区分和界定，将比较事项区分为私有品（private goods）和公共品（public goods）、有益品（the Goods）和有害品（the Bads）①，并得出了一些发现：人们对收入的相对位置考虑高于对休闲的相对位置考虑（Carlsson et al.，2007；Frank and Sunstein，2001）；对有益品的相对位置考虑高于有害品（Solnick and Hemenway，1998），对某些公共品的相对位置考虑甚至高于私有品（Solnick and Hemenway，2005）。此外，也有学者对针对自己特征的位置考虑、对父母特征的位置考虑和对孩子特征的位置考虑进行了比较，发现人们对孩子特征的位置考虑要高于自己特征的位置考虑（Frank，1985a；Grolleau and Saïd，2008；Solnick and Hemenway，1998）。这些发现充分证明了在不同事项上位置考虑会发生变化。

中国当前正处于急剧变迁时期，在经济高速增长的同时，收入不平等扩大、社会阶层分化严重，人们面临着生活方式、价值观念的多重冲击与变革，因此了解人们对收入、教育、住房等一些关键事项上的社会比较倾向，有助于我们理解当前微观个体如何在宏观的社会结构中形成自己的地位比较逻辑。在前人对不同事项的划分基础上，本文侧重于考察两个属性：有益品与有害品、孩子的特征与自己的特征。一方面，有害品与有益品的位置考虑可能不同。根据 Solnick 和 Hemenway（1998）的研究，与有益品相比，人们对有害品表现出较低的相对位置倾向，这是损失厌恶的一种表现，人们对有害品的容忍是有限的，宁愿选择绝对数量较少的情况，而不去管其他人如何。另一方面，对待孩子特征与对待自己特征的位置考虑可能不同。希望孩子尽可能成功几乎是人类共同的愿望（Frank，1985b）。中国传统文化中更是不乏"望子成龙"、"望女成凤"这样的成语，深刻地隐含着后代取向的家庭地位追求逻辑。处于低地位的父母渴望通过子女的地位获得来弥补自己的相对剥夺感；而处于高地位的父母则希望子女能够凭借现有的地位优势获得更高的地位，

---

① 有益品通常是指那些能给人们带来正效用的物品，比如收入、教育等，而有害品则是那些能给人们带来负效用的物品，比如领导的斥责。

以维持家庭在地位上的相对优势。这将使个体在对待孩子特征的地位追求上，表现出比自己特征更强烈的相对位置倾向。

综上，我们提出假设 1a：人们对有害品和有益品有不同的位置考虑，对有益品比有害品有更强的相对位置倾向。

假设 1b：人们对孩子特征和对自己特征有不同的位置考虑，对孩子特征比对自己特征有更强的相对位置倾向。

（二）参照群体与位置考虑

即使是对于同一事项而言，人们的位置考虑也并不是稳定不变的。因为社会比较是基于参照点而言的，如果没有参照群体，比较就不可能发生。因此，人们的位置考虑离不开参照群体的选择，随着参照群体的变化，人们的位置考虑也可能会发生变化。

一个群体，无论是隶属的还是非隶属的，只要它可以成为影响个人的态度、评价和行为的参照点，就可以称为参照群体。默顿（1949/2006）认为存在三种类型的比较，第一种是同"与自己有实际交往、具有稳定的社会联系的人进行比较"，第二种是"与那些处于同一地位或同一社会范畴的人进行比较"，第三种是"与那些处于不同社会地位或社会范畴的人进行比较"。不仅隶属群体会作为参照群体，非隶属群体也会成为参照群体。比如，社会流动性较高的社会极易于形成非隶属群体作为参照群体的普遍取向；那些渴望进入某一群体的成员也容易将非隶属群体作为参照框架。

选择不同的参照群体进行比较，可能会带来不同的主观感受。吴菲和王俊秀（2017）的研究发现，农民工虽然比城市居民的收入低但却比他们的生活满意度更高，主要是因为农民工在进行福利评判时并不把城市居民而是把比自己收入更低的农民作为参照群体。"宁为鸡头，不为凤尾"、"宁做小池塘里的大鱼，不做大池塘里的小鱼"之类的谚语也表达了参照群体对于相对位置的重要性。

为了和以往的相关研究对话，本文把参照群体分为"其他人"和"同事"两种情况。在 Solnick 与 Hemenway（1998）和 Celse（2012）对位置考虑的经验研究中，他们都把社会中其他人的平均状态设置为被调查者的参照对象。"社会平均人"实际上是一种相对抽象和具有总体比较意义的参照群体，虽然在统计上相对容易处理（比如处理为一个社会某一时点的平均收入），但忽视了现实生活中人们参照群体选择的情境性和社会比较的局部性。一些学者指出，人们往往选择与之具有一定的地位相似性和交往关系的其他人作为比较对象和参照群体，人们对局部比较比对整体比较更为敏感，与亲密伙伴的不利比较比与遥远时空的人的比较所引发的消极情绪更为强烈（Frank，1985a）。职场是人们经济社会生活中最重要的场所，人们与工作组织中的同事互动频繁、关系稳定且地位相似，因此同事构成人们重要的参照群体。

参照群体为"社会中的其他人"和"单位同事"对人们具有不同的含义。作为社会平均人的其他人是统计意义上的抽象的参照群体，并不是现实生活中人们与其有密切接触的群体，所以在大多数情况下人们会表现出希望高于社会平均状态的倾向。不过，如果参照群体为同事，人们会在更多的事项上表现出希望与同事平等的倾向，因为在工作组织中人们不仅与同事有密切的交往，而且往往需要在工作中进行合作。

综上，我们提出假设2：当参照群体为其他人时，人们在更多事项上倾向于相对位置考虑，而当参照群体为同事时，人们在更多事项上表现出平等考虑倾向。

（三）社会身份与位置考虑

参照群体对于人们的比较倾向是重要的，但是正如上文中提到的，参照群体的选择是复杂的，并非每个个体在选择参照群体时都有一致的考虑。选择什么样的参照群体去比较，在相同的事项下会有怎样的位置考虑，还可能与比较主体的身份密切相关。占据不同身份和角色的人，其所属的群体特征、所遵从的社会规范和价值、所经历的生活方式以及在社会互动中的关系都是不同的，因而可能会有不同的社会比较倾向。

"身份"概念最早是由韦伯提出的，他认为，身份至少建立在以下一种或几种因素的基础上：生活方式、正式的教育过程和因出身或职业而获得的声望（韦伯，2010）。个体的社会身份实际上是在社会化的机制下得以形塑，在社会互动的过程中，个体逐渐内化社会规范并被有序地整合到社会结构中（李汉林等，2010）。人们在社会化的过程中，将伴随着角色、地位、资源、环境等多方面的变化，这些变化将成为塑造人们价值观念、社会预期、角色期待的力量，从而影响人们对位置考虑的变化。

在以往对位置考虑的研究中，学者们大多以在校大学生为调查对象（Celse，2012；Solnick and Hemenway，1998，2005；Solnick et al.，2007），而基于在校大学生调查得出的研究发现是否适合于有职业经历的社会人群则需要进一步检验。因此，我们试图考察没有职场经历和独立收入来源的在校大学生群体与拥有职场经历和独立收入来源的社会人群在社会比较倾向上是否存在差异。

对在校学生和在职人员两种不同的社会身份而言，他们的社会化程度不一样，接受的社会规范也相应地有所差别，这使他们之间可能形成不同的价值观念和位置考虑。相比于已开启职业生涯的社会人士，在校学生年轻气盛，争强好胜，更可能拥有出人头地、超越他人的相对位置考虑。与在校学生相比，在职人员的社会化程度更深，对社会竞争、生存和发展压力以及个体努力难以改变社会不平等的现实有更切身的体会，因此，他们更期待"社会平等"的状态，具有更强的平等考虑倾向。

综上，我们提出假设3：在参照群体和比较事项既定的条件下，在职人员比在校学生具有更高的平等考虑倾向。

三 研究方法

Solnick 和 Hemenway（1998）最先采用情境模拟的问卷调查法来研究人们的位置考虑，他们的问卷中设定了绝对收益和相对位置两种情境。后来 Celse（2012）在其基础上设计了三种情境，增加了平等考虑的情境。在他们的基础上，本研究设计了三种情境（代表相对位置、平等主义和绝对收益三种考虑），与他们不同的是，为了考察参照群体对人们的位置考虑的影响，本研究设计了参照群体为"其他人"和参考群体为"同事"两套问卷。具体而言，我们设想了三种状态的社会生活世界：世界A、B和C，让被调查者从三者中选出他/她最倾向于生活在其中的哪种世界状态。我们在问卷的填答说明中指出"其他人"指的是社会中其他人的平均状态，"同事"指的是你工作单位同事的平均状态。下面的示例是问卷中围绕收入设置的三种社会生活世界：

参考群体为"其他人"的问卷题目示例：

A. 您的年收入为8万元人民币；其他人的年收入为4万元人民币。

B. 您的年收入为8万元人民币；其他人的年收入为8万元人民币。

C. 您的年收入为 16 万元人民币；其他人的年收入为 32 万元人民币。

参照群体为"同事"的问卷题目示例：

A. 您的年收入为 8 万元人民币；您同事的年收入为 4 万元人民币。

B. 您的年收入为 8 万元人民币；您同事的年收入为 8 万元人民币。

C. 您的年收入为 16 万元人民币；您同事的年收入为 32 万元人民币。

选项 A 代表了相对位置考虑，个体拥有比其他人（或同事）而言更高的收入，但绝对收入水平低于选项 C；选项 B 代表了平等主义考虑，个体与其他人（或同事）的收入一致；选项 C 则代表了绝对收益考虑，在该选项中，个体的相对收入低于其他人（或同事），但却拥有较高的绝对收入（高于选项 A 和 B）。

除收入以外，我们的调查问卷中还考虑了假期周数、教育年数、外貌吸引力、智力水平、住房面积、领导表扬次数、领导斥责次数、加班天数、孩子的教育年数、孩子的外貌吸引力、孩子的智力水平、父亲收入等事项，并且也按照同样的方法设置了相对位置考虑、平等主义考虑和绝对收益考虑三种生活世界。

2013 年 10 月我们在中央财经大学的在校学生中开展了一次调查，总计发放 500 份问卷（参照群体为"其他人"和"同事"各 250 份），采用配额抽样和随机分配的方法。大一到大四每个年级各 100 份，研究生 100 份，本科每个年级和研究生中按照男生和女生各 50 人进行配额，然后在 50 名男生/女生中随机发放参照群体为"其他人"或"同事"的问卷各 25 份。最终我们回收的有效问卷为 439 份，其中参照群体是"同事"的问卷为 229 份，参照群体是"其他人"的问卷为 210 份。

为了比较在职人员与在校学生对位置考虑的异同，2014 年 10 月我们对在北京工作的在职人员群体开展调查，总计发放 500 份问卷。回收有效问卷 410 份，其中参照群体为"同事"的问卷为 224 份，参照群体为"其他人"的问卷为 186 份。

四 不同比较事项上的位置考虑

本部分利用对在校大学生群体的调查数据，考察当参照群体为其他人时在校大学生在不同事项上的位置考虑。从被调查者情况（n = 210）来看，男性比例为 52.2%，女性比例为 47.8%。本科生比例为 81.9%，研究生比例为 18.1%。被调查者年龄集中在 17 ~ 27 岁之间，平均年龄20.42 岁。

表 1　在校大学生对不同比较事项的位置考虑（参照群体为其他人）

单位：%

	相对位置	平等主义	绝对收益
有益品			
孩子智力	59.0	30.0	11.0
领导表扬	56.2	30.5	13.3
孩子外表吸引力	55.2	36.2	8.6
外表吸引力	54.3	37.6	8.1
收入	53.8	31.4	14.8
智力	51.0	39.0	10.0
父亲收入	48.6	37.1	14.3
孩子教育	38.6	31.0	30.5
假期	29.5	51.0	19.5
住房面积	39.5	40.0	20.5
教育	32.9	39.5	27.6
有害品			
领导斥责	39.5	18.1	42.4
加班	28.6	35.2	36.2

首先，大部分学生在多数事项上表现出较强的相对位置倾向。通过表 1 可以看出，大学生在绝大多数事项上希望比别人更好或更多。具体而言，在孩子智力水平、领导表扬次数、孩子外表吸引力、自己外表吸引力、自己收入、自己智力水平、父亲收入、孩子教育年数方面均表现出较高的相对位置倾向。

与相对位置考虑相比，有更强平等考虑或绝对收益考虑的事项较少。

被调查的大学生仅在假期周数（51.0%）、住房面积（40.0%）和自己教育年数（39.5%）三个事项上更倾向于平等考虑；仅在领导斥责次数（42.4%）、加班天数（36.2%）两个有害品事项上更倾向于绝对收益考虑。更多在校大学生对假期周数和住房面积表现出平等考虑，可能与这两个事项在当前中国社会的特征有关。当前人们在追求比别人获得更高收入的竞争中，工作时间在延长，而闲暇娱乐时间却被压缩。一线城市不断攀升的房价使得住房几乎成为年轻人难以实现的"奢侈梦"。正是由于假期和住房难以获得，人们在位置考虑上更为现实，只要能够和其他人平等即可，并不过多地追求优势地位。

其次，对有益品与有害品明显具有不同的位置考虑。在校大学生对有益品更倾向于相对位置考虑，而对有害品则更倾向于绝对收益考虑。具体而言，在所有有益品中，近 2/3 的有益品更被倾向于相对位置考虑，1/3 的有益品更被倾向于平等考虑，没有一项有益品更被倾向于绝对收益考虑；与此相反，对所有的有害品（包括领导斥责、加班天数）都更倾向于绝对收益考虑。通过独立样本 T 检验，有益品在相对位置上的平均百分比为 47.1%，有害品在相对位置上的平均百分比为 34.1%，两者在相对位置偏好上存在显著差异（p < 0.05）。因此，假设 1a 得到验证。

最后，对待孩子与对待自己特征的位置考虑没有显著差别。我们比较了在校大学生对自己的教育、智力和外表吸引力与对孩子的教育、智力和外表吸引力之间在位置考虑上的差别。结果发现，尽管被调查者在三个事项上对待孩子特征的相对位置倾向都略高于自己特征的相对位置倾向，前者的平均百分比为 50.9%，后者的平均百分比为 46.1%，但统计检验结果表明它们在相对位置偏好程度上并不存在显著差异（配对样本 T 检验，p > 0.05）。假设 1b 没有得到验证。这可能从某种意义上反映出在当前中国社会急剧变迁的过程中传统的后代取向的家庭地位追求逻辑逐渐被瓦解。

总体而言，当参照群体为其他人时，在校大学生对多数事项表现出较强的相对位置倾向，而平等考虑和绝对收益考虑的事项较少；在校大学生对有益品更倾向于相对位置考虑，而对有害品更倾向于绝对收益考虑；在校大学生对自己特征与对孩子特征的位置考虑没有显著差别。

我们的研究结果与 Solnick 和 Hemenway（1998）对美国在校大学生的调查发现基本一致，中国大学生对多数事项也表现出较高的相对位置倾向；而与 Celse（2012）对法国在校大学生的调查发现存在很大不同，法国大学生在大部分事项上更倾向于平等考虑。这种差异可能源于中法两国不同的社会文化背景。法国社会深受启蒙运动"自由"和"平等"思想的影响，具有更强的平等主义倾向。尽管集体主义一直是中国的主流价值观，中国的社会文化也经常被贴上"随大流"、"中庸"的标签，但是随着中国社会的变迁，新生代的 90 后大学生群体越来越强调自身的"个性"和追求出人头地，具有更强的成就需要，因而表现出更强的相对位置倾向。

五　不同参照群体下的位置考虑

上一部分研究了当参照群体为其他人时，在校大学生的位置考虑是否随比较事项的不同而变化，这部分我们将研究在既定的比较事项下，在校大学生的位置考虑是否因参照群体的不同而变化，参照群体被区分为"其他人"和"同事"两类。我们仍采用对大学生群体的调查数据，从被调查者情况（n = 439）来看，男性比例为 45.4%，女性比例为 54.6%。本科生比例为 79.5%，研究生比例为 20.5%。被调查者年龄集中在 17 ~ 27 岁之间，平均年龄 20.41 岁。

首先，不同参照群体下的位置考虑存在显著差异。通过表 2 可以看出，对于所有的事项，随着参照群体的变化，位置考虑都发生了显著的系统性变化（p < 0.01）。也就是说，对于既定的比较事项，在"其他人"和"同事"两种不同的参照群体下，在校大学生有不同的位置考虑。当参照群体从其他人变为同事时，在所有事项上选择相对位置考虑的比例都发生了明显下降，这表明当参照群体为同事时，人们追求比别人优越的考虑大为弱化。同时，在校大学生在多数事项上选择平等考虑的比例增加，在部分事项上选择绝对收益考虑的比例增加。

此外，尽管在不同的参照群体下在校大学生对假期周数都是平等考虑居多，但随着参照群体从其他人变为同事，选择相对位置考虑的比例下降、选择绝对收益考虑的比例增加；对于领导斥责、加班天数等有害品，尽管不同参照群体下都表现出较高的绝对收益考虑，但随着参照群体从其他人变为同事，选择相对位置考虑的比例下降、选择平等考虑的比例增加。

表 2　在校大学生在不同参照群体下的位置考虑

单位：%

	其他人			同事			χ^2，P
	相对位置	平等主义	绝对收益	相对位置	平等主义	绝对收益	
有益品							
孩子智力	59.0	30.0	11.0	25.3	45.9	28.8	54.489***
领导表扬	56.2	30.5	13.3	30.1	42.4	27.5	32.303***
孩子外表吸引力	55.2	36.2	8.6	27.9	44.5	27.5	43.078***
外表吸引力	54.3	37.6	8.1	27.9	45.9	26.2	40.986***
收入	53.8	31.4	14.8	17.5	44.1	38.4	68.774***
智力	51.0	39.0	10.1	26.2	46.3	27.5	36.537***
父亲收入	48.6	37.1	14.3	13.5	41.5	45.0	78.966***
孩子教育	38.6	31.0	30.5	11.8	28.8	59.4	52.203***
假期	29.5	51.0	19.5	11.4	58.1	30.6	24.344***
住房面积	39.5	40.0	20.5	11.8	41.9	46.3	55.228***
教育	32.9	39.5	27.6	7.0	35.4	57.6	61.185***
有害品							
领导斥责	39.5	18.1	42.4	27.1	28.4	44.5	10.201**
加班	28.6	35.2	36.2	14.8	42.8	42.4	12.290**

** $p < 0.01$，*** $p < 0.001$。

其次，参照群体为同事时，大学生对自己的智力、外表吸引力和教育与对孩子的这些特征之间在位置考虑上不存在显著差异（配对样本 T 检验，$p > 0.05$）；平均而言，大学生对有害品的绝对收益考虑仍高于有益品（独立样本 T 检验，$p < 0.05$）。

再次，参照群体为同事时，平等考虑居多的事项明显增加。当参照群体为其他人时，大学生在大部分事项上表现出更高的相对位置倾向；而当参照群体为同事时，大学生在大部分事项上表现出明显的平等考虑倾向，并且没有任何一个事项相对位置考虑居多。具体而言，参照群体为其他人时的高相对位置事项（孩子智力、领导表扬、孩子外表吸引力、自己外表吸引力、收入、自己智力）在参照群体变为同事时都转向平等考虑居多，假设 2 得到验证。

最后，参照群体为同事时，绝对收益考虑居多的事项增加。随着参照群体从其他人变为同事，绝对收益考虑居多的事项也有所增加。当参照群体为其他人时，仅在两个有害品事项（领导斥责、加班天数）上选择绝对收益考虑的比例最高；但当参照群体变为同事后，除了这两个事项外，在父亲收入、孩子教育、住房面积、自己教育等四个事项上也表现出较高的绝对收益考虑。

总之，在既定的比较事项下，人们的位置考虑与参照群体的选择存在显著关联。我们的研究发现，参照群体为其他人和同事对被调查者有不同的含义，会使他们的位置考虑发生系统性变化，当参照群体从其他人变为同事时，在校大学生在所有事项上的相对位置考虑明显下降，而平等考虑和绝对收益考虑居多的事项明显增加。

六 不同社会身份下的位置考虑

本部分利用对在校大学生和在职人员的调查数据，考察在既定的事项和参照群体下，人们的位置考虑是否会因社会身份的不同而变化。从被调查者情况（n = 849）来看，男性比例为 49.3%，女性比例为 50.7%。受教育程度上，大专以下的比例为 8.5%，本科/大专的比例为 55.0%，研究生的比例为 36.5%。

首先，当参照群体为其他人时，在职人员群体对自己的智力和外表吸引力与对孩子的这些特征之间在位置考虑上不存在显著差别（配对样本 T 检验，$p > 0.05$），但与大学生群体无论对自己的特征还是对孩子的特征都更倾向于相对位置考虑不同的是，在职人员群体对二者都更倾向于平等考虑。在职人员对有益品与有害品之间在位置考虑上存在显著差别，对后者的绝对收益考虑显著高于前者（独立样本 T 检验，$p < 0.05$）。

其次，当参照群体为其他人时，在职人员与在校大学生对大多数事项的位置考虑存在显著差异。通过表 3 可发现，在职人员与大学生在领导斥责、住房面积、自己教育、孩子智力、父亲收入、自己收入、孩子外表吸引力、孩子教育、自己外表吸引力等事项上的位置倾向存在显著差异（$p < 0.05$）；仅在假期事项上不存在显著差异（$p > 0.05$）。

表 3 不同身份下的相对位置考虑（参照群体为其他人）

单位：%

	大学生			在职人员			χ^2, p
	相对位置	平等主义	绝对收益	相对位置	平等主义	绝对收益	
有益品							
孩子智力	59.0	30.0	11.0	43.0	48.4	8.6	14.109**
领导表扬	56.2	30.5	13.3	44.1	39.8	16.1	5.841+
孩子外表吸引力	55.2	36.2	8.6	42.2	47.6	10.3	6.793*
外表吸引力	54.3	37.6	8.1	41.4	48.4	10.2	6.564*
收入	53.8	31.4	14.8	36.6	46.8	16.7	12.662**
智力	51.0	39.0	10.0	40.9	50.5	8.6	5.310+
父亲收入	48.6	37.1	14.3	30.1	49.5	20.4	14.084**
住房面积	39.5	40.0	20.5	20.8	50.3	29.0	16.363***
孩子教育	38.6	31.0	30.5	28.5	42.5	29.0	6.629
假期	29.5	51.0	19.5	22.0	53.2	24.7	3.438
教育	32.9	39.5	27.6	19.5	35.7	44.9	15.222***
有害品							
领导斥责	39.5	18.1	42.4	26.9	35.5	37.6	16.603***
加班	28.6	35.2	36.2	19.4	40.9	39.8	4.616+

+ p < 0.1, * p < 0.05, ** p < 0.01, ***p < 0.001。

当参照群体为其他人时，与大学生相比，在职人员在多数事项上的相对位置考虑明显降低，而平等考虑明显增加。那些对于大学生而言的高相对位置的事项（包括孩子智力、领导表扬、孩子外表吸引力、自己外表吸引力、收入、智力、父亲收入、孩子教育等），在职人员并没有表现出同样的相对位置追求，而是更多地倾向于平等考虑。另外，对于那些被更多大学生视为绝对收益考虑的有害品（领导斥责和加班），在职人员也表现出比大学生更多的平等倾向。不过，在自己的教育年数上，在职人员比在校大学生表现出更多的绝对收益倾向。

再次，当参照群体为同事时，在职人员对自己的智力和外表吸引力与对孩子的智力和外表吸引力在平等考虑上没有显著差异（配对样本 T 检验，p > 0.05），但对孩子教育与自己教育上的位置考虑有所不同。另外，在职人员在有害品上的绝对收益考虑总体而言高于有益品（独立样本 T 检验，p < 0.05）。

　　最后，当参照群体为同事时，在校大学生与在职人员的位置考虑在绝大多数事项上不存在显著差异。在大部分事项上（包括孩子智力、领导表扬、孩子外表吸引力、自己外表吸引力、收入、自己智力、假期等）在职人员与大学生都同样表现出较低的相对位置考虑、较高的平等考虑；在父亲收入、住房面积和加班天数上，在职人员与大学生都更倾向于绝对收益考虑和平等考虑；在自己教育和领导斥责两个事项上，在职人员与大学生则都具有较高的绝对收益倾向。

　　通过表 4 可知，将参照群体设定为同事时，大学生与在职人员仅在孩子教育事项上存在显著差异（p < 0.01）。具体而言，在孩子的教育事项上，大学生选择绝对收益考虑的比例最高，达到 59.4%，平等考虑为 28.8%；而在职人员在孩子教育上则更多地倾向于平等考虑（46.2%）和绝对收益考虑（43.9%）。

表 4　不同身份下的相对位置考虑（参照群体为同事）

单位：%

	大学生			在职人员			χ^2, P
	相对位置	平等主义	绝对收益	相对位置	平等主义	绝对收益	
有益品							
孩子智力	25.3	45.9	28.8	21.4	55.4	23.2	4.126
领导表扬	30.1	42.4	27.5	25.7	53.6	20.7	5.928[+]
孩子外表吸引力	27.9	44.5	27.5	23.3	52.5	24.2	2.882
外表吸引力	27.9	45.9	26.2	21.0	53.1	25.9	3.458
收入	17.5	44.1	38.4	15.2	52.0	32.7	2.842
智力	26.2	46.3	27.5	17.0	51.8	31.3	5.703[+]
父亲收入	13.5	41.5	45.0	17.9	46.9	35.3	4.751[+]
住房面积	11.8	41.9	46.3	14.0	40.7	45.2	0.502
孩子教育	11.8	28.8	59.4	9.9	46.2	43.9	14.705[**]
假期	11.4	58.1	30.6	7.6	64.1	28.3	2.535
教育	7.0	35.4	57.6	12.1	30.0	57.8	4.094
有害品							
领导斥责	27.1	28.4	44.5	21.9	28.6	49.6	1.856
加班	14.8	42.8	42.4	9.0	44.8	46.2	3.751

[+] p < 0.1, [**] p < 0.01。

总之，我们的研究结果表明，在校大学生与在职人员两种不同社会身份的群体在位置考虑上的差异因参照群体的变化而不同。当参照群体为其他人时，在校大学生与在职人员之间在大多数事项上的位置考虑都存在显著差异，表现为在职人员比大学生更多地倾向于平等考虑，在这个意义上假设 3 得到验证；而当参照群体为同事时，大学生与在职人员之间在绝大多数事项上都没有显著的统计差异，此种情况下假设 3 没有得到验证。

七　总结与讨论

关于人的位置考虑或社会比较倾向是对人类行为进一步研究的重要前提。本文采取类似于实验研究的方法探讨了在不同条件下人们位置考虑的复杂性和变异性。基于针对在校大学生和在职人员两类群体的问卷调查数据，本研究发现，随着比较事项、参照群体和社会身份等条件的变化，个体的位置考虑也会相应地发生变化。具体而言，（1）在参照群体为其他人的情况下，在校大学生对有益品更倾向于相对位置考虑，而对有害品更倾向于绝对收益考虑；在校大学生对自己特征与对孩子特征的位置考虑没有显著差别。（2）无论对于大学生群体，还是在职人员群体，人们对自己特征与孩子特征之间在位置考虑上都基本不存在显著差异，对有害品的绝对收益考虑平均而言都高于有益品。（3）在既定事项上，在校大学生的位置考虑与参照群体显著相关。当参照群体从其他人变为同事时，在校大学生在所有事项上的相对位置考虑明显下降，而平等考虑和绝对收益考虑居多的事项明显增加。（4）社会身份与位置考虑的关系因参照群体的变化而表现出不同的结果。当参照群体为其他人时，在职人员与在校大学生在大多数事项上的位置考虑都存在显著差异，在职人员比大学生更倾向于平等考虑；而当参照群体为同事时，大学生与在职人员在绝大多数事项上都倾向于平等考虑，且没有显著的统计差异。

与以往对位置考虑的一些经验研究（Celse，2012；Solnick and Hemenway，1998；Solnick et al.，2007）不同的是，本文的研究设计在参照群体上不仅考虑了其他人，还考虑了同事；在调查对象上不限于在校大学生，而且引入了在职人员。在纳入了参照群体和社会身份的影响后，我们发现在参照群体从其他人变为同事后，无论是在校学生还是在职人员，在所有事项上的相对位置考虑都明显降低，而平等考虑和绝对收益考虑都明显增加；当参照群体为其他人时，在几乎所有事项上在职人员都明显比在校大学生有更低的相对位置考虑和更高的平等考虑。我们的发现至少在两个方面推进了以往研究，深化了对人们位置考虑的认识。首先，要区分总体比较和局部比较下的位置考虑。人们的位置考虑是和参照群体的选择连在一起的。本文考虑了两种具有不同含义的参照群体，社会中的其他人反映了更具有宏观结构意义的社会世界对个体进行社会比较的意义；而单位中的同事则反映了有密切互动关系的局部生活世界对个体进行社会比较的意义。人们在进行社会总体上的比较和组织内部的比较时明显具有不同的位置考虑，在前种情况下更倾向于追求相对优势地位，而在后种情况下更倾向于追求平等地位。其次，人们的位置考虑会受到社会身份的影响。我们考察了在职人员与在校学生两类不同社会身份群体的位置考虑，结果发现特别是当参照群体为其他人时，在职人员比在校学生有更低的相对位置考虑，这意味着用基于在校大学生调查得出的研究结论去推论在职人群可能会高估人们的相对位置考虑。有过劳动力市场经历的人群对社会竞争的激烈性和社会不平等的现实有切身体会，因此会表现出更高的平等偏好。

本研究的发现无疑有助于我们理解在不同条件下人们的社会比较倾向，并为进一步的研究提供了基础。未来的研究可以从两个方面继续推进：一是进一步探讨人们在进行社会比较时是如何选择参照对象的。在本文中参照群体是研究者外生限定的，致使我们在研究不同参照群体的影响和意义时，忽视了个体对参照群体的自主选择过程，今后的研究可以利用深度访谈、更为精细的研究设计等方式考察个体在不同情境下对参照群体的自主选择过程及其对位置考虑的影响。二是将人们的位置考虑作为自变量，探讨这种意识倾向对人们的经济社会行为的影响，以及人们的经济社会地位如何影响人们的位置考虑，客观的经济社会地位又如何经由位置考虑的中介变量影响人们的经济社会行为。

参考文献

李汉林、魏钦恭、张彦，2010，《社会变迁过程中的结构紧张》，《中国社会科学》第
2 期。

罗伯特·K. 默顿，2006，《社会理论和社会结构》，唐少杰等译，译林出版社。

马磊、刘欣，2010，《中国城市居民的分配公平感研究》，《社会学研究》第 5 期。

马克斯·韦伯，2010，《马克斯·韦伯社会学文集》，阎克文译，人民出版社。

吴菲、王俊秀，2017，《相对收入与主观幸福感：检验农民工的多重参照群体》，《社会》第 2 期。

张海东，2004，《城市居民对社会不平等现象的态度研究——以长春市调查为例》，《社会学研究》第 6 期。

Adams, J. S. 1963. "Toward an Understanding of Inequity." *Journal of Abnormal & Social Psychology* 67 (5).

Alesina, A., R. Di Tella, and R. MacCulloch. 2004. "Inequality and Happiness: Are Europeans and Americans Different?" *Journal of Public Economics* 88 (9 – 10).

Alpizar, Francisco, Fredrik Carlsson, and Olof Johansson-Stenman. 2005. "How Much Do We Care about Absolute Versus Relative Income and Consumption?" *Journal of Economic Behavior & Organization* 56 (3).

Becker, Gary S. 1974. "*A Theory of Social Interactions.*" *Journal of Political Economy* 82 (6).

Carlsson, F., O. Johansson-Stenman, and P. Martinsson. 2007. "Do You Enjoy Having More than Others? Survey Evidence of Positional Goods." *Economica* 74 (296).

Carlsson, F. and P. Qin. 2010. "It is Better to Be the Head of a Chicken than the Tail of a Phoenix: A Study of Concern for Relative Standing in Rural China." *Journal of Socio-Economics* 39 (2).

Chao, A. and J. B. Schor. 1998. "Empirical Tests of Status Consumption: Evidence from Women's Cosmetics." *Journal of Economic Psychology* 19 (1).

Celse, J. 2012. "Is the Positional Bias an Artefact? Distinguishing Positional Concerns from Egalitarian Concerns." *The Journal of Socio-Economics* 41 (3).

Duesenberry, James, 1949, *Income, Savings and the Theory of Consumer Behavior*, Harvard University Press, Cambridge, MA.

Easterlin, R. 1995. "Will Raising the Incomes of All Increase the Happiness of All?" *Journal of Economic Behavior and Organization* 27 (1).

Fehr, E. and K. M. Schmidt. 1999. "A Theory of Fairness, Competition and Cooperation." *Quarterly Journal of Economics* 114 (5).

Ferrer-i-Carbonell, Ada, and Ramos, Xavier. 2010. "Inequality Aversion and Risk Attitudes." *IZA Discussion Paper* No. 4703. Available at SSRN: https://ssrn.com/abstract = 1545130.

Frank, R. H. 1985a. *Choosing the Right Pond: Human Behavior and the Quest for Status*. Oxford University Press.

——. 1985b. "The Demand for Unobservable and Other Nonpositional Goods." *American Economic Review* 75 (1).

——. 2008. "Should Public Policy Respond to Positional Externalities?" *Journal of Public*

Economics 92 （8 - 9）.

Frank, R. and C. Sunstein. 2001. "Cost-benefit Analysis and Relative Position." *University of Chicago Law Review* 68 （2）.

Festinger, L. 1954. "A Theory of Social Comparison Processes." *Human Relations* 7 （7）.

Graham C. and A. Felton. 2006. "Inequality and Happiness: Insights from Latin America." *Journal of Economic Inequality* 4 （1）.

Grolleau, G. and S. Saïd. 2008. "Do You Prefer Having More or More than Others? Survey Evidence on Positional Concerns in France." *Journal of Economic Issues* 42 （4）.

Grosfeld, I. and C. Senik. 2008. "The Emerging Aversion to Inequality: Evidence from Poland 1992 - 2005." *Social Science Electronic Publishing* 18 （1）.

Hamermesh, Daniel S. , and Jeff E. Biddle. 1994. "Beauty and the Labor Market." *American Economic Review* 84 （5）.

Hirsh, F. 1976. *Social Limits to Growth.* Harvard University Press, Cambridge, MA.

Hyman, H. 1942. "The Psychology of Subjective Status." *Psychological Bulletin* 39.

Kelley, H. H. 1952. "Two Functions of Reference Groups." In G. E. Swanson, T. M. Newcomb, and E. L. Hartley （eds. ）, *Readings in Social Psychology* （2nd） . New York: Holt, Rinehart & Winston.

Kulik, C. T. and M. L. Ambrose. 1992. "Personal and Situational Determinants of Referent Choice." *Academy of Management Review* 17 （2）.

Luttmer, Erzo F. P. 2005. "Neighbors as Negatives: Relative Earnings and Well-being." *The Quarterly Journal of Economics* 120 （3）.

Norton, M. I. and D. Ariely. 2011. "Building a Better America: One Wealth Quintile at a Time." *Perspectives on Psychological Science* 6 （1）.

Oshio T. and M. Kobayashi. 2011. "Area-Level Income Inequality and Happiness: Evidence from Japan." *Journal of Happiness Studies* 12 （4）.

Ravallion, M. and M. Lokshin. 2000. "Who Wants to Redistribute? The Tunnel Effect in 1990s Russia." *Journal of Public Economic* 76 （1）.

Sen, A. 1983. "Poor, Relatively Speaking." *Oxford Economic Papers* 35 （2）.

Senik, C. 2005. "What Can We Learn from Subjective Data? The Case of Income and Well-being." *Journal of Economic Surveys* 19 （1）.

Grosfeld, I. , and C. Senik. 2008. "The Emerging Aversion to Inequality: Evidence from Poland 1992 - 2005." *Social Science Electronic Publishing* 18 （1）.

Shibutani, T. 1955. "Reference Groups as Perspectives." *American Journal of Sociology* 60 （6）.

Solnick, S. J. and D. Hemenway. 1998. "Is More Always Better? A Survey on Positional Concerns." *Journal of Economic Behavior & Organization* 37 （3）.

——. 2005. "Are Positional Concerns Stronger in Some Domains than in Others?" *American Economic Review* 95 (2).

Solnick, S. J., Li Hong, and D. Hemenway. 2007. "Positional Goods in the United States and China." *Journal of Socio-Economics* 36 (4).

Thurow, L. 1973. "The Income Distribution as a Pure Public Good." *Quarterly Journal of Economics* 87 (85).

Veblen, T. 1899. *The Theory of the Leisure Class.* MacMillan, New York.

社会比较的结构性与情境性

——对李国武、陈姝妤论文的评论

庄家炽[*]

　　经济高速发展的背后，需要一个有序的社会环境。社会稳定是我国社会转型过程中一个重要的理论和现实问题，也是全世界范围内各个国家需要面临的重要挑战。从阿拉伯之春到占领华尔街运动，再到法国巴黎发生的近50年来最大的骚乱，人们更加认识到经济发展水平与社会稳定之间并不存在必然的联系。这个问题具体到微观层次，就是要理解或者预测人们的认知与社会行动，只有人们的社会经济地位是不够的，还需要了解人们的参照群体、社会比较倾向等主观变量。早期的公平理论（Adams，1963）与社会比较理论（Festinger，1954）均认为，在相同的客观条件下，人们选择的参照对象不同，对客观条件的认知与态度自然也不尽相同，甚至截然相反。多数情况下，是人们对现实的解释、感知而非现实本身，引发了人们的行动（Klandermans，1989）。因此，了解人们主观态度的形成过程是理解人们认知与行动的重要前提。

　　对于人们的主观比较过程，目前在社会科学研究中存在两个基本范式。第一，参照群体决定人们的主观态度（Gelatt and Julia，2013；Buunk et al.，1991；Gartrell，1982；Marsh and Hau，2003；O'Neill and Mone，2005；默顿，2006；郭星华，2001；刘欣，2007；马磊、刘欣，2010）。在相同的客观条件下，人们选择的参照群体不同，产生的主观感受也不同。一个人可能同时产生相对剥夺感和满足感，完全取决于其所选择的参照

---

　　[*]　庄家炽，中央财经大学社会与心理学院讲师。

群体，即俗语说的"比上不足，比下有余"。在这个研究范式下，学者们重点研究的是人们参照群体的形成过程，即人们为什么要选择特定的群体作为参照群体，而不是选择另外的一些群体作为比较对象？社会结构、人口学特征、主观意愿、社会距离和可观察性等因素均会在不同程度上影响到人们参照群体的选择过程（庄家炽，2016）。第二，社会比较倾向研究范式。目前社会科学研究中对人们的社会比较倾向存在着三种不同的观点：绝对收益考虑、相对位置考虑和平等主义考虑。人们不同的比较倾向会导致人们不同的态度。比如，平等主义理论强调人们的不公平厌恶和平等偏好，认为人们会有位置考虑，不是为了要比别人更好，而是追求相对平等。如果出现不公平的情形，人们将会表现出不满甚至怨恨。两种研究范式强调了人们主观比较的不同侧面，参照群体理论强调的是社会结构性的因素，而社会比较倾向理论则首先从个体的偏好出发。不同的研究出发点，很大程度上代表了不同的学科范式。所以我们大致可以发现，参照群体的研究更多地集中了社会学领域的学者，而社会比较倾向理论则更受经济学和心理学学者的欢迎。

　　而在我的理解上，《参照群体、社会身份与位置考虑》一文正是尝试将两种范式相结合，在个体社会比较的过程中突出其社会性，彰显了人们社会比较倾向的复杂性和变异性。个体的倾向与偏好不仅仅是个体性的，很大程度上也是社会性的。通过情境模拟的问卷调查法，李国武和陈姝好发现，随着比较事项、参照群体和社会身份等条件的变化，个体的位置考虑也会相应地发生变化。在参照群体从其他人变为同事后，无论是在校学生还是在职人员在所有事项上的相对位置考虑都明显降低，而平等考虑和绝对收益考虑明显增加。当参照群体为其他人时，在几乎所有事项上在职人员明显比在校大学生表现出更低的相对位置考虑和更高的平等考虑；而当参照群体为同事时，在绝大多数事项上在职人员的位置考虑与在校大学生没有显著差异。

　　社会比较倾向的社会性不仅仅体现在比较群体与个体的社会关系上，还体现为个体生命历程的社会性，即个体的生命历程，尤其是一些重大的社会事件会在很大程度上影响个体的认知与态度（埃尔德，2002）。人的社会性很大程度上体现为其历史性，任何一个个体都不是无源之水、无本之木。所以本文还考虑社会身份对社会比较倾向的影响，以在职人员与在校学生两类不同社会身份群体为研究对象，文章发现特别是当参照群体为其他人时，在职人员比在校学生有更低的相对位置考虑，这意味着用基于在校大学生调查得出的研究结论去推论在职人群可能会高估人们的相对位置考虑。文章认为出现这样的结果，是因为有过劳动力市场经历的人群对社会竞争的激烈性和社会不平等的现实有切身体会，因此会表现出更高的平等偏好。

《参照群体、社会身份与位置考虑》一文尝试在理论上做出创新与推进，并且为后续的研究提供了方向，也对参照群体的研究提供了诸多的借鉴意义。第一，参照群体与社会比较倾向之间的相互作用关系还可以进一步探讨。本文的研究发现，参照群体不同的时候，人们的社会比较倾向也会发生改变。但是也有研究发现，人们的心理动机也会影响参照群体的选择。人们选择参照对象可能出于三种不同的动机：公平（equity）、自我强化（self-enhancement）、自我贬损（self-depreciation）（Levine and Moreland，1987）。也就是说，人们社会比较倾向不同的时候，选择的参照群体也不同。比如，有强烈自我强化动机的人会不断向下比较，直到找到一个使自己处于有利地位的参照对象。那么人们是先有参照群体，然后形成一个社会比较倾向？还是先形成了社会比较倾向，然后选择具体的参照群体？抑或者这两者的形成过程受到第三种力量的共同影响？这不是一个实验、一篇文章所能解决的问题，也不是一个学科能回答的问题，需要在将来结合社会学、经济学和心理学等多学科的力量，运用访谈法、实验法等一系列的方法逐步去推进。第二，参照群体对社会比较倾向的具体影响机制还有待进一步的研究。文章研究发现的一个推论是个体与参照群体的互动关系越紧密，社会比较中的平等主义考虑越多，即不希望比别人多，也不希望比别人少。但是文章同时也发现，在纳入了参照群体和社会身份的影响后，当参照群体从其他人变为同事时，无论是在校学生还是在职人员，在所有事项上的相对位置考虑都明显降低，不仅平等考虑明显增加了，绝对收益考虑也明显增加了。那么社会地位比较中绝对收益考虑增加的原因是什么？与人们选择的参照群体存在何种关系？这是一个值得进一步探究的问题。第三，探究个体社会比较的社会性、结构性情境。在讨论参照群体的过程中，我们有时候选择不同的参照群体，往往会使个体产生不同的主观感受与态度。这样的表述有时候可能产生一些误解，强化了个体能动地选择过程，而忽略了社会结构性的因素，即参照群体有时候并不是个体自愿选择的结果，而是被社会结构所形塑的，比如北京市海淀区的广大中小学生和他们的家长①。个体社会比较的情境也存在同样的问题，在《参照群体、社会身份与位置考虑》一文中，社会比较的情境是在实验条件下事先提供的。但是实验毕竟是对现实的一种简单模拟，人们还是生活在具体生活事件中的活生生的人。因此未来的研究应该进一步发掘人们日常生活中遇到的社会性的、结构性的情境，在结构性情境的分析框架下，我们才能对个体的社会比较过程，尤其是个体采取的社会行动有更为深刻的理解和把握。

《参照群体、社会身份与位置考虑》文献充分、逻辑清晰、论证可信，有理论上的创新与推进。通读全文，很受启发。一方面是社会比较的理论研究与推进，如上文所述的几个方面。另一方面是运用社会比较理论去解释社会现实。诚如作者所言：将人们的位置考虑作为自变量，探讨这种意识倾向对人们经济社会行为的影响，以及人们的经济社会地位如何影响人们的位置考虑，客观的经济社会地位又如何经由位置考虑的中介变量影响到人们的经济社会行为。

参考文献

Adams, J. S. 1963. "Toward an Understanding of Inequity." *Journal of Abnormal & Social Psychology* (5): 422 – 436.

Buunk, B. P., Collins R. L., Taylor S. E., Vanyperen N. W., and Dakof G. A. 1991. "The Affective Consequences of Social Comparison: Either Direction Has Its Ups and Downs." *Journal of Personality & Social Psychology* (6): 1238 – 1249.

Festinger, Leon. 1954. "A Theory of Social Comparison Processes." *Human Relations* (2): 117 – 140.

Gartrell, C. David. 1982. "On the Visibility of Wage Referents." *Canadian Journal of Sociology* (2): 117 – 143.

Gelatt, Julia. 2013. "Looking Down or Looking Up: Status and Subjective Well-Being among Asian and Latino Immigrants in the United States." *International Migration Review* (1): 39 – 75.

Klandermans, Bert. 1989. *Organizing for Change: Social Movement Organizations in Europe and the United States.* JAI Press.

---

① 参考阅读《疯狂的黄庄：超前教育"十字路口"》，https://www.huxiu.com/article/272293.htm。

Levine, J. M. and R. L. Moreland. 1987. "*Social Comparison and Outcome Evaluation in Group Contexts.*" in J. C.

Marsh, Herbert W. and Hau Kit-Tai. 2003. "Big-Fish—Little-Pond Effect on Academic Self-concept: A Cross-cultural (26-country) Test of the Negative Effects of Academically Selective schools." *American Psychologist* (5): 364.

O'Neill, Bonnie S. and Mone Mark A. 2005. "Psychological Influences on Referent Choice." *Journal of Managerial Issues* (3): 273 – 292.

埃尔德，2002，《大萧条的孩子们》，田禾、马春华译，译林出版社。

默顿，2006，《社会理论和社会结构》，唐少杰、齐心译，译林出版社。

庄家炽，2016，《参照群体理论评述》，《社会发展研究》第 3 期，第 184～197 页。

郭星华，2001，《城市居民相对剥夺感的实证研究》，《中国人民大学学报》第 3 期，第 71～78 页。

刘欣，2007，《中国城市的阶层结构与中产阶层的定位》，《社会学研究》第 6 期，第 1～14、242 页。

马磊、刘欣，2010，《中国城市居民的分配公平感研究》，《社会学研究》第 5 期，第 31～49、243 页。

经济社会学研究　第六辑

第 39～62 页

有限理性行动者的偏好变化与行为策略：
一个初步的理论模型[*]

严　俊　李婷婷[**]

摘　要： 依托有限理性的理论思路与概念工具，本文挑战了传统经济行为分析中的偏好不变与效用最大化假定，构建了一组包含四种行动者类型的理论模型。在此基础上，本文进一步描述了连续行动过程中的偏好变化与策略选择，修正并丰富了以"显示性偏好"理论为代表的既有研究对偏好与行为之间复杂关系的理解。与行为经济学侧重短期情境性分析不同，本研究关注偏好与行为的演化（进行或退行）机制，以及在特定条件下行为显示或隐藏偏好的可能。这项工作不仅有助于重新审视关于偏好变化的既有结论，也能为新的行为实验提供设计思路。

关键词： 有限理性　偏好变化　行为策略　理论模型"显示性偏好"理论

基于对经济学的偏好不变与效用最大化假定的修正，本研究试图建立一个刻画有限理性行动者偏好改变与行为策略的理论模型，以便更好地了解复杂的真实行为过程。首先，让我们来构想一种常见的现象：某位看重职业能力提升的技术官员在相当长的时间内一直为官清廉、拒斥

＊　本文曾发表于《社会学评论》2018 年第 6 期。

＊＊　严俊，上海大学社会学系讲师；李婷婷，上海大学社会学系硕士研究生。

灰色收入。但在临近退休或面对前所未有的巨额诱惑时[1]，却突然出现贪腐渎职行为。通常认为，这种看似匪夷所思的变化不难理解：官员对灰色收入的偏好一直存在，其行为的先后差别只是在收益预期、风险控制水平等外在约束条件变化后的正常反应。这里遗留下两个重要的疑问：第一，官员之前的清廉行为是否一定是"成本—收益"考虑下，隐藏贪腐偏好的结果？会不会存在偏好改变的可能？第二，无论清廉或贪腐，官员的行为是否一定是根据自身偏好精细计算后的最优选择？会不会存在因信息、判断力或诉求模糊性等造成的"次优决策"可能？针对更普遍的情境还可进一步发问：如果在一段时间内出现清廉或贪腐的行为反复，这是否意味着官员只是在具体情境下显示了稳定双重偏好（技能提升与灰色收入）的不同侧面，并且每次都做出了全面、"正确"的"效用最大化"选择？

本文认为，以上讨论不能在经典行为假定框架内得到满意的答案。事实上，效用最大化假定[2]已经遭遇了其他社会科学（尤其是社会学）研究者的大量批评（斯梅尔瑟、斯威德伯格，2014）。在经济学内部，赫伯特·西蒙的有限理性理论（bounded rationality）（Simon，1955；西蒙，1989）更是直接而深刻地挑战了经典模型，提出分析真实决策过程的"满意法则"（satisficing）。相比之下，偏好不变假定虽然同样备受质疑，并在多学科的经验研究中屡遭"证伪"，但改变这一假定后的理论建模工作却相对滞后，我们将就此作出尝试：借用有限理性的基本概念和分析工具，建立一组包含历时性偏好改变与行为反复的理论模型，用以分析连续过程中偏好与行为策略之间的复杂关系。

本文内容沿如下脉络展开：首先，回顾既有研究对偏好不变假定的质疑；其次，按照"偏好—行动"的不同关系，建构四种行动者模型；再次，依托行动者模型，分析偏好产生和消失的连续过程，并与"显示性偏好"理论（Revealed Preference Theory）的既有解释展开对话；最后，

---

[1] 通常我们将这类情况称为"59岁现象"或"糖衣炮弹"的影响。

[2] 效用最大化的当代意涵是：在给定约束条件下，行动者会选择符合自身诉求（偏好）的、能带来最大化效用结果的策略。与以往研究者只关注经济收益不同，贝克尔拓展了效用函数的边界，在行为分析中纳入了大量非经济因素（贝克尔，1995，2013），从而成功将传统经济学分析框架应用于家庭、犯罪、歧视等非经济领域，被称为"经济学帝国主义"（斯威德伯格，2003）。虽然贝克尔拓展了偏好内容的多样性，但他并没有突破基本假设，而是将其运用扩大化，认为行动者所有其他类型的偏好都可以替换成经济偏好进行计算。

指出进一步可能的研究方向。

一 文献回顾：对偏好不变假定的多学科质疑

传统经济学的偏好不变假定是指一个人的偏好是给定的，不因经济环境、生活环境以及收入增长等因素的变动而改变。按照贝克尔的定义，偏好不是对某一具体商品的诉求，而是在生物学基础上进化而来的实质性目标[①]，如声望、健康等（贝克尔，1995）。

如果将偏好视为个体心智机构中的重要一环，偏好不变实际上假定了一类人格稳定的行动者。从这一思路考虑开篇提出的现象，似乎不难给出简洁的答案：官员始终持有对技能提升和灰色收入的双重偏好，并可通过抽象统一的收益值在二者间实现自由兑换。官员看似反复无常的行为无非是基于"成本—收益"情境的合理选择而已，不能被视为偏好改变的证据。不过，以上解释至少留下了一个疑问：如果一部分官员的贪腐偏好的确发生了变化，其行为能否在原有框架中得到甄别，而不与其他类型混同？

近年来，行为/实验、神经等新兴经济学分支和社会学、人类学等其他学科都已开始突破偏好不变假设。第一类研究主要关注偏好的历时性变化。例如，鲍尔斯（Bowles，1998）认为经济结构和政策等因素会塑造行动者的内生性偏好，并以此来解释相应的行为。黄凯南（2013）从偏好与制度的交互关系入手，指出二者处于共同演化之中。伊祖玛等人（Izuma et al.，2010）的研究则给出了偏好历时变化的微观证据：在严格受控的实验中，行动者的历史选择会明确改变随后的行为偏好（choice-induced preference change）。

相比之下，关注偏好情境性变化的第二类研究似乎更具颠覆性——即便是在一次决策内，行动者的偏好也未必稳定。诺万斯基等人（Novem-

---

[①] 贝克尔在《人类行为的经济学分析》第一章中讲道："稳定的偏好不是对市场上的橘子、汽车或医疗保健等具体产品或劳务的偏好，而是指选择的实质性目标。每一家庭可以使用市场产品与劳务、时间和其他投入要素实现这些目标。这种实质性偏好显示了生活的根本方面，诸如健康、声望、肉体快乐、慈善或妒忌，它们与市场上的某种具体商品或劳务并无确定的联系。偏好不变的假设为预见对各种变化的反应提供了坚实的基础，避免了研究人员以偏好的改变来解释事实与其预言的明显矛盾。"（贝克尔，1995）

sky et al. , 2007）揭示了给定（单次）选择中的流畅性（难易程度）会影响消费者的偏好。诺雷斯和西蒙森（Nowlis and Simonson, 1997）则发现，参照组与实验组消费者的偏好显著差异与（是否以及如何设置）比较品牌高度相关。海斯等人（Hsee et al. , 2006）将以上发现推向了一般化：在多项选择和单独选择两种不同的情境中，行动者会出现偏好逆转（preference reversal）的现象。

在这类研究中，尤其值得注意的是行为经济学的理论进展（凯莫勒等，2010）。通过系统分析有限理性行动者在决策过程中的偏好不一致情况（Kahneman and Tversky, 1979; Tversky and Kahneman, 1992），卡尼曼等人提出了著名的"前景理论"（Prospect Theory），为情境性条件下偏好改变及其引发的行为变化提供了基础模型。

多学科的研究新进展表明，偏好改变已经成为一个值得关注的重要问题。贝克尔本人也充分意识到了这一点。他在《口味的经济学分析》的中文版序言中指出，中国快速的经济社会发展提示"我们不仅有必要分析给定的偏好对价格以及所生产的商品的影响，而且有必要分析经济的飞速变化如何反过来影响偏好的形成"（贝克尔，2000）。应当指出的是，在实验或经验观察中证明偏好可变是不够的；情境性分析也不能很好地解释长时段内偏好与行为的连续变化，尚需建立描述历时演化过程的理论模型。我们将从划分代表不同"偏好—行动"关系的行动者类型来开始这项工作。

二 "偏好—行动"一致的简单行动者模型

下文的分析建立在赫伯特·西蒙的有限理性模型基础之上（Simon, 1955；西蒙，1989）。考虑到行动者有限的信息获取和计算（认知）能力，西蒙认为他们在决策过程中并非追求效用最大化，而是遵循"满意法则"，即达到满意值①即可。遵循这一基本思想，他首先提出简单收益模型，进而发展了局部有序收益模型②。

借鉴西蒙的理论思路和分析工具，我们首先构建了两种"偏好—行

---

① 这里所说的"满意值"及后文所讲的"欲望水平"、"阈值"是同一意思。
② 为了保证收益模型中解（策略选择）的存在性，西蒙（1989）引入了欲望水平和备择行为集（指行动者认知范围内可以选择的行为的集合）变化；此外，他还引入顺序机制保证了解的唯一性。

动"一致的简单行动者模型："稳定单偏好"[①] 模型（模型Ⅰ）和"稳定双偏好"模型（模型Ⅱ）。在这两种简单模型中，行动者明确意识到自身的单一或双重偏好，并持续表现出与偏好一致的行为选择。

（一）"稳定单偏好"模型（模型Ⅰ）

西蒙认为，古典经济学的收益模型[②]对于行动者"理性"的要求过于严格，即行动者有能力为每个可能的结果赋予明确的收益值或者概率，且收益有完全的优劣次序。但是，由于人类在选择时无法获取完全信息（有限信息），也不能进行精确计算（有限计算能力），行动者不会遵循效用最大化原则。

通过构建只包含单一偏好/效用来源的简单收益模型（见图1），西蒙指出复杂决策的基本规则是"满意法则"。在该模型中，收益之于行动者只有（0，1）的取值［或（0，1，−1）的取值］：当产品附带的效用超过某一满意值时，收益为1，否则为0。具体而言，有限理性的行动者无法同时掌握所有选择的收益情况，只能根据可触及的选择是否达到满意

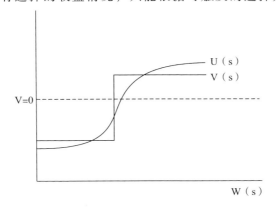

图1　简单收益模型

资料来源：摘自 Simon，1955。

---

① 理论上讲，四种模型都应按照"偏好—行动"的具体对应方式来命名。出于简化考虑，本文采用了侧重偏好特征的命名方式。

② 西蒙总结了三种"古典"理性模型中的收益模型，一是"极大极小法则"，即"采取使收益的最小值最大化的备择行为"；二是"概率法则"，即"选择最大化收益的期望的备择行为"；三是"确定性法则"，即"如果每一个选择都能得到确定的收益，那么采取使收益最大化的备择行为（最简单的消费者理论中的预算约束线与无差异曲线的切点的消费选择模型）"（Simon，1955；西蒙，1989）。

值来做出（初次）判断。当选择高于满意水平时，行动即被触发（无须/无法考虑潜在更优的选择），并以此持续优化；当低于满意水平时，选择间则无明显差异。

根据简单收益模型，可以假设一种稳定的单偏好行动者模型。如图 2 所示，M 为行动者的客观选择集，M_0 为行动者的备择行为集[1]。行动者只存在 y 物品所满足的 P_1 偏好，不存在 x 物品所满足的 P_2 偏好。对于 P_1 偏好，行动者的选择阈值为 y_0。图 2 中 $y \geqslant y_0$ 的灰色区域代表行动者的满意域。由此可知，M_0 与满意域的交叉区域（即网格区域）为行动者会选择的区域，即"策略解"所在的区域（后文简称"选择域"）。由于 M_0 和 y_0[2] 均可变动，所以一定会出现能够落在选择域内的备择行为，更复杂情况下的逻辑与之类似。

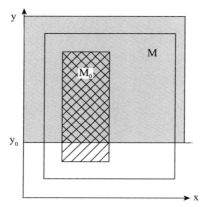

图 2 "稳定单偏好"模型[3]（模型 I）

这种行动者持有明确的单偏好，表现出与之对应的单一行为且遵循

---

① 根据西蒙（1989）对有限理性行动者探索过程的分析，M 表示行动者面临的客观选择集合，它描述了外界环境约束下，与行动者诉求相关的所有可能策略；M_0 则表示行动者的备择行为集合，它描述了客观可能性中被行动者感知到或能够实施的部分，是 M 的真子集。当环境改善时，M 的范围会扩大；而 M_0 的范围则取决于行动者的能力与认知变化，在 M 内伸缩。

② 西蒙（1989）指出，"如果行动者在探索备择方案时容易发现满意方案，其欲望水平便提高；反之，其欲望水平就下降"。这种影响并不局限于单次选择中，而会以"系统的历史（从前的欲望水平和从前达到的欲望水平）"方式持续存在。

③ 需要指出，虽然这类行动者稳定持有单偏好，但并不代表其备择行为集（M_0）中的某个决策不具有 P_2 偏好（x）上的收益值，只是行动者对这类收益不敏感而已。

"满意法则"。让我们用开篇提及的技术官员行为来简单说明[1]：具有提升职业技能偏好的某位官员，对灰色收入不敏感。在对其长期（甚至一生）的观察中可发现，他从未有过故意的贪腐行为，但会保证每次决策高于一定[2]的技能提升价值水平。

（二）"稳定双偏好"模型（模型Ⅱ）

与古典理论假设收益完全可比且有序不同，西蒙认为存在收益不完全可比的情况，并称之为"收益的局部有序"[3]。为解决该问题，他依据"满意法则"提出局部有序收益模型。如图 3 所示，假设行动者拥有两个没有共同衡量尺度的偏好 V_1 和 V_2，二者无法彼此替代，则行动者在进行选择时需要同时满足 V_1 和 V_2 偏好各自的满意值（K_1 和 K_2），即仅有 $V_i \geq K_i$（对一切 i 均成立）（V_i 为 i 的基数效用函数）时的收益被视为对行动者有效用价值的收益。在下图中，（$V_1 \geq K_1$）∩（$V_2 \geq K_2$）构成了行动者的满意域（阴影部分）。与简单收益模型类似，行动者对满意阈之外的选择不予考虑或比较；但会在情境条件优化后提高理性决策能力，并对原有满意值做出调整。

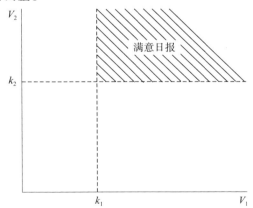

图 3　局部有序收益模型

资料来源：摘自 Simon，1955。

---

① 在讲述其他行动者模型时，我们还将使用这个例子。

② 由于偏好满意的阈值可变，因此只能认为行动者在任一给定行动中持有确定的技能提升价值最低标准。类似的逻辑在后续行动者类型描述中同样存在。

③ 西蒙列举了三种"收益局部有序"的情况，其中第二种与本文讨论的议题高度相关，即"对一个人来说，他可能试图获得好几种价值，而这些价值彼此之间没有共同衡量的尺度"（西蒙，1989）。

 基于局部有序模型，可以构建一个稳定的双偏好行动者模型。如图 4 所示，行动者同时明确拥有 P_1 偏好（y）和 P_2 偏好（x）。对于 P_1 偏好，行动者的满意阈值为 y_0。$y \geqslant y_0$ 的区域代表行动者在 P_1 偏好上的满意域；对于 P_2 偏好，行动者的满意阈值为 x_0。$x \geqslant x_0$ 的区域代表行动者在 P_2 偏好上的满意域。因此，该行动者的（总和）满意域为二者交集所在的灰色区域。备择行为集 M_0 与满意域的交集 β 区域（即网格区）就是行动者的选择域。

 这一模型所描述的行动者持有稳定的双重偏好，并表现出与双偏好一致的行为结果，即这样一类技术官员：他们既希望提高技能水平，又想获得灰色收入。在对其长期（甚至一生）的观察中可发现，所有选择均能保证高于一定的技能提升意义和灰色收入金额。

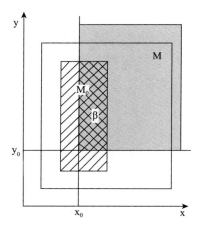

图 4 "稳定双偏好"模型（模型 II）

三 "偏好—行动"不一致的复杂行动者模型

 在此基础上，我们将继续发展出两种"偏好—行为"不一致的复杂行动者模型："可变单偏好"模型（模型 III）和"可变双偏好"模型（模型 IV）。前者描述的行动者，虽然自认为只有单一偏好并展开行动，但另一潜藏的偏好可在一定条件下被激活[1]，且相应的行为变化具有滞后

---

 [1] 需要指出，潜在偏好被激活不同于已有偏好在"成本—收益"计算后的行动显现，而是新偏好的情境性产生过程。

性；后者描述的行动者具有意识明确的双重偏好（与模型Ⅱ类似），但其行为却时而出现反复，并不始终与偏好保持一致①。

（一）"可变单偏好"模型（模型Ⅲ）

跨时偏好、实验和行为经济学研究已经探索了偏好的形成和消失，但刻画两种稳定人格类型的行动者模型Ⅰ和模型Ⅱ尚未涉及这一点。"可变单偏好"模型（模型Ⅲ）的意义在于描述从单偏好向双偏好变化的第一步。

通常情况下，这类行动者在主观认知上仅持有 P_1 单偏好（y），其行为也表现出一致性（即模型Ⅰ状态）。但在持续行动中，他们会因为外界刺激或个体经验积累而产生 P_2 偏好（x）。由于 P_2 偏好所要求的满意阈值在 x_0，行动者在 $x < x_0$ 时将不会显示②出追逐 P_2 偏好的行为，即便此时他们已经形成了双重偏好。这类行动者具有偏好与行为分裂的特征：其行为的选择域依然为图 5 中的网格部分（同模型Ⅰ），但看似稳定的单偏好可以或已经提前发生变化③。只有当备择行为集（M_0）包含有 x 收益高于 x_0 的策略时，行动者才会开始追求 P_2 偏好（x），重新实现偏好与行为的统一。一个可能的疑问是，行动者放弃追求 P_2 偏好（x）是否仅为"成本—收益"计算的结果，而仍与浮现的双重偏好一致？我们认为答案是否定的。按照有限理性的"满意法则"，行动者在比较附带 x 收益低于 x_0 的任意两种选择时，并未在 P_2 偏好（x）维度上进行计算。换而言之，即便这种偏好存在，也已在行动中被简化忽略，故而可认为偏好与行动出现了分裂。

相对于"稳定单偏好"（模型Ⅰ）与（后文将介绍的）"可变双偏好"（模型Ⅳ），"可变单偏好"（模型Ⅲ）行动者似乎难以在经验观察中确定④，但却构成了偏好变化过程中重要的逻辑环节，即偏好的

---

① 同样，后文将说明这种行动与偏好的不一致并非复杂计算后的结果，而是有限理性下的简化决策。

② x_0 也可称为行动者 P_2 偏好的显示阈值。P_2 偏好的显示阈值和满足阈值在概念上是两个值，但是假设行动者的满意域是 $x \geqslant x_0$，$y \geqslant y_0$，若行动者在 $x = x_0$ 会显现 P_2 偏好，且为显现 P_2 偏好的最小值，也即是 P_2 偏好的显示阈值。之后引入动态过程后的满意阈值变化，则需要另行讨论，但从模型简化的角度来讲，可以先将满意阈值与显示阈值均定义为 x_0。

③ 行动早于偏好变化的例子属于偶然或非理性行为，本文不予讨论。

④ 虽然难以通过行为数据来测量，但这种类型可能比"稳定单偏好"模型（模型Ⅰ）代表的行动者更具普遍性：很难说一个从未有过追逐 x 效用的行动者就一定不具有潜在的 P_2 偏好。

产生或消失往往提前发生，并不会瞬时体现在行动之中。仍以技术官员的例子加以说明：某位具有技能提升偏好的官员坚称，自己对贪腐收益毫无兴趣。但与（"稳定单偏好"模型所描述的）意志坚定的同事相比，他因自身经济压力或外界诱惑发生了动摇，逐步产生了对灰色收入的模糊诉求。不过，在其职权可触及的范围中尚未出现具有足够诱惑力的选择——他仍然是一个众人眼中清廉而上进的官员，事实也的确如此。

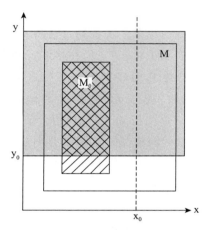

图 5　"可变单偏好"模型（模型Ⅲ）

（二）"可变双偏好"模型（模型Ⅳ）

如前所述，"稳定双偏好"模型（模型Ⅱ）的一个隐含假定是行动完全显示偏好，具体含义可表达为：当 $x \leqslant x_0$ 或 $y \leqslant y_0$ 时，$U(x, y) \approx 0$，行动者将不会采纳该策略[①]。与这类执着于双偏好的行动者不同，现实中常可观察到另一种更具"适应性"的情况：同一行动者的行为有时"表现"出单偏好，有时则"表现"出双偏好。与其说这种行为的不连贯或矛盾是源于偏好随时反复，倒不如说是行动者随机应变的结果。类似地，这里所称的"随机应变"并非基于"成本—收益"计算后对某种偏好的隐藏，而是在备择策略无法达到阈值时偏好简化的结果。"可变双偏好"

---

① 行动者为了获得解会改变其阈值 x_0 或 y_0 以扩大 β 区域，但其行动永远表现出双偏好，即根据两个偏好的效用进行选择，如当 $U(y)$ 相等时，行动者会选择 $U(x)$ 较大的方案。

模型（模型Ⅳ）旨在描述这类"偏好—行为"不一致的行动者。

如图 6 所示，假定行动者同时拥有偏好 P_1 和 P_2，其满意阈值分别为 x_0、y_0。备择行为集 M_0 与满意域（$x \geqslant x_0$，$y \geqslant y_0$）的交集 β 区域构成行动者策略的最优解集；M_0 与部分满意域[①]（$x \leqslant x_0$，$y \geqslant y_0$）的交集 α 区域构成行动者策略的次优解集；该行动者的整体选择域为 α + β，且 β 区域内的解始终优于 α 区域的解。具体而言，当存在 β 区域内的策略时，行动者会对其优先选择，真实体现出双偏好（同模型Ⅱ）；如果通过降低 x_0（扩大 β 区域）依然无法获得最优策略解，行动者将不再考虑备择策略的 x 效用差异（即放弃 P_2 偏好），转而选择 α 区域的次优方案，表现出"偏好—行为"的不一致。

与"可变单偏好"模型（模型Ⅲ）类似，"可变双偏好"行动者同样代表了偏好连续变化过程中的重要一环：偏好的固化或消失并非一蹴而就，行动者能根据现实条件在相当长时间内保持权变。事实上，多数希望同时提高职业技能与获取贪腐收益的官员正属于这类行动者：当出现能够带来可观灰色收入且有利于能力提升的选择时，他们会表现出符合真实偏好的行为；当灰色收入过低，他们仍会是清廉而上进的代表。如果仅从贪腐收益的角度来看[②]，其金额长期稳定处于变化中的满意阈值之上或之下，决定了官员偏好与行为变化的方向。

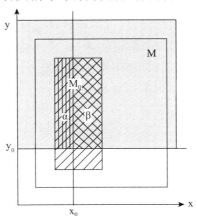

图 6　"可变双偏好"模型（模型Ⅳ）

---

①　$y \leqslant y_0$ 时的情况与 $x \leqslant x_0$ 时一致。

②　同样，也可从技能提升价值（即工作/决策的挑战性）的角度来展开讨论。实际上，行动者同时受到二者变化的影响。

四 偏好与行为的动态变化：偏好产生的
连续行动模型

基于以上四种行动者模型，本节将首先分析第一类动态变化：偏好形成过程中伴随的行动趋势。为简化表述，我们将用模型Ⅰ、Ⅱ、Ⅲ、Ⅳ来指代不同"偏好—行为"状态。后续讨论主要涉及模型Ⅱ、模型Ⅲ和模型Ⅳ。不讨论模型Ⅰ所代表的"稳定单偏好"的原因在于，其定义规定了偏好和行动的不可变性。所有可能产生后续动态变化的单偏好状态都是指潜在的"可变单偏好"，即模型Ⅲ。

如图7所示，对于原本只拥有 P_1 偏好（y）的行动者而言，P_2 偏好（x）产生并演化的完整过程起始于模型Ⅲ的单偏好可变环节，并逐步转变为模型Ⅳ，最终定型于模型Ⅱ。如果条件发生变化，也可能出现停滞（长期处于模型Ⅲ或模型Ⅳ）或跨越（从模型Ⅲ直接到达模型Ⅱ）[①]。除了模型Ⅲ行动者拥有"可能产生新偏好"的内在心理结构，推动偏好产生与行为变化的动力主要来自偏好涉及的阈值变化与备择策略的收益属性之间的关系。为方便集中讨论 P_2 偏好（x），后文将控制 P_1 偏好（y）的阈值 y_0 和备择策略在 y 上的收益值变化。

如前所述，模型Ⅲ行动者的单偏好 P_1 与行为看似一致，但却存在产生新偏好 P_2 的可能性。当选择域（阴影内网格区）在 x 轴上不断扩大，P_2 偏好将被激活，形成相应的满意阈值[②] x_0。如果随后选择域退回并长期处于 x_0 水平以下，行动者将停滞于模型Ⅲ，但此时的单向诉求（y 收益）行为已与双偏好不一致；如果选择域在 x 收益上持续优化且快于 x_0 的变大速度，那么行动者将进入模型Ⅳ——虽然具有双偏好，但会根据备择策略的 x 收益值出现在 α 和 β 区域间的行为反复。

模型Ⅳ能否维持的关键，取决于后续备择策略出现在 α 或 β 区域的概率差异。假如选择更多地出现在 α 区域，行动者将保持权变行为；但如果始终有大量备择策略出现于 β 区域，那么行动者将进一步演化，进入模型Ⅱ，即放弃 α 区域的次优选择，稳定地追求能使双偏好同时得到

---

① 逻辑上也存在倒退的可能，我们将在偏好消失机制部分介绍。

② 需要注意的是，行动者 P_2 偏好产生的阈值可能小于观察到的行为显示阈值 x_0。假设可以得到连续数据，且行动者备择行为的扩大是一个逐渐的过程，则偏好出现的阈值就近似等于行为显现偏好的阈值。但一经产生，它对后续行为的影响则是确定的。

满足的结果——偏好与行为达成一致。

图 7 所示的完整过程在理论上也有跨越发展的可能。当处于模型Ⅲ的行动者产生新偏好 P_2 偏好（x）后，如果选择域（阴影内网格区）在 x 轴上快速上升并保持稳定，那么行动者将越过 α 区域代表的次优选择，直接进入模型Ⅱ。与"模型Ⅲ → 模型Ⅳ → 模型Ⅱ"过程的循序渐进相比，这种变化发生需要更强烈的刺激条件。

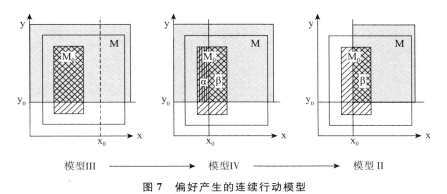

图 7　偏好产生的连续行动模型

上述逻辑可以用一个简化[①]的"糖衣炮弹"故事来大致说明：对于长期接受正统教育、准则内化的技术干部而言，提高职业技能是他在工作中的单偏好，灰色收入并不在其考虑范围之内，这时他表现出与实质单偏好一致的行为。但是，随着外界诱惑反复出现并不断增强（即所谓的"糖衣炮弹"），加之其他因素的共同影响[②]，他可能逐步形成对于灰色收入的欲望。但由于此时其职权范围内的潜在受贿金额尚未达到令其满意的水平，他的行为仍然表现出某种"清廉"。如果促使金钱欲望产生的因素持续存在（甚至加强）且权力随年资或业绩上升不断扩大，他将出现选择性的贪腐行为，即灰色收入可观且有一定技能提升意义的选择。当行贿者络绎不绝地出现，快速膨胀的"胃口"始终能够得到更高水平的满足，该官员的贪腐行为将"常态固化"。通常来看，从清廉到贪腐的变化具有累积性特征。阻断这一过程的方法并不止于提高违规成本，更不应寄希望于思想教育杜绝灰色收入的念头萌芽，而是控制职权行使中的

---

① 以下分析并未考虑工作挑战性对官员的影响（即 y_0 变化），也忽略了大量的现实因素，但并不妨碍基本逻辑成立。

② 例如在个人生活的其他方面，金钱的重要性不断上升（其他选择的影响），或经济诱惑的数量持续超过个人生活的物质水平（参照群体的影响）等。

寻租空间。

五 偏好与行为的动态变化：偏好
消失的连续行动模型

将上述机制逆转，将得到关于偏好消失的连续过程解释。如图 8 所示，对于同时持有两种偏好的行动者而言，P_2 偏好（x）弱化直至消失的完整过程起始于模型 Ⅱ，并逐步转变为模型 Ⅳ，最终定型于模型 Ⅱ——极端情况下甚至会达到模型 Ⅰ。以下讨论依然仅从 P_2 偏好（x）的阈值 x_0 和备择策略在 x 上的收益值变化方面展开。

如前所述，行动者维持模型 Ⅱ 状态的基础是始终存在 β 区域内的备择策略。当备择策略的 x 收益下降，行动者可以先通过调低满意阈值 x_0 来维持与双偏好一致的行为；但如果环境持续劣化，备择策略的 x 收益的下降速度超过行动者对 x_0 的调整速度，行动者将弱化 P_2 偏好（x），转变为模型 Ⅳ 状态。

假定此时（无论如何调低 x_0 水平）备择策略的变化趋势仍是更大概率出现在 α 区域，那么 P_2 偏好（x）将进一步衰退，行动者将到达模型 Ⅲ 状态，P_2 偏好（x）几近消失。极端情况下后续演化或将继续：不管是"x_0 下降停止于某个位置，模型 Ⅲ 所示的选择域（网格区）仍低于 x_0"，抑或是"行动者将 x_0 持续调低至接近原点"，都代表着行动者将最终到达模型 Ⅰ，即 P_2 偏好彻底消失，无法重新产生。

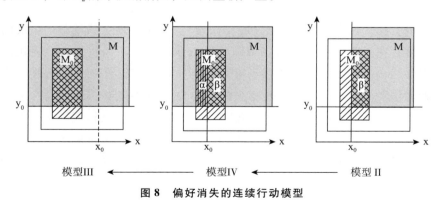

图 8 偏好消失的连续行动模型

那么，偏好消失的过程是否与其产生一样，也存在因条件变化而遭遇停滞、跨越或逆转的情况？我们认为，逆转和停滞的可能是显而易见的，但跨越的可能性微乎其微。和强大刺激造成偏好的情境性生成不同，作为心智结构要件的既有偏好可以在行为中消失，但不可能被从认知中迅速抹去。因此，模型Ⅳ是行动者无法越过的阶段。

在"糖衣炮弹"故事的最后，我们提出压缩寻租空间（即降低备择选择的 x 收益值）对于杜绝贪腐偏好与行为扩大化的意义。下文将用一个简化[1]的"廉政建设"过程说明偏好消失的连续过程，同时体现控制寻租和"高薪养廉"的意义：对于一个贪腐已经"常态固化"的技术官员而言，提升职业技能和灰色收入构成了他在工作中的双偏好。随着"廉政建设"的推进，他的职权范围受到严格约束，获得大额灰色收入的概率迅速下降；同时，"高薪养廉"又在一定程度上提高了他对（包括灰色收入在内的）经济激励的"胃口"，该官员将收敛以往的无差别贪腐行为，表现出"老练"的情境选择特征。如果上述政策安排持续深入，同时满足技能提升与可观灰色收入的选择将进一步减少，"伪装的清廉者"也有可能向"真实的清廉者"转变。虽然在这一个体的职业历程中难以根除贪腐偏好，但当制度塑造出廉政文化，真正约束行为的将不再只是法律。这个故事并非只是天真的理论构想，已有学者发现北欧国家廉政建设的秘密：全面约束权力的制度与适度高薪养廉，而非单纯依赖重典（倪星、程宇，2008）。

六　偏好变化与"显示性偏好"解释困境

如果行动者的偏好与行为变化确实存在，上述讨论将与"显示性偏好"理论发生冲突。通过介绍该理论的基本思路，我们将指出其存在的解释困境，进一步突出本文模型的分析意义。

由于消费者（行动者）内在偏好或效用结果不可测量，基于偏好的行为预测难以实现。为了解决这一问题，美国经济学家保罗·萨缪尔森提出了"显示性偏好"理论（Samuelson，1938），基本思路为：消费者在一定价格条件下的购买选择暴露了他的内在偏好，因此可以根据购买行为来推测消费者的偏好。具体可作如下表达：假定消费者在价格为（p_1，p_2）时可以购买商品组合（x_1，x_2）或商品组合（y_1，y_2）。如果存在 $p_1 x_1 + p_2 x_2 \geq p_1 y_1 + p_2 y_2$，则消费者一定会更偏好（$x_1$，$x_2$）组合。以上比

---

① 类似地，以下分析也不考虑工作挑战性对官员的影响（即 y_0 变化）。

较依次传递，就能得到行动者偏好的大致面貌。概而言之，虽然与传统思路的逻辑相反，"显示性偏好"理论目的和功能仍然指向解释和预测行为：通过观察行动积累偏好信息，进而完善效用函数。

不过，该理论在面对跨期偏好变化时将遭遇困境。假定行动者经历了"模型Ⅲ → 模型Ⅳ → 模型Ⅱ"偏好产生过程，并在模型Ⅲ和模型Ⅱ阶段分别观察到两个选择 $(x_Ⅲ, y_Ⅲ)$、$(x_Ⅱ, y_Ⅱ)$，且 $p_1 x_Ⅱ + p_2 y_Ⅱ \geqslant p_1 x_Ⅲ + p_2 y_Ⅲ$，能否说明行动者对后一种策略更加偏好？如果假定个体偏好不变，仅比较其（在不同时期）两个选择的收益差异，答案或许是肯定的。但更准确的描述应该是偏好改变导致"显示性偏好"理论出现了跨期解释的错误。简而言之，不能在偏好改变前后的两个行动者类型之间做简单收益比较，即便它们归属于同一行动者个体。事实上，这种比较可能在经验观察中难以实施：在模型Ⅲ的选择域和模型Ⅱ的选择域中，可以找到两两收益比较的各类结果（大于、小于或等于），但却与偏好变化后的行动者稳定在 β 区域内选择的观察不符。

即便不考虑偏好变化，"显示性偏好"解释在处理模型Ⅳ代表的复杂行动类型时也存在问题。如前所述，此时行动者的选择域特征为：β 恒定优于 α。但这并不意味着 β 区域任一选择在 x 与 y 上的收益和一定大于 α 区域的任一选择。更进一步地，在 α 区域中的任意两个选择间固然存在 x 与 y 上的收益和差异，但却不是对行动者决策的真实刻画——由于 α 区域整体处于 x_0 以下，行动者此时仅会比较 y 的收益差别而已。

综上所述，"显示性偏好"理论在处理偏好连续变化的行动者时存在明显的缺陷。这一方面源于该理论对行动者跨期变化的忽视，另一方面则源于其内生的强理性假定。如果真实的行动者是偏好可变且有限理性的，其行为表象与内在偏好的关系将更加复杂且具有情境性——这正是本研究试图说明的问题。

七　结论与讨论

依托有限理性的理论思路与概念工具，本文挑战了传统经济行为分析中的偏好不变与效用最大化假定，构建了一组包含四种行动者类型的理论模型。以此为基础，我们进一步描述了连续行动过程中的偏好变化与策略选择，修正并丰富了以"显示性偏好"理论为代表的既有研究对偏好与行为之间复杂关系的理解。如前所述，行为经济学的前景理论已经对偏好改变、决策与偏好不一致的情况做出了富有洞察力的解释（Kahneman and Tversky，1979；Tversky and Kahneman，1992），并在近年来的深入研究中得到快速发展（Schmidt et al.，2008；Werner and Zank，2018）。与该范式侧重于将情境性的认知偏差等心理因素纳入短期行为分析不同（边慎、蔡志杰，2005；张应语，2017），本研究更关注长期连续过程中偏好与行为的演化（进行或退行）机制，以及在特定条件下行为显示或隐藏偏好的可能。这项工作不仅有助于重新审视关于偏好变化的既有结论，也能为新的行为实验提供设计思路。

出于完成初步模型化的考虑，本文在偏好结构、偏好可替代性以及偏好与行动关系的具体情形等方面未能展开深入讨论。虽然针对这些问题已有不少文献（主要来自行为与实验经济学领域）做了大量探索（Grether and Plott，1979；Safra et al.，1990；Carson and Groves，2007；Dellavigna，2009；李建标、付晓改、任广乾、李朝阳，2018），但还存在诸多争议。

（一）偏好的结构

为了避免在偏好定义上出现争议，本文没有探讨偏好结构。在新近文献中，这已经成为一个重要议题。针对传统定义的笼统性，研究者提出了显性偏好和隐性偏好、内层偏好和外层偏好等更符合实证需要的分类形式，试图为讨论偏好与行为的关系夯实理论基础。不过，如何确定这类探索的分析效力，尚需依赖实验设计与心理测量工具的发展。

（二）偏好的可替代性

基于西蒙的思路，本文假定行动者的多重偏好间存在不可替代性，这可能并不符合实际决策的全貌。关注这一问题的原因在于，偏好间能否替代会直接影响解释或预测行为的方法：如果选择域内的两类偏好可互相替代，则可以用一组凸向满意值交点（区域原点）的"无差异曲线"来描述行动者的收益结果，进而确定不同预算条件下的均衡位置；如果替代性不存在，则需找到比顺序机制更准确的分析工具。

（三）偏好和行动之间的关系

虽然我们在动态变化中讨论了偏好与行动不一致的诸多表现，并批评了显示偏好理论解释的潜在风险，但也未能给出更具系统性的理论描述。随着技术工具的发展，心理活动与实际行为的观测大数据将迅速累积，并涌现出海量的经验性规律。整合这些碎片化发现的关键仍然在于建构更精细的理论模型。

参考文献

边慎、蔡志杰，2005，《期望效用理论与前景理论的一致性》，《经济学》（季刊）第4期。

赫伯特·西蒙，1989，《现代决策理论的基石》，杨砺、徐立译，北京经济学院出版社。

黄凯南，2013，《偏好与制度的内生互动：基于共同演化的分析视角》，《江海学刊》第2期。

加里·贝克尔，1995，《人类行为的经济分析》，王业宇、陈琪译，上海人民出版社。

——，2000，《口味的经济学分析》，李杰译，首都经济贸易大学出版社。

——，2013，《歧视经济学》，于占杰译，商务印书馆。

科林·凯莫勒、乔治·罗文斯坦、马修·拉宾，2010，《行为经济学新进展》，贺京同等译，中国人民大学出版社。

李建标、付晓改、任广乾、李朝阳，2018，《偏好结构、过度自信与代理人可变薪酬契约选择行为：基于真实任务的实验研究》，《预测》第1期。

倪星、程宇，2008，《北欧国家的廉政建设及其对中国的启示》，《广州大学学报》（社会科学版）第4期。

瑞查德·斯威德伯格，2003，《经济学与社会学》，安佳译，商务印书馆。

斯梅尔瑟·尼尔、斯威德伯格·瑞查德，2014，《经济社会学手册》，罗教讲、张永宏译，华夏出版社。

张应语，2017，《偏好的演化与经济学的发展》，《经济与管理评论》第1期。

Bowles, S. 1998. "Endogenous Preferences: The Cultural Consequences of Markets and Other Economic Institutions. " *Journal of Economic Literature* 36 (1): 75 – 111.

Carson, R. T. and Groves, T. 2007. "Incentive and Informational Properties of Preference Questions. " *Environmental & Resource Economics* 37 (1): 181 – 210.

Dellavigna, S. 2009. "Psychology and Economics: Evidence from the Field. " *Journal of Economic Literature* 4 (2): 315 – 372 (58).

Grether, D. M. and Plott, C. R. 1979. "Economic Theory of Choice and the Preference Reversal Phenomenon. " *American Economic Review* 69 (4): 623 – 638.

Hsee, C. K. , Loewenstein, G. F. , Blount, S. , and Bazerman, M. H. 2006. "Preference Reversals between Joint and Separate Evaluations of Options: A Review and Theoretical

Analysis. " *Psychological Bulletin* 125 （5）: 576 – 590.

Izuma, K. , Matsumoto, M. , Kou, M. , Samejima, K. , Sadato, N. , and Matsumoto, K. 2010. " Neural Correlates of Cognitive Dissonance and Choice-induced Preference Change. " *Proceedings of the National Academy of Sciences of the United States of America* 107 （51）: 22014 – 22019.

Kahneman, D. and Tversky, A. 1979. " Prospect Theory: An Analysis of Decision Under Risk. " *Econometrica* 47 （2）: 263 – 291.

Novemsky, N. and Simonson, I. 2007. " Preference Fluency in Choice. " *Journal of Marketing Research* 44 （3）: 347 – 356.

Nowlis, S. M. and Simonson, I. 1997. " Attribute-Task Compatibility as a Determinant of Consumer Preference Reversals. " *Journal of Marketing Research* 34 （2）: 205 – 218.

Safra, Z. , Segal, U. , and Spivak, A. 1990. " Preference Reversal and Nonexpected Utility Behavior. " *American Economic Review* 80 （80）: 923 – 930.

Samuelson, P. A. 1938. " A Note on the Pure Theory of Consumer's Behavior. " *Economica* 5 （17）: 61 – 71.

Schmidt, U. , Starmer, C. , and Sugden, R. 2008. " Third-generation Prospect Theory. " *Journal of Risk & Uncertainty* 36 （3）: 203.

Simon, H. A. 1955. " A Behavioral Model of Rational Choice. " *Quarterly Journal of Economics* 69 （1）: 99 – 118.

Tversky, A. and Kahneman, D. 1992. " Advances in Prospect Theory: Cumulative Representation of Uncertainty. " *Journal of Risk & Uncertainty* 5 （4）: 297 – 323.

Werner, K. M. and Zank, H. 2018. " A Revealed Reference Point for Prospect Theory. " *Economic Theory*: 1 – 43.

如何理性地研究经济理性问题

——对严俊、李婷婷论文的评论

韩　亦 *

经济社会学的学科定位，这本身就是个有意义的学术命题。经济问题是如此地普遍、多样和复杂，让一个专门学科如经济学无法回答所有的这类问题。并且，经济学家对经济问题的判断也不见得比常人更准确（当然常人对经济问题的判断也不一定比经济学家更高明）。所以，对待经济问题，最佳的方案是采取一种民主的解决方式：不同学科的人都可以对经济问题进行其学科内理性的分析，以期以后对这些分析的综合或者元研究，能导向更为合理的理论解释和预测。对经济的学科研究如经济人类学、经济心理学、经济社会学早已在学术界生根发芽。从民主平等的意义上讲，经济学也应该被准确地称为"经济经济学"。学者们除了在各自的经济研究分支学科内埋头苦干，串通这些分支学科也是创新之良方。

严俊和李婷婷的论文——《有限理性行动者的偏好变化与行为策略：一个初步的理论模型》（以下简称"严李文"），是社会学家受经济学（或称经济经济学）的启发，试图解决关于偏好的类型和变化的问题的一个研究。严李文从赫伯特·西蒙的有限理性理论出发，把偏好分为稳定和可变两种，并且偏好也可以分为单个偏好和多个偏好的数量上的不同，在此论文中，作者们仅考虑了多个偏好中的最简单情形，即双偏好的稳定和可变。这样，他们从类似几何学的最简单的形式主义假定出发，把理性行动者类型分为了四种：稳定单偏好、可变单偏好、稳定双偏好、

---

* 韩亦，上海财经大学人文学院经济社会学系副教授，主要研究方向为社会网络与创造力、组织与社区、世界体系与文化产品。

可变双偏好。在此基础上，作者们提出了两个连续行动模型，类似于把上面四种偏好类型做不同的组合而得出：分别是关于偏好的产生和偏好的改变。与一些行为主义的经济研究者不同，严李文的作者们不是着眼于偏好和行为的情景化改变，而是呼吁关注偏好的长期演化机制，如偏好的产生和消失。

严李文以常见于媒体报道的老干部退休前"突击"腐败的现象为例，说明了他们的模型分析的适用情境。文中也提到了北欧国家廉政建设的经验，即通过高薪养廉提高公务员对经济激励的偏好，让受贿这样的"激励"在事实上不再起作用。同时通过全面的约束缩减公务员们的权力寻租空间。

由于严李文定位为一篇初步模型化的论文，他们没有深入探讨有关偏好的结构、偏好的替代以及偏好和实际行动之间的关系问题，他们把这些问题的解决寄希望于心理实验和行为经济学的进一步发展。

作者们从基本假定出发，探索基础性的研究命题，这种努力是有探索意义的，值得赞赏。然而行文的简洁也留下了一些待解决的问题，而这些问题的解决，正好是社会学知识能介入并大显身手的机会。文中的优点在此不赘述，如下仅就严李文开启的研究命题，提供两个社会学方法论和研究策略上的改进思路，并就严李文的进一步完善提出建议。

理论、模型和现实的对话

严李文是一篇关于模型的论文。在社会科学中，模型的建立应该在模型、理论和现实之间进行三角对话，这种对话的时间长短不限，但总要在三者之间达成某种一致性（见图1）。如果是定量研究，还要在现实中进行测量，获得可靠的数据。模型不但要模拟现实，并且要与理论逻辑一致。模型不仅仅来自理论，也可以来自现实。好的模型不但与理论相符，也要改进理论；好的模型不但模拟现实，也可以预测和改变现实。即使在以建立模型为目的的研究中，也应该有理论和现实之间的对话，这会使得模型更加精巧。模型、理论和现实相辅相成，但不可通约。

从上面的框架看来，严李文的逻辑可以用图2总结，即作者们的模型建立在西蒙的有限理性的理论基础上，尽管在很大程度上讲，西蒙的有限理性本身也是一种模型。通过有限理性建立的这几个模型（四种偏好类型和两种演化机制模型），作者们反复用一些老干部退休前突击腐败

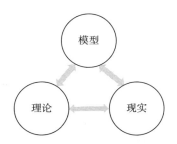

图1 一个总体的社会科学研究框架

的现实例子来说明。这样的研究不是完全不可行，而是有很大的合理性风险。例如，模型是否忠于已有的理论，会受到挑战；模型是不是现实的合理解释，以及模型能否指导现实，也会受到挑战。

图2 基于理论的模型研究

例如，可变偏好这样的模型，不一定能从有限理性的理论中完美推演，因为经济学中有像弹性需求等这样的修正理论和模型来改进古典经济学的不足，这个也可以用来推演作者们的模型，甚至可能比有限理性理论更能说明问题。并且，这个理论在多大程度上说明了文中的现实例子，也是值得思考的问题。如果不进一步以图1中的研究框架修正模型，许多竞争性的解释都不能被排除在外。这会降低模型的现实意义。

另外，从单个理论出发建立模型也是有风险的（西蒙的模型的最佳应用在计算机人工智能决策，而不是现实中的社会人决策）。适当地引入社会学理论可以弥补现有模型之不足。一个现成的理论例子是 Friedland 和 Alford 开创的制度逻辑理论（Friedland and Alford，1991）。

学科间研究的问题

与上面方法论考虑有关的一个问题是研究策略的问题。众所周知，新经济社会学的起源和发展，很大程度上是在修正古典经济学的不足，严李文的主旨也与这个新经济社会学的起点相吻合。几十年来，新经济社会学研究的积累，已经形成了能补充经济学不足的知识场域。如有国内外的经济学家说他们时常从经济社会学获得灵感，特别是找自变量的灵感，这使得他们的研究更接近现实，也更加有趣。然而，鲜见有经济学家完全抛开了他们的范式，投入到经济社会学家的怀抱，不但找自变量，也找因变量——这样的经济学家很少见——经济学的长期研究也积累了丰富的知识场域。这个场域不同于经济社会学家的知识场域，两者除了研究对象雷同之外，假定、理论、模型、因变量都有很大的不同。同样，经济社会学家也得益于从经济学知识中借鉴理论并加以社会学改造。已有的社会学研究表明，同时通晓两个或多个知识场域会增加研究者的创造力。然而这类研究者也会有社会性风险，例如他们的研究既不被经济学家认可，也不被社会学家认可。如入无人之境，却又孤立无援。

如果知识有不同的场域，研究者自然也应该清楚自己学科的主场（和客场），主场即本学科问题、理论和方法，客场是与本学科有关的知识，但问题可能来自其他学科，解决方案来自本学科。一般来讲，主场作战（研究）是最佳的研究策略，但可能创新不足，客场研究可能较为容易创新，但理论的重构和搬用需要费很大的周折。

以严李文为例，作者们的最佳策略可能是在表1中的第4格。第4格中问题的解决，有助于把学科领域和知识场域纳入第3格。然而，我的阅读理解是他们雄心勃勃地进入了表中第2格的领域，特别是关于偏好权变的考虑。这样研究的风险在于，无法借鉴在第3格社会学主场中形成的理论（可以参见严李文的论文参考文献），形成的成果也难以纳入社会学主场（估计也难以纳入经济学的主场）。在各自的主场做研究当然是稳妥的知识生产方式，但客场的诱惑对有的研究者而言也很难抵御。但完全走到别的学科的客场，就走远了。

表 1　经济学和社会学的主场与客场举例

	主场	客场
经济学	1. 理性人/偏好，有限理性者	2. 偏好权变、制度理性
社会学	3. 制度逻辑、社会网络、社会建构	4. 行为理论、弯曲偏好

以第4格中的弯曲偏好理论为例，这是经济社会学家近年来非常优秀的一个理论创建，由 Ronald Burt（2011）提出，但很少有人跟进，如果在有限理性的基础上，引入这个新理论来建立经济偏好及行为模型，应该会让作者们更有创新优势。这个理论和表1中的所有其他理论，只

是我在此想到的便利例证，不一定准确，有待后续研究的完善和补充。

以上两点，分别从研究方法论和研究策略上讲述，算是对严李文的科学社会学的解读。可能有我对严李文的误读，也有我的知识生产偏好和主观判断。好在学术交流的渠道很通畅，论文的发表只是知识生产的开始，愿意与作者们一道，在开放交流中增进智慧。

总之，严李文作者们思维严谨，他们提供了一个需要进一步研究的初步模型，也给广大的经济研究者提供了一个初步的思考框架。结论有不完善之处，但其命题有重要的理论和现实意义，值得在此基础上做更深入的思考。

参考文献

Burt，Ronald. 2011. *Neighbor Networks*：*Competitive Advantage Local and Personal*. New York：Oxford University Press.

Friedland，Roger，and Robert R. Alford. 1991. "Bringing Society Back in：Symbols，Practices，and Institutional Contradictions." In *The New Institutionalism in Organizational Analysis*，edited by Walter W. Powell and Paul J. DiMaggio. Chicago：University of Chicago Press，pp. 232 – 266.

经济社会学研究 第六辑

第 63 ~ 102 页

© SSAP, 2019

偏好变迁和资本积累

——扩展性偏好函数理论的实证和理论研究

方　辉[*]

摘　要： 偏好问题是经济学微观理论体系的基石，也是社会学互动理论的重要研究领域。本文以湖北恩施自治州农村电网改造前后农民行为偏好的变迁为例，从"实证"和"理论"角度分析了贝克尔扩展性偏好函数理论的合理性，并对理论做了补充和修正。尽管农民扩展性偏好函数具有跨时的稳定性，但是，随着电网改造的实施，农民的个人资本和社会资本在数量和结构上都发生了变化，导致农民的狭义偏好函数发生跨越时空的变迁。在此基础上，本文首先在"个人资本"概念中引入"消费资本"之外的认知习得过程；其次详细讨论了"个人资本"和"社会资本"存量的变化过程，及其影响偏好变迁的内在机制；最后从个人生活史角度将"个人资本"和"社会资本"综合起来，考察它们的互动。

关键词： 扩展性偏好函数　个人资本　社会资本

一　导论

经济学定义的"偏好"指经济主体面对选择集合的时候，按照喜好

---

* 方辉，北京大学社会学系 2005 级硕士，现就职于创梦天地科技有限公司。

程度的差异对集合中各种"商品组合"排出先后次序。本文所讨论的"行为偏好"其意义要广，将"偏好"看作是对一个可选择集合中各种事物相对价值的评估和排序。人们偏好于某种事物是因为该事物带给人们更多的效用或者带给个体更多的能产生效用的资源。在偏好系统中，偏好所指的对象可以是可观测的连续性实体，也可以是不可观测的非连续事物，比如"观点"。

在贝克尔对偏好的后续讨论中，他提出了扩展性偏好函数理论，区分了狭义偏好函数和广义偏好函数。狭义偏好函数是指仅仅包括物品的效用函数，扩展性偏好函数还包括影响效用水平的人力资本的一部分——个人资本和社会资本。尽管扩展性偏好函数具有稳定性，但随着人力资本的变化，狭义偏好函数会发生变化。

贝克尔对偏好函数的类型区分虽然在一定程度上弥合了经济学学理上对偏好稳定和偏好变迁之间的争论，个人资本和社会资本的引入也丰富了经济学效用函数的讨论，但是贝克尔却并未很好地阐述偏好变迁的社会机制。本研究以恩施州电网改造之后农民行为偏好变迁过程为例，分析了经济改革中行为偏好内生变迁的过程和机制，并试图通过对实际案例的分析和理论探讨，来论证扩展性偏好函数的合理性。

二 文献回顾

（一）关于偏好的已有研究

关于偏好来源，有研究者认为偏好是可以在世代间遗传的（Witt，1997）。但更多的研究者认可偏好并不是先天就有的，而是后天社会化过程中习得的。相应地，研究者认为，有两种机制促使个体做出偏好判断。第一种是基于回忆的模型（memory-based model）。个体每次在做出偏好评价的时候，都要重新搜集并回忆过去的相关信息，进而做出价值评价并为多个事物排序。第二种是在线模型（on-line model）。认为个体在心智内部隐藏着一个事物评价系统，其中对每个事物都存在一个"价值计算器"（evaluation counter）。个体不断地利用新信息更新自己对事物的偏好认知，改变自己的信念。而在这种模型中，当个体利用新信息更新了对事物的评价之后，个体可能会忘记这种新信息以及其产生的作用（Druckman and Lupia，2000）。

对于偏好的稳定性，主流经济学假设个体的偏好是外生给定的。对经济学而言，偏好稳定性和外生性假设对于经济分析来说，是有其合理性的。因为从短期来看，偏好是稳定的（Norton，1998）。从而由此认为，偏好稳定性假设对学术研究而言是合理的。但是，经济分析不能仅仅限于短期分析。在社会福利政策的评估研究中，由于福利政策会影响个体偏好的变迁，因此，偏好稳定性假设就不再合理。

关于偏好变迁的原因和过程的研究，近年来，已经有很多的学者从不同的侧面进行了论述。如有关内生偏好变迁的原因（Bowles，1998；O'Hara and Stagl，2002；Carpenter，2002），这一偏好变迁可能来自外部文化环境的变化（李树苗、费尔德曼，1999），甚至直接来自不同时间段的差异性理解（U. O'Hara and Stagl，2002）。社会科学家已经注意到经济系统外的社会力量对个体偏好和动机的影响，是社会化过程的结果；当然，偏好变迁也可以从经济系统内自动衍生，作为"市场和经济制度的文化结果"（Bowles，1998）。

有研究者将偏好变迁的过程看作是演化的结果（Witt，1997）。另一种视角就是 Becker 开创的扩展性偏好函数理论，下面我们将做重点分析。

（二）扩展性偏好函数理论

Becker 和 Stigler 在 1977 年的文章"De Gustibus Non Est Disputandum"（《偏好口味没有好坏之分》）里通过引入个人资本和社会资本到效用函数中说明了"扩展性"偏好函数的稳定性。

"个人资本"一方面指个体过去的经历和体验，另一方面指个体对于特定事物的认识和信念。比如，对成瘾性商品（比如毒品）的消费会使消费者产生消费依赖，通过重复消费和不断积累资本存量，从而影响消费者对这种事物的评价。"社会资本"特指能够影响个体效用水平的其他个体的生活福利水平，以及他们对相应事物的评价。比如，小孩因为看彩色电视而获得了知识和快乐，那么孩子的父母也会感受到快乐，从而对彩色电视的评价提高。这种理论在其他学者那里有过类似的论述（Ben-Ner and Putterman，1998）。

贝克尔的扩展性偏好函数理论将能够影响个体效用的各种资本引入到效用函数中。传统经济学中只包含消费品的效用函数在 Becker 理论中是"次效用函数"。个体之所以会有不同的次效用函数，仅仅是因为他们继承了不同水平的个人和社会资本（Becker，1998）。同样，在个体的一生中，次效用函数会发生变化，也就是传统意义上的偏好会发生变化。但是，加入个人资本和社会资本的扩展性偏好函数不会发生任何变化，而且每个人的扩展性偏好函数都是一样的。这个时候，对事物的偏好不仅仅是对事物单独的偏好，还要加上与这种事物相关的资本存量，这样，个体的偏好就成为对事物和相关资本存量这个集合的偏好。但是 Becker 并不否认狭义偏好会发生变化，相反，他详细论述的个人资本存量的跨时性变化，正是一般意义上的狭义偏好函数的变化。

Becker 的扩展性偏好函数分析框架如下：我们把效用视为一个连通集，在某时刻的行为可能影响以后各期的效用。个人资本包括有关影响当前和将来效用的过去消费和其他"个人"经历（我认为还应该包括个体对事物的认知）；同时我们将别人的生活福利状况引入效用函数中，构成了个体的社会资本存量。在 t 时刻的效用函数可以表达为：

$$U = u(x_t, y_t, P_t, S_t)$$

其中，x，y 表示不同的商品，P 表示个人资本存量，S 表示社会资本存量。

t + 1 时期个人资本存量 $P_{t+1} = X_t + (1 - dp) P_t$。其中，dp 为固定的贬值率，X 为在 t 时期投资于个人资本的数量。

由于社会资本包含了社会环境效应，因此，个人的社会资本存量主要不是靠他自己的选择决定的，而是取决于相关社交网络中他人的选择。个人 i 在 t + 1 时期的社会资本存量可以表示为：$S_{i(t+1)} = X_i + (1 - ds) S_{it}$。其中，ds 为社会资本的贬值率；$X_i$（$= \sum x_j$）为 I 的社交网络中编号为 j 的这些成员的选择对 I 产生的影响。但是，尽管个人对于其社会资本无法施加过多的直接影响，他们还是可以施加一些间接影响。比如，他们可以通过选择自己的社交网络（如果可能的话）而使自己从中受益而不是受损。

因此，尽管 $U = u(x_t, y_t, P_t, S_t)$ 这个扩展性偏好函数没有变化，但是，通过个人资本和社会资本的变化，$V = v(x_t, y_t)$ 狭义（只对直接的事物）效用函数会发生变化，也就是对具体的事物的偏好发生变化。

通过改变个人的资本存量，经济和市场组织会影响个体的行为偏好，从而出现偏好在经济系统中的内生变迁。贝克尔的扩展性偏好函数的特点可以概括为以下几点。（1）个人资本的作用：个人过去的经历和体验会影响个体当前和未来的效用；（2）想象力资本的作用：个体对未来的预期会影响当前和未来的效用；（3）社会资本的作用：他人的效用和福利会影响个体当前和未来的效用。

贝克尔通过将个人资本和社会资本引入效用函数中，将经济学工具应用于婚姻、家庭、犯罪等广泛的领域。但是，贝克尔没有详细分析将个人资本和社会资本引入效用函数的合理性，同时没有探讨两种资本的互动和冲突，以上两点将是本文研究的重点。

三 田野选择和案例介绍

本研究选取的瓦屋基村和下庄坡村位于湖北省恩施自治州巴东县境内。两个村子都属于县政府产业结构调整的示范村。瓦屋基村辖 7 个组，280 户 1130 人（截至 2003 年底），年总收入为 207.6 万元，年人均纯收入 1837 元；下庄坡村辖 8 个组，410 户 1533 人（截至 2003 年底），年总收入 220.6 万元，人均纯收入 1439 元。

两个村子都于 1982 年开始通电。在电网改造之前，电力系统存在很多问题。主要有以下四个问题：

（1）电网基础差。两个村两台 30kVA 的配电变压器属于高耗能型，载流量小，供电半径最远只有 3 千米。

（2）网络质量差。导线截面小而且不符合要求，400V、200V 线路很多都是破股线，木桩腐朽严重，存在不安全的隐患。

（3）供电质量差。末端电压只有 120V，供电没有保障，停电时间多。

（4）线损高，台区综合线电损 32% 以上；电价高，农村到户电价达到 0.95 元/度。两个村最高电价甚至达到 1.52 元/度。

2000~2002 年，两个村子分别实施了一、二期中低压改造，总投资 33.95 万元；新建、改建 60kVA 配电台区 5 个；新建改造 10kV 线路 5 条，共达 708 千米，400V 线路 12 条 13.5 千米，220V 线路共有 34.2 千米；安装水泥电线杆 418 基，一户一表 690 只。

本研究首先将两个村子的农民分为三类：（1）村主任、书记、组长和电工（电网改造之后原来的组电工位置不再保留，但村电工仍然保留下来）等直接负责电网改造工程的人；（2）村里具有较高社会声望的精英，基本上是有一定知识文化，比较有经济实力的一些人；（3）普通的农民。这三类中，前两类是少数，根据从电力公司派出的陪同人员那里了解到的信息，我访问了前两类所有的 5 个人。而对普通农民则抽出了 19 个样本作为访问的对象。表 1 是被访者的基本信息。

表 1　被访者基本信息

个案号	姓名	性别	年龄	文化程度	职业
1	冯晓辉	男	42	小学	农民
2	谭文志	男	34	小学	农民
3	冯有枝	男	36	小学	农民
4	向国栋	男	62	小学	退休
5	冯国军	男	42	初中	农民
6	冯国召	男	48	小学	农民
7	向应龙	男	55	小学	退休
8	冯建	男	31	初中	农民
9	汪胜华	男	42	小学	农民
10	向宗明	男	46	小学	农民
11	冯家虎	男	38	初中	农民
12	冯国珍	女	42	小学	农工
13	冯永权	男	23	初中	农工
14	王习成	男	53	小学	退休
15	冯家彩	女	34	小学	农工
16	杨祖军	男	26	初中	农工
17	胡宗英	女	32	初中	农工
18	吴学状	男	64	小学	退休
19	冯国剑	男	49	小学	农工
20	焦兵	男	47	小学	瓦屋基村书记
21	谭联华	男	47	初中	瓦屋基村村主任
22	冯家胜	男	44	高中	下庄坡村村主任（兼书记）
23	谭斌	男	38	高中	村电工
24	谭联魁	男	46	初中	村电工

通过农村电网建设与改造工程的实施，两个村子的电网结构得到优化，供电可靠性明显提高，到户电价明显下降。在实行了直抄到户管理之后，电价由原来的 0.95 元/度下降到 0.508 元/度，线损由农改之前的 32.4% 降到 14.7%，年供电量由原来的 97932kWh 上升到 191083kWh，每

年为农民直接减轻负担 5.78 万元。各项供电质量指标均达到国家规定的标准，实现了安全、经济、可靠供电。

电网改造之后，两个村子在家用电器拥有量上发生了巨大的变化。根据了解的资料，电网改造后，几乎每家都有电视（普及率高达 99% 左右），而在电网改造之前，电视的普及率只有 20% 左右。其中，彩电普及率则由电网改造之前的 8%（60 多户）提升到 30% 左右。电风扇、音响和影碟机已经开始进入农民家中，出现一个家用电器的消费高潮。

四　电网改造背景下农民行为偏好的变迁

（一）农民休闲生活偏好的变迁

对于农民来说，从小农经济的纯农业劳作中部分解脱出来，适当安排自己的自由休闲时间，对于提高农民生活质量、增加农民福利水平有重要意义。随着电网改造的实施，一方面，电视、音响等家用电器为农民提供了娱乐的条件，另一方面，农民从现代化电器中享受到的实惠和快乐已经无形中改变了农民的闲暇生活偏好。通过访问调查，两个村子农民休闲生活偏好的变迁可以从以下几个方面反映出来。

首先，生活时间配置模式由电网改造前的同质性向电网改造后的异质性转变。在电网改造之前，单一的农业劳作成为两个村子农民生活的全部。农民回到家里，几乎没有任何娱乐活动。仅有的娱乐生活就是农闲的时候聚到一块打打牌，谈论社会逸闻趣事。个案 5 这样回忆电网改造之前的休闲娱乐安排：

> 当时我们家买了个黑白电视，17 英寸的，当时信号不好，电压带不起，一搞（经常）就断电。放那就很少用过，反正看不成器（看不成），就不爱动它了；不忙的时候，几个老伙计凑到一堆（一起）打打牌，打得小（指钱少，不算赌）。（个案 5，农民）

而在电网改造之后，两个村庄的农民的活动时间安排出现了多样化的模式。少数家庭还是没有多少休闲时间，而绝大部分家庭用于休闲的时间大幅度增加，可以说出现了劳作性、闲暇性、家务性和均衡性并存的局面。这可能是因为，电网改造为农民休闲生活提供了灵活选择的空间。但是，由于各个家庭的资本存量不一样，休闲生产的效用对每个家庭而言各不相同，因此，各个家庭关于休闲的偏好变迁程度不一样。有的农民受教育程度高，提高现代化生活质量的意识强，因此，通过电网改造，新的休闲理念信息对他们的影响要大。

个案 6 有三个儿子，家境在村子里较好，具有一定的社会声望。

> 我的两个儿子在县里工作，他们让我在家里歇着，说种田划不来，也是。我们这样的人嘛，种田种惯哒，不下田不行。当时（指电网改造前）又没得么呢（什么）可以打发时间，只有下田。现在不同哒，人开始老哒，农网整改（即农村电网改造）之后，儿子给我买台电视机，彩色的，还有个看头，现在没事的时候就打开看，主要是看新闻和我们老百姓相关的一些东西，现在有天锅（指地面卫星接收器）哒，效果好，喜欢看。下田也少哒。（个案 6，农民）

其次，电网改造之后，休闲时间安排的随意性减弱，时间界限更加分明，而且具有了某种"共时性"的特征。在电网改造之前，对农民来说，时间概念是相当模糊的。日出而作，日落而息。有太阳的时候，常常以事物影子的长度作为判断时间的参照物；而且时间概念都是循环的。而在电网改造之后，随着钟表、电视等现代化设备的引入，标准时间逐渐成为农民生活的坐标。看电视等休闲活动的安排都相当准确，因此，时间的模糊性在消退，时间的划分越来越精确。个案 4 为我们提供了最好的素材：

> 我喜欢看那个《还珠格格》，那个时候（指放映的时候），经常看时钟，一到放节目的时间，家务事也停下来，先看。成习惯哒。（个案 4，退休）

最后，在休闲内容上，由旧娱乐方式活动向新型娱乐活动如看电视、听音乐转变。在村里展开调查的时候恰好是春节期间，所到的每家每户几乎都开着电视，或者放着音乐，而很少看到有人在打牌或者打麻将。这和几年前调查的感受明显不同。休闲不仅仅是自由时间的支配，更是自我发展的重要因素。传统农村社会中的休闲，主要集中在聊天、打牌等活动上，这些活动的范畴主要是小社区内部的交流，和外部世界的互动很少，因此，在这些娱乐活动中获得的信息少，比较单调。而家用电器的引入，为农民展示了新的休闲方式。电视为农民提供了在休闲中了解外部世界，增进知识和人力资本存量的机会；影碟机、录音机为农民提供了欣赏电影和音乐、释放情感的渠道。这种休闲不再简单是恢复体力的作用，更可以增加认知存量、增进个体愉悦、体会现代化生活的实惠。

> 原来觉得电视没有什么看头，光是雪花点点，当时大家都说这电视怎么总是在炒米花子，现在好多哒。（个案15，农工）

个案17开有加工厂，是村里的养猪大户。

> 像我（对我来说），我每年卖七八十头猪，比较注意看电视上关于猪价的信息，你说看电视是闲活（休闲的意思），也是的，但我可以看其他地方的猪价，有个比较。（个案17，农工）

言下之意就是休闲成为一种增加自己的信息量、提升认知的工具。

（二）农民消费偏好的变迁

调查发现，在两个村子里，消费扩张现象一方面与电网改造提供的消费条件有关，而另一方面，农民的消费观念在这个过程中也发生了变化，农民的消费偏好发生了变迁。

最为直接的变迁表现在农民的用电消费水平提高上。从陪同调查的电力公司人员那里了解到，以前，两个村子的月用电量还不到3000度，平均每家一个月的用电量在10度以下。因为线损厉害导致平摊的电价很高，因此，农民不愿意缴纳电费。他们觉得自己没怎么用电，没有得到实惠却交这么多钱，不合理。也正因如此，村电工都不太愿意继续从事这个工作，收不到电费，而且因为电损太厉害而导致差价小，赚不到钱。但是，现在，在电网改造之后，电价低，用电环境好，电量计量准确，老百姓从用电的过程中体会到了实实在在的好处，因此，尽管每个月用电很多，农民也愿意缴纳电费。现在，每个村每个月的用电量是原来的三倍。加上线路好、电损低、线路问题少，因此，村电工工作量少了，而报酬增加了，人们都比较愿意从事这个工作。

上述变迁带来了村内消费观念的变化，农民在电器消费过程中有一个由摆设显示功能到消费体验功能、由不接受到接受的过程。在我访问的人当中，促使很多人购买电器的原因并不是为了使用电器。个案8这样说道：

> 开始的时候，电便宜了，大家都去买电器，当时，你说你一家

什么都不买好像不合适，别人走到你屋里，一看么呢都没得，也不好，所以就狠了心去买了个电视，但当时对电视晓得的不多，买回来哒，还不知道怎么去用，开始的时候也用得少，耗电嘛，又不懂，怕搞坏哒，后来电视看的也多哒，就习惯哒，娃娃要看，我也不说哒，只要把作业做完，到晚上我就让他们看。（个案8，农民）

很多情况下，购买电器的动机其实就是为了显示消费，这个时候，电器更多的成为一种社会地位的象征。而随着对电器了解越来越多，从其中感受到的实惠越来越多的时候，对电器的偏好就提升了，这时候，看电视、听音乐成为一种满足自我的享受，而不仅仅是显示消费的功能。

不仅仅是围绕电器的消费观念发生了变化，农民其他方面的消费意识也增强了。一个有趣的现象是，陪同调查的电工每次出门都穿上比较整洁的西服，而一回到家，就换上别的衣服。对于这一行为，他的解释是：

现在农村的消费观念和以前不一样了，以前要是穿的太好，别人会有闲言杂语，但是现在，出门还是要穿好点，不然别人会说你邋遢。

现在的农村和以前不一样了，别看收入不高，消费水平倒很高，而且成了一股风气。从电网改造开始，家户儿都开始有了电器，你有黑白的我买彩的；后来又是沼气池改造，家家只要有条件，就上。现在信息了解渠道多了，大家视野放开了，看到电视里的人怎么穿，就有人要试一试。（个案23，村电工）

两个村子主要的经济收入一是在溪丘湾茶场做工，另一个就是外出打工。在电网改造前后，当地人的经济条件并没有太大的变化（部分人做起了茶叶生产的外加工）。在收入没有发生大的变化的前提下，消费出现大的增长，说明农民原来的紧缩型消费观念已经开始改变。不论是从用电上，还是其他比如衣物、食品的消费上。

（三） 农民生产偏好的变迁

随着两个村子用电条件的改善，农民对农业生产和第二产业的态度、对外出打工的态度、对妇女参加第二产业的态度都有了较大的变化，信息的增加和生产条件的改善一方面为农民提供了新的生产经营渠道和获利方式，另一方面改变了以前某些劳动方式的利润回报，从而改变了农民的生产偏好。

调查的两个农村在电网改造之前，除了农业基本上没有其他副业。而在电网改造之后，专职或者兼职的第二产业开始兴起。当我们到个案3家里访问的时候，看到主人正在用砖机做砖，后院堆了很多砖。他告诉我们：

> 农网整改前，电压太低，不晓说（且不论的意思）砖机，就连电视都开不了，那个时候，自己要起屋（造房子）的话，就要买砖，贵。农网整改哒，我开初因为要起个猪圈，想着电压高了，就自己买了一个砖机。没想到，周围的人有很多要砖，请我去做砖，慢慢地个人（自己）做砖放在那里，等别人买，有时候别人定哒还要打夜工做。做砖就是自己花点电费，找人背沙，不过现在电价下降哒，也用不到好多电费。除了农忙之外，做点砖可以赚点钱。……开始的时候，我媳妇说怕我卖不出去，亏，还说这不是正业，后来等赚到钱的时候，就不说了，帮我忙做。（个案3，农民）

电网改造为农民的生产解决了基础性的问题，从而使做砖等非农业产业为农民提供了相对较大的利润空间，农民开始认可这种生产方式。

溪丘湾有一个大型茶场，为当地农民提供了一些从事非农产业的机会。在电网改造之前，茶场为农民提供了外加工的机会，但是，由于当时用电质量差，购置的茶叶机械设备没有办法使用，带给人们的预期收益低，因此，人们并不看好，认为做外加工赚不到钱，是不务正业。后来，当电网改造为农民提供了较好的用电环境之后，农民外加工的收益增加，外加工逐渐兴起，人们对外加工的评价提高，开始认可这种非农业的生产方式。

在电网改造之后，人们通过电视等渠道了解的信息增多，改变了人们的生活认知，并且增加了人们对外部世界的了解程度，人们对生活提升的要求以及对外出打工的态度都发生了变化。电网改造之前，人们认识到的都是小圈子里的生活状态，对现代化生活方式和外部世界的了解程度相当有限。而随着电网改造的实施，现代化电器涌入农村，在农民面前展现了一片完全不同的现代化生活图景；农民通过电视等了解了更多关于外部世界的信息，发现外面世界的精彩之处，农民再也不满足于当前的生活状态，希望能改善生活状况，过上现代化的生活，享受现代化经济发展带来的实惠。农民通过电视的宣传看到了外部世界的更多机会。农民一般都是风险规避的，在电网改造之后，随着接触信息的增多，农民对于出门打工的担忧相对减弱，外出务工的预期收入增加，对外出打工的态度开始发生变化。

另一个显著的变化是对妇女参加第二产业的态度。以前，妇女除了农活之外，大部分时间花在家务活上。而现在，很多妇女进入茶场工作，尽管收入不高，却是传统生产方式的重要转变。个案 12 这样说：

> 当时，我也想去茶场，因为待在家里总不是事（不行），但是，我老伴他反对，说我去哒，家里没人管家务，猪子牲口没有人喂，就乱套哒。后来，村里的妇女都去哒，我也想去，给老伴做做工作，他也同意哒。电网改造哒买的粉碎机蛮方便的，原来要半个小时剁的猪草现在用机子四五分钟就可以哒。我可以准备几天的猪草，他（指老伴）只喂一下就可以。我去茶场可以赚点钱也是好的。（个案 12，农工）

用电条件的改善，使用电器替代亲自的家务活动解放了妇女，为生产方式的转变提供了契机。人们对妇女参加生产的态度也发生了变化。

五 偏好变迁途径（一）：个人资本存量的变化

Becker 认为，在一个人的人力资本存量中，几种类型的资本存量会直接影响个体的效用水平。他将其分为两类：个人资本和社会资本。前者指个人的能影响当前和未来效用的过去个人经历；后者指在个人的社会网络和控制体系中其他人生活福利水平的影响。而之所以人力资本的一部分会影响个体的效用水平，是因为 Becker 认为，效用并不直接取决于一般意义的经济商品，而是取决于家庭所"生产"的"产品"，比如健康、社会地位等。而一般意义的商品只是"家庭生产活动"中的投入品，用来生产能直接带来效用的"家庭产品"的还包括生产时间投入、资本存量、鉴赏能力、社会评判和其他变量。因此，个人人力资本存量影响个人的效用水平。

Becker 独特的洞见是对传统经济学基础理论的推进，但是他忽视了影响个体效用水平的重要因素：个人的认知水平（对事物的信念）。尽管通过个人的体验经历可以获得对事物的认知，但是，获取认知的渠道并不局限于此。因此，我认为有必要加入认知资本概念来分析学习对行为偏好变迁的影响。

在农村电网改造的过程中，有三种途径影响了个体的偏好变迁：（1）通过政府教育、商家宣传以及社会舆论等途径，社会给农村输入了新的信息，农民利用新信息修改自己对事物的认知、改变对事物的信念，从而产生了偏好变迁现象；（2）通过不断的经历体验，农民增强了对某些事物的依赖，从而改变了个人资本存量的水平和结构，产生偏好变迁现象；（3）在社会舆论压力和他人福利状况的影响下，个人的社会资本存量发生变化，从而导致个人狭义偏好变迁现象。下面我们将分别分析个人资本存量变化和社会资本存量变化的具体机制和对偏好变迁的影响。

（一）认知资本存量的变化

1. 信息引入的途径

首先，政府对农民的教育引导是农民获得信息的重要途径。在电网改造初期，为了积极动员群众参加电网改造工程，溪丘湾乡政府要求每个组都召开动员大会，要有效传达上级部门关于农网改造的精神，更要向农民显示农网改造的实际好处。在村里的公布栏上张贴关于电网改造的通知。为了有效激励农民，政府决定采取措施提高农民对农网整改的预期收益，其中之一就是向农民显示使用电器能带来的实惠。瓦屋基村的村主任对我们说：

> 我们村是县里的产业结构调整示范村嘛，上面要求我们好好给农民做做工作，看电网改造哒能不能把农用机械引入村子里，我们几个干部商量哒从粉碎机做起，在动员大会上，我把个人家里的机器搬出来，示范给老百姓看，让他们看怎么用，怎么好。（个案21，瓦屋基村村主任）

农民原来认为电器都是高科技，不知道怎么使用，也不知道使用电器可以在多大程度上带来实惠，通过村基层干部的引导作用，农民对用电的好处的认识得到提高。

其次，茶场和电器销售商的宣传也为农民提供了关于新消费方式、新生产方式的信息。当地茶场是台湾人和当地政府的合作项目。溪丘湾乡的土质非常适合产茶，随着茶场经营规模的扩大，一方面，急切需要扩大种茶面积，扩大原茶来源；另一方面，也鼓励当地百姓参与"外加工"。这就需要当地农民改部分耕地为茶地，同时购置机械设备。但是，农民祖祖辈辈都依靠农耕满足基本的生活，因此，农民对改变这种生产方式存在一定的顾虑。电网改造之后，茶场组织一些人给村子里的人做工作，并且详细地分析了在用电条件改善之后，改变传统生产方式的好处和收益。逐渐有一部分农民开始认识到转变传统耕作方式的必要性，在茶场的指导下，开始种茶树，并购进机械设备在茶场人员的辅助下进行外加工。

当地集镇上的电器销售商对促进消费意识的转变也起到了一定的作用。由于209国道横穿这两个村子，因此，交通方便，部分电器销售商看到电网改造之后的商机，在过春节的时候使用专车，挂上喇叭沿着公路宣传，农村的这种促销活动激发了农民的消费意识，也带来了关于新事物的信息。

最后，电网改造之后，农民通过电视、收音机等了解到更多的信息。这种不同于传统社会舆论的生动信息传输方式带给农民的影响是非常深刻的。

> 应该说，通过农网改造，思想境界还是提高哒，原来不晓得外面是么呢样的，现在你看电视，就晓得。（个案17，农工）

农民一般都相信高科技，认为通过这个途径传输的信息的质量要比通过社会传闻要好，因此，农民的认知常常容易受到电器传媒的影响，导致自身的信息结构和认知结构的变化，从而影响偏好的变迁。

2. 信息输入影响偏好变迁的机制

信息影响个体的偏好变迁的程度因为个体资本存量的差异而有所不同。同样的信息可能对不同的个体，或者是通过不同的信息传输渠道而有不同的效果。

影响信息输入改变偏好变迁效果的主要有三个因素：（1）信息接收者的特性；（2）信息传输渠道和信息来源；（3）信息本身的特征。也就是"谁通过什么途径向谁传输什么信息"。信息要影响个体对事物的偏好，不仅要求受体"接收"信息而且要"接受"信息，通过新信息和原有信息的综合，修改原来对事物的信念，改变认知，从而使得行为偏好发生变迁。

接收者的个人特征会影响信息对个体偏好变迁的影响效果。通过访谈，我发现，具有一定知识水平的农民和几乎是文盲的农民面临同样的信息输入的时候，反应不一样。

　　有一定知识水平的农民更容易接受新信息，可是，他们的偏好不太容易改变。个案6是村子里较有文化的人，在乡里当过会计。他这样描述自己对新信息的看法：

　　　　电视那一套，我也不是很懂他们在说么呢，但是，我觉得要有选择性地去信，有的东西跑的都是面子上的问题。电视上老说农民要用法律维护权利，我们也晓得，但是，在我们这个地方，行不通，都各人顾各人，哪个还帮你管事？（个案6，农民）

　　主观上的原因可能是具有一定知识储备的个体在面对新信息的时候，会更加谨慎和具有批判性；而客观上，对这类个体而言，新信息和原有信息的冲突越多，改变原有信念越不容易，偏好的稳定性就越强。而对于低信息度的个体来说，外部世界对他们持有的信念的反馈少，因此，不容易接受新信息。偏好变迁的激励很弱。而具有中等信息的个体对新信息的接受程度是最好的，他们关于事物的信念也最容易改变。和低信息度的个体相比，他们更容易接受新的信息，同高信息度的个体相比，他们接受的信息更容易改变个体对相应事物的信念。

　　信息来源和传输渠道是影响农民个体偏好变迁的重要因素。在我们的访谈中，农民体现出对科学和技术的崇拜，将技术至上视为现代社会进步的一个重要特征。农民对通过电视等手段接收到的信息的真实度表示较高的信任。

　　　　电视上报道的东西不能全信，但大部分还是客观的，像我们要出坡，就要看天气预报，你个人在那里猜，别人用的是知识。（个案7，退休）

　　同以前通过社区内的舆论和传言相比，媒体信息的传播依赖科技，给农民一种科技和信息合为一体皆客观真实的幻觉。信息在一种貌似繁华的过程中被呈现给农民个体，这种光影交融的影像是农民原来没有见过的，好奇和享受成为新信息传输的背景。

　　信息的不同类型会影响农民对相应事物的信念和偏好。人们对某种事物的关注程度影响农民的认知和效用评判。对那些可能会改变农民收益的信息，农民尤其留意，而对那些与自己相关程度不大的信息，农民投入的注意力不高，信念和偏好改变的可能性也不大。

（二） 生活体验

除了上述新信息引入对农民的个人资本存量产生影响，从而影响农民的生产、生活、消费偏好之外，农民的切身生活体验也是影响农民行为偏好的重要机制。当新事物在引入的时候，农民的了解相当有限，能为农民带来的效用水平也相当有限，而当农民在经过一段时间的切身体会之后，会影响个体对事物的认知，不仅仅是关于事物的信息知道得更多，更是在不断的体验中积累了一种无形的消费资本（consumption capital）。

在没有任何体验的时候，农民根据掌握的信息对事物有个基本的评价，但是在没有任何体验的情况下，新信息的输入对已有的信念影响较小。随着电价下降，接触电器和其他事物的机会越来越多，农民真实体会到的事物的特征就越强烈，对电器的信念就越强，对自己关注的事物某方面的特征会有更加深刻的体会。

电网改造过程中，农民的生活体验影响行为偏好改变的效果主要受到以下两个因素的影响：（1）在多维的认知系统中，个体关注的事物的特征；（2）如年龄等其他个人资本存量的特征。

1. 个体关注的事物的某方面特征

如前所述，对事物的认知是一个多维的认知系统。不同的人赋予某方面的权重可能会不一样，因此，同样的经历对不同的个体而言会有不同的体验，消费资本存量的变化和行为偏好变迁的方向和程度也就不会一样。对事物某种特征赋予的权重越大，那么，对农民来说，事物这种特征的好坏就决定了农民个体对这个事物的态度。

> 那时候（指电网改造前），打开电视总是闪不停，噪声大，雪花点多，所以不喜欢看。（个案18，退休）

电网改造前，电视在声、光、色方面都没有足够的吸引力吸引农民，而在噪声等方面的特征尤其明显，这个时候，农民体会到的不是娱乐享受。虽然这时的经历也会积累消费资本，但是，在效用函数中，这种消费资本对电视娱乐消费的影响是负的。"刚买电视的时候，有时候还打开看一下，但效果太差哒，后来干脆不看哒。"个体通过控制这种消极消费资本的积累（不看）来维持自己的效用水平。但是，这个时候，电器在显示功能上的特征又受到了农民的重视。家庭购买电器完全成为一种摆设，成为社会象征品。

电网改造后，使用电器真正成为一种享受："现在好哒，效果和原来不能比，噪声也有，但小多哒，现在看，还有点意思。"（个案18，退休）

2. 其他人力资本存量

资金和时间。资金通过预算集影响农民的选择空间。没有资金，即使有好的用电设施，也不能购置新的生产机械，不能脱离传统小农生产模式；没有资金，农民没有办法购买电器，没有机会体验现代生活，也就没有办法获得新信息和亲身体验，从而不能改变自己的人力资本存量。

> 虽然很多家儿都买了电器，但是，还是有差别的，有的屋里已经有彩电、冰箱哒，而有的屋里只有一个黑白电视。你说哪个会不想享受，提高生活质量呢，关键还是钱，没得钱，么呢都不用说。有钱的家儿就可以买更多的东西，你看我们村主任屋里搞的那么好，什么东西都有。很简单，有钱哒，才可以享受，才晓得哈数（才了解相关知识）。（个案5，农民）

农民从农业劳动上解放出来可供支配的时间是影响个体生产生活体验的重要因素。可支配时间影响了农民用来休闲的机会，在无形中影响了农民对待生活的态度。在访问的过程中，发现很多家之所以没有外加工或者从事别的非农产业，很大的原因是没有时间。农活和家务活让劳动力少的家庭顾不上其他事。

年龄。年龄作为一种先赋性个人资本会影响农民通过体验而影响行为偏好变迁的效果。年龄影响农民对生活质量的要求、风险承受能力和个人资本存量的回报率。

首先，年龄影响农民对生活质量的要求。在访问的过程中发现，年轻一代更容易接受信息，对电网改造之后展现的新生活方式感兴趣。年纪更大的农民因为长期生活在传统小农经济中，已经习惯了原来"面朝黄土，背朝天"的生活，对新生活的要求不高，而年轻一代则不满足于这种贫乏单调的生活方式。

其次，年龄会影响个人的风险承受能力。电网改造为从事非农产业提供了基础设施，但是，不同年龄段的人对改行或者半改行的反应不太一样。年轻人敢于冒险，敢于去尝试。

> 在电网改造哒，我看到很多家儿需要起屋，要木料，我就想去买个木料机，专门给别人把原木加工成需要的木料。我当时征求父

母的意见，他们不放心，怕没得事做，吃亏。后来我想想，就狠了心，去买了一个，花了不少钱，现在生意不错。（个案16，农工）

另外，年龄会影响一个人的资本积累回报率。年龄越大的时候，现在积累资本，未来从这种资本积累中享受回报的时间就少，从而导致年龄大的人的资本积累动机要弱。

知识水平、技能、阅历。具有一定知识水平的农民既可以依靠接受新信息，又可以通过亲身体验感知事物的特性而提高个人资本的存量水平。而对文化层次较低的农民来说，通过接受新信息改变认知的途径相对较困难，因此，主要依靠实际体验。如果个体的知识储备高，那么对相关事物的了解程度和认知程度就越深，在实际经历中获得的信息就越多，在农用机械上，理性计算能力就越强，认识到的好处就越多。在成本和收益的衡量上更科学、更准确。

技能尤其指基础事物的方式方法，比如，对于相对复杂的音像设备和茶叶加工机械，具备一定技能的人更懂得怎么使用能带来更高的效用，从而对事物特征的认识更清楚。

个案19原来就在茶场工作，后来自己办起了外加工。

我做的茶叶比别的家都好，收购（指茶场收购）评级别的时候，我的都不错，因为原来在茶场做事，懂一点。（个案19，农工）

阅历越丰富，越能根据环境变化和自身条件相应调整使自己处于有利的位置，相应地选择的空间越大，对生活状况的估计和对生活的计划就越周到，通过亲身经历，转变就越快。

六　偏好变迁途径（二）：社会资本存量的变化

上面我们讨论了个人资本存量变化对个人行为偏好变迁的影响。这一节我们讨论个体的社会资本存量变化对个人行为偏好变迁的作用。

个人行为为个体带来多大的效用取决于其所在的社会网络。"人不是一座孤岛"。早期经济学家就很重视个体在社会相互的关联中的效用。偏好部分源于个体对事物的特征的信念，但是并不完全由信念决定。他人的评价和福利状况也会影响农民个体对特定事物的偏好。

一般说来，影响农民个体的社会资本主要有两类：（1）周围人对相关事物的评价，社会评价影响个人的社会声望；（2）相关的其他人经历这一事物感受到的福利水平。下面我们分别讨论这两类社会资本的影响。

（一）他人的评价

个人的行为会受到其他人的评价，个人行为的效用不仅仅受制于自己从消费具体物品中获得的快乐，更受制于其他人的评价。因此，个人在行为选择上就必须考虑他人的看法，尤其是在一个较为封闭而又重视声望的传统农村社会里。个人的特定行为，可以引起他人的尊敬和羡慕，从而促使自己的社会声望资本存量增多。

> 以前也是用不起，你不买电视，不买音响也还好；电网改造了，既然能用哒，家家户户多开始买哒，你一家不买，别人会有说法，都是比着的。开始买黑白的，后来彩电逐渐开始多起来，你买彩电，我就把黑白的换彩的，都是这个样子哦。（个案13，农工）

在电网改造前，村里相互攀比的风气相对较弱。在当时用电环境很差，没有为农民提供足够的消费、生活和生产的攀比条件；电网改造后，随着电器的引入，攀比的风气越来越浓，从一开始的电视，到农用小机械，再到各类家庭服务型的电器。

> 现在每家每户家里添置了么呢东西，周围的人都清楚，你有哒我也要有，而且要不一样的。（个案24，村电工）

在这样的消费热潮下，村主任等农村政治精英正是依靠"高级别"的生活方式而维持自己在农村社区的威望和地位。村主任向我这样描述了1994年村子里他第一个购买电视的情形：

> 当时没得人看过电视，我买了一个，放在屋里，一到晚上，周围人家屋里的人都围拢来，挤的这个屋里没有地方放脚，当时效果很差，但是勉强看得成器（指看得成），是稀奇啊，以前都没见到过，看到有人在电视上晃来晃去，都觉得蛮有意思。第一天买电视，第二天就传遍哒整个村子，很多人赶过来看稀奇。（个案21，瓦屋基村村主任）

这种示范作用一方面为示范者提高了社会声望，另一方面通过大众舆论传播了新的行为理念。在这里我们看到一个问题的两个方面：从众和求异。但是二者并不冲突。所有的追求都围绕社会声望，求异是积极性地追求社会地位和较高的社会评价，而从众是消极地追求社会声望。二者的物质基础都是被认可的具有一定社会象征意义的事物。对于那些没有社会象征意义的事物，就不能起到这种作用。在电网改造之后，村里原来的精英人物最先购置电器，在生产、生活和消费方面率先改变。因为他们原来就是村里的权威，享受较高的社会声望，在环境改变之后，他们会积极争取通过求异来维护和提升自己的社会声望。而其他村民从众的对象正是这些精英的行为。

（二）他人生活福利状况

个人生活在社会网络中，他人的福利水平影响个体感受到的相对效用。按照网络特征我们可以将社会网络分为两类：（1）主要以寻求和谐安全，以互助为特征的社会网络，比如家庭等；（2）主要为寻求效率，以竞争为特征的社会网络。农民可以通过选择两类社会网络中的群体作为自己生活状况的参照群体。前一类社会网络的效用和农民个体的效用具有一致性，这种社会网络中的他人福利水平的提高增加了农民个体的相对效用；而后一类社会网络中他人福利水平的上升常常会减少个体感受到的相对效用。我们称这两种影响为"网络外部性"效应。

农民个人可以选择自己的参照群体，根据参照群体和自己的关系，决定自我的社会资本存量，从而调节自我感受到的相对效用水平。这个过程是"创造性选择"的过程。由此，个体对特定事物的狭义偏好与个人对社会资本存量的主观选择有很大关系。

> 我们家里条件不算好，不能和别人比，但是，晓得哪些家业（设施）该置，哪些没得条件，现在有人买洗衣机，我们没得这个条件。但和个人（自己）过去比呢，还是变化蛮大的，日子好过点。

> 你问和别人比，生活条件改善没得，这要看跟哪个比，我们村子里发财的也有，当然比不上这些人，但是，如果有的家儿还是很穷的，有的家儿一年连吃饭都还成问题，更不用说看电视么呢。（个案14，退休）

在第一类社会网络中，他人福利水平的提高会增加个人的效用。

> 开始买电饭煲哒，舍不得用，但娃娃说，电饭煲煮的饭要香，有时候还用一下。有电视，一天开到，也要不少钱，娃娃喜欢看，

只要他们学习做完哒，我就让他们打开看。（个案8，农民）

在家庭内部社会成员之间，孩子的福利水平的提高也促使父母效用水平上升，增加了用电饭煲煮饭以及电视娱乐的社会资本存量。

在第二类社会网络中，他人福利水平的提高会降低个人的效用。相隔越近，形成的社会压力就越大，对个体社会资本存量的影响就越明显。一个现象是随着农村开放程度不断加深，农民的社会比较范围扩大，可供选择的参照群体增加。

那是，通过看电视，我们晓得外面的人在搞么呢，也有个比较。（个案23，村电工）

同时，随着农村两极分化越来越严重，农民现在体会到的相对剥夺感比以前增强了。随着市场经济开始进入农村，农民的市场交换意识和消费意识逐渐增强。农民被经济利润所牵引，不断向高处看齐，这时候，他们选择的参照群体常常是在竞争网络中比自己收入要高、条件要好的人，因此，越是向上看，相对剥夺感越强。

对这一点，下庄坡村村主任是深有体会：

村里的矛盾也很多，客观说，每家每户的生活条件和以前相比都好了很多，还要比哪个屋里搞的好些，前几天去解决纠纷，就是因为相邻的两兄弟，因为点小事扯皮，大的（指哥哥）家里搞的好些，小的家里差些，小媳妇对大的家里很嫉妒，经常吵架。现在啊，人都不简单，争的蛮厉害，明的不搞，暗地里比。（个案22，下庄坡村村主任兼书记）

七　进一步的理论探讨

通过对实证资料的分析，我们对 Becker 的扩展性效用函数模型进行了修改，一方面，将消费资本之外的认知习得过程加入个人资本概念中；另一方面，详细讨论了人力资本和社会资本变化的过程，以及对偏好变迁产生影响的具体机制。本文认为，在生产、生活休闲和消费三个维度上，电网改造通过信息输入和亲身体验改变了农民的个人资本存量；通过社会压力对个体的影响改变了农民个体的社会资本存量，从而最终改变了农民对生产、生活休闲和消费三方面的偏好。

（一）扩展性偏好函数理论的合理性讨论

1. 问题

贝克尔因为"将微观经济分析领域扩大到非市场行为的人类行为和互相作用的广阔领域"而获诺贝尔经济学奖。后来，很多学者都对其理论进行了发挥和改进，试图运用贝克尔的理论去解释和说明一些社会现象，或者对贝克尔的理论做进一步的补充（Rogeberg，2003），也有学者对贝克尔的理论提出挑战。所有的这些讨论就建立在对扩展性偏好函数的默认的基础之上，没有研究"将个人资本和社会资本引入偏好函数"的合理性。

国外有部分学者研究了"相对效用"这种现象（interdependence preference）的原因（Postlewaite，1998；Kockesen and Okz，2000），但是在讨论这个问题的时候存在三种缺陷。

第一，只关注他人的收入，没有关注他人的消费和他人福利对个体效用的影响，没有和贝克尔的社会资本概念联系起来讨论下述问题："为什么他人的效用或者福利水平会影响个体效用？"

第二，只讨论负向的相对效用问题，也就是说只讨论了如下情况：他人收入的相对增加会降低个体的效用。而没有考虑"他人福利增加提高个体效用"的情况。

第三，没有对个人资本引入偏好函数的合理性的讨论，也就是说，没有分析"为什么个人过去的经历和体验会影响现在或者将来的效用"。

本文认为：贝克尔将个人资本和社会资本引入偏好函数，其扩展性偏好函数理论是合理的，本文将深入讨论社会资本的重要性，也就是出现他人福利影响个体效用水平这种现象的原因，从一个侧面给出关于这种合理性的一个证明。

凭经验和直觉，我们会认可社会资本和个人资本的说法，即使反对贝克尔理论的人也无法否认这一点。我们需要回答的问题是：为什么他人福利、个体的经历体验会影响个体的效用？

在上文，我们描述了当地农村经历经济变革之后，农民行为偏好的变迁过程，并利用贝克尔的理论分析了农民个人资本和社会资本存量变化的过程，可以说，那是对贝克尔扩展性偏好函数的一种经验证明，现在我将关注如何从理论上证明贝克尔扩展性偏好函数的合理性。

2. 分析框架

上述问题的本质可以看成一种普遍化的心理机制：效用的路径依赖性和效用参照点现象。这种心理机制是一种社会现象，也是一种生物现象。我认为，分析这种现象，有两个侧面需要考虑：

第一，这种心理现象是普遍化的，在横向的空间维度上具有一定的普遍性。基本上每个文化圈内的个体都存在这种幸福的依赖性和参照点现象。

第二，这种现象从人类早期就存在。早期人类就有趋向于能增加家庭其他成员的福利水平的行为。

这两点提示我们，分析这种现象，基本出发点应该是：

第一，功能主义的。普适性的机制一定存在某种社会功能，相对于不具备这种心理机制的个体来说（假设人类早期存在的话），应具备某种优势，否则在人类社会中是不会普遍长期存在的。

第二，演化的。这种机制因为在人类社会普遍存在，那么，如果不是演化的，至少拥有这种机制的个体和不拥有这种机制的个体出现的概率基本上是一致的，但事实上，这种心理机制在人类社会普遍存在。

效用的路径依赖性和效用参照点现象是一种普遍化的心理机制，也是自然选择的结果，是人类在长期和环境的互动中的产物。而且这种心理机制包含的几种具体效应只在特定环境中起作用。

我们分析的重点是效用的参照点现象在什么样的环境中起作用？对个体的生存起什么作用？

3. 社会资本

他人的福利水平的提高会影响个体的效用。个人生活在社会网络中。按照网络特征我们可以将社会网络分为两类：（1）主要以寻求和谐安全，以互助为特征的社会网络，比如家庭等；（2）主要为寻求效率，以竞争为特征的社会网络。个体可以通过选择两类社会网络中的群体作为自己生活状况的参照群体。前一类社会网络的效用和个体的效用具有一致性，这种社会网络中的他人福利水平的提高增加了个体的相对效用；而后一类社会网络中他人福利水平的上升常常会减少个体感受到的相对效用。我们称这两种影响为"网络外部性"效应。

上述两种不同的社会环境正是效用参照点现象这种心理机制出现的环境。在两种不同的社会情景中，出现了两种完全不同的效果。

问题是，为什么在两种情景中会出现两种相应的心理机制？从进化和功能主义角度来看，这两种心理机制在特定环境中各起到什么作用？是如何被自然选择过程所选择的？

我们假设个体可以选择自己的偏好函数机制：选择拥有狭义还是广义偏好函数形式，但是一旦选择了就不能改变。

首先我们讨论在竞争环境中的情况。假设在群体中存在两类人：一种个体 i 拥有（自己选择的）狭义偏好函数；另一种个体 j 拥有扩展性偏好函数。前者的偏好函数如下：

$$U_i = u(x_i, y_i)$$

也就是说个人过去的经历和体验、他人的福利水平都不会影响个体现在的效用水平。

后者的偏好函数如下：

$$U_j = u(x_j, y_j, p_j, s_j)$$

也就是说这种个体的过去的经历和体验、他人的福利水平都会影响个体现在的效用水平。我们要考虑：两种个体都存在于相互竞争的环境中，到底哪种个体能获得更多的生存资源。

我们假设：

个体努力水平为 x，相应的产出为 y，二者的关系如图 1 所示。

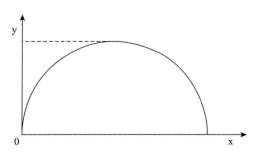

图 1　个体努力水平与产出的关系

个体的效用水平为 π。个体的效用函数可以如下表示：$\pi_i = y_i = f(x_i)$ 和 $\pi_j = y_j + \rho = \varphi(x_j)$

其中，$\rho = \dfrac{y_j}{y_i + y_j}$，表示个体 j 的产出所占 i 和 j 总产出的比例。在上述效用函数中，个体 i 由于没有受到 ρ 的影响，这说明个体 i 的效用函数是狭义效用函数；相应地，个体 j 则是扩展性效用函数。

在固定 i 努力水平不变的情况下，ρ 和 x_j 的关系为：$\rho = \varphi(x_j)$，如

图 2 所示。

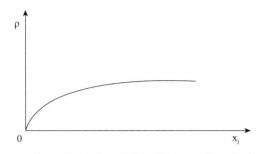

图 2　在固定努力水平不变的情况下 ρ 和 x_j 的关系

　　个人的努力水平和产出的关系至关重要。在竞争性环境中，个人的努力水平和产出与其他个体的努力程度密切相关。竞争性的环境是零和博弈的环境，环境中的资源是有限的，也就是说总产出是固定的，个体处于一种博弈环境中。个体一定的努力所得到的产出要视其他个体的努力水平而定。假定资源总可以得到利用，当其他个体付出更多的努力时，个体一定的努力得到较少的产出，相反，得到较多的产出。如图 3 所示。

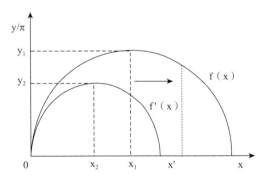

图 3　竞争性零和博弈条件下效用曲线的变化

　　如果所有人都拥有狭义偏好函数，那么，在博弈中，均衡的位置是 (x_1, y_1)，就是双方都拥有 $f(x)$ 形状的效用曲线，每个人都付出 x_1 的努力，都获得 y_1 的效用。只要对方提高努力水平到 x'，那么，由于处于竞争性的零和博弈环境中，则个体的效用曲线由原来的 $f(x)$ 变为现在的 $f'(x)$，这个时候，个体的理想点应该是付出 x_2 的努力水平，获得 y_2 的效用水平。可见，只要对方努力水平提高，则个体最大的努力水平下降，收入和效用下降。在上面的框架下，我们有下述结论。

　　结论：当 i 和 j 同时存在于这样一种竞争性零和博弈中的时候，j 将付出更多的努力，得到更高的生存资源（收入）和效用水平。

证明如下图所示。

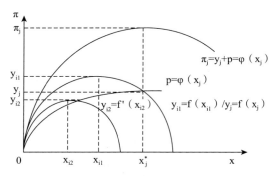

图4 狭义偏好函数与扩展性偏好函数的相互影响

我们假设：最开始，所有个体都拥有狭义偏好函数，没有扩展性偏好函数心理机制；后来出现了拥有扩展性偏好函数的个体变异。而且除了这种变异没有其他偏离均衡的震荡因子。那么，开始所有人都只拥有狭义偏好函数的时候，个体的效用函数为 $\pi_{i1} = y_{i1} = f(x_{i1})$，博弈的均衡点为：$(x_{i1}, y_{i1})$。每个人都付出 x_{i1} 的努力，得到 y_{i1} 的收入（效用）。现在，通过变异，出现了个体 j，也就是拥有扩展性偏好函数这种心理机制的个体，个体 j 的效用函数为：

$$\pi_j = y_j + \rho = \varphi(x_j) = f(x_j) + \varphi(x_j)$$

如图4，其效用函数图形要高于 i 个体，这时候，j 个体的最优选择是付出 x_j^* 的努力，得到 π_j 的效用，包括纯收入 y_j 和相对收入 ρ_j。

x_j^* 超过了原来均衡水平的 x_{i1}，因此，处于和 j 相互竞争的环境中的 i 个体现在的效用函数变为 $\pi_{i2} = y_{i2} = f'(x_{i2})$。其最大化效用函数点为：$(x_{i2}, y_{i2})$，也就是说 i 个体只会付出少于 j 个体的努力水平 x_{i2}，得到的收入为 y_{i2}。

现在，我们还无法比较 y_{j2} 和 y_{i2} 的大小。

但是，接下来，当 i 个体只付出 x_{i2} 的努力水平的时候，j 个体的收入函数（注意不是效用函数）会变为 $y_j = f''(x_j)$，这个效用函数图像肯定高于原来的 $y_j = f(x_j)$，这个时候，x_j^* 的努力水平将能带来比原来收入函数 $y_j = f(x_j)$ 时更高的收入水平，同时，j 个体也会调整自己的努力水平，结论是 j 个体的努力水平被再次提高。在下一期，当 i 认识到 j 努力水平提高之后，i 个体的效用函数曲线（也就是收入函数曲线）会进一步缩小，进而，理想的努力水平和收入水平会再次下降。如果这种过程能重复进行，那么，最后的结果就是 i 个体将失去收入，j 个体逐渐获得更多的收入。

这种重复博弈的过程，我们可以从两个方面来理解，一方面可以看作个体在自己的生命周期面对的多次博弈，另一方面，也可以看作个体每个生命周期只面对一次和其他个体的博弈，但是，i 和 j 类个体都会将自己的"心理机制"和"知识"遗传给后代，进而，i 和 j 个体的后代又面临零和博弈情景。事实上，这两种现象同时存在于人类社会当中。当 i 类个体在自己的生命周期中和 j 类个体进行竞争时，不断地失去生存资源，最后的结果就是，i 类个体的生存机会减少，繁衍后代的机会减少，将自己的心理机制和知识遗传与传授给后代的机会减少。随着代际传递越来越少，最后的结果将是 j 类个体完全占据整个人类社会。

在整个过程中，我们强调两点：第一，心理机制作为一种现象具备生物遗传的特点，因此，我们可以用达尔文进化论进行解释；第二，两类个体的演化中存在一个行为选择的问题，也就是说，当 j 类个体认识到 i 类个体选择了较低的努力水平的时候，会将这种知识和"自己更高水平的努力"这种规范通过子代的社会化过程进行文化传递，对于后者，我的解释和进化认识论的解释不一样。

进化认识论试图用自然选择理论来解释人类学习、思考、认知等。他们认为：认知是生物进化的结果，认知结构部分由遗传得到。在这里，和 Witt 一样，我对认知的遗传保持一定的谨慎，我认为，心理机制是可以遗传的，由于认知都是我们后天获得的，而实验证明，后天获得的特征是不能改变遗传的构成的，也不能遗传给后代。因此，我认为，认知更多的是通过社会化、文化教育来传递。

这样，我们就给出了一个关于扩展性偏好函数他人资本概念合理性的演化功能主义的解释。

上述问题我们可以推论到两个处于竞争性零和博弈环境中的群体，i 代表具备拥有狭义偏好函数的个体组成的群体，j 代表具备拥有扩展偏好函数的个体组成的群体。上述结论仍然成立。

现在的问题转为：如果在一个非零和博弈的主要以寻求和谐安全、以互助为特征的社会网络中，比如家庭中，扩展性偏好函数个体是如何出现并在进化中保持演化稳定的？

我们依然利用上述图形来描述。我们还是遵照前面的假设：将个体究竟拥有何种偏好函数的抉择权交给个体，由个体自己来决定，但是一旦选择了就不能更改。

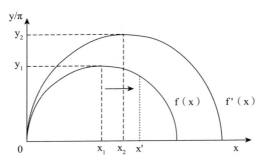

图 5 非零和博弈条件下效用曲线的变化

和零和博弈情景不一样，在非零和博弈中，当其他个体努力水平由 x_1 增加到 x' 时，个体的效用曲线由 f（x）上升而不是下降到 f'（x）。他人努力水平的提高对个体是有利的。这和竞争环境的零和博弈情景恰好相反。而之所以是有利的，主要是因为以下两点。

（1）在存在亲族关系的群体中，当他人努力水平提高的时候，如果他人福利水平也相应提高，则对个体来说，好处就是：能够更大比例地遗传自己的基因。从进化论的角度看，"进化过程中最有现实意义的就是把遗传因子成功地传递给下一代，一个生物体如果'身后'能留下较大比例的自己的基因，它就是一个较有适应性较成功的个体"（许波，2004）。对生物体来说，最佳的传递基因的方式就是自己繁衍后代，但是，亲族群体其他个体繁衍的后代也能携带部分自己的基因（如兄弟姐妹），或者是其他个体生存条件的改善能帮助使带有更大比例的自己基因的个体更好地生存。这就是"亲族选择"现象。也就是说，帮助亲族群体中其他个体福利水平的提高，对个体而言，本身就是一种报酬（收入）。

（2）在非零和博弈中，他人福利水平的提高对个体的第二种好处是：能够为个体创造更好的获得生存资源的条件。当其他个体关注自己的福利水平，进而付出"更高"的努力的时候，个体一定的努力水平将得到"更高"的收入和效用水平，也就是效用函数将会发生更加有利的变化。

现在，假设 i 和 j 处于一种非零和博弈的情景中，此时和零和博弈中相比，$\rho = \varphi（x_j）$ 含义不一样，代表他人收入在两个人总收入中所占的比例，这和零和博弈的情景恰好相反，但是 ρ 和 x_j 的经验关系依然如图所示，"他人努力水平的提高对个体是有利的"，反过来，就对他人自己的 ρ 有利。

图 6　非零和博弈下 ρ 和 x 的关系

如图 7 所示，拥有扩展性偏好函数的个体的努力水平在 x_j^* 位置，这时候，拥有狭义偏好函数的个体的效用函数就会向上提升到最佳位置，其收入要高于拥有扩展性偏好函数的 j 类个体。因为，主动选择狭义偏好函数的 i 类个体完全不考虑群体中其他个体的福利水平，不会付出更多的努力。这种结果会导致 j 类个体对 i 类个体进行惩罚，因为 i 搭了便车。如果双方都拥有扩展性偏好函数，那么双方都可以达到更高的产出和福利水平。惩罚的结果就是使选择狭义偏好函数的 i 类个体的效用函数图形收缩，收入和福利水平下降，如箭头所示。这样，迫使所有的个体都选择扩展性偏好函数形式。

这里，我们要注意一点：由于处于非零和博弈环境中的个体通常是在一个群体，或者在两个相邻的群体中，因此，对博弈来说，应存在有效的惩罚措施来规范个体行为，避免"个体搭便车"现象。原因在于，处于这种环境中的个体，博弈常常是多次博弈的过程，而且群体压力和群体惩罚的实施相对容易，因此，后续的惩罚措施是有效的（相反，在零和博弈的情景中不存在这些条件，惩罚措施就不起作用）。

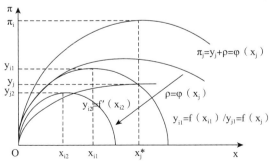

图 7　非零和博弈条件下狭义偏好函数与扩展性偏好函数的相互影响

（二） 资本互动

在贝克尔的模型中，个人资本和社会资本是影响个体效用的重要因素。但是，在贝克尔的论述中都将个人资本和社会资本分开考虑。在讨论成瘾性商品的时候，贝克尔主要从个人资本积累的角度出发，探讨个人资本的积累对个体当前和未来效用的影响；在讨论婚姻家庭的时候，虽然涉及有个人资本和社会资本，但对二者的讨论是分开的。个人资本和社会资本相分离，存在比较大的缺陷：缺乏对个人生活史的真实考察。

"个人资本"强调时间维度上可控性自我经历和体验，而"社会资本"强调空间维度上横向的个体对比和他人关照。事实上，个人资本和社会资本之间存在着互动作用。在 Rogeberg（2003）看来，贝克尔理论尚有几大问题待解决，其中，关于资本的种类细分和资本互动作用成为重要的待解决的问题。在这里，从个人生活史出发，我将初步讨论个人资本和社会资本之间的互动关系。

个人生活在时间和空间交错情景下，对个体的了解离不开对个体生活史的全面观察。个人资本相对于社会资本来说，具有更强的自我控制性。但是，个体也可以通过对社会资本的投资来改善自己的社会环境。个人资本和社会资本是相互影响的。

1. 个人资本影响社会资本

一个人的经历和体验、个人资本水平，部分决定了其投入到社会网络中的资源数量和方向；个体的经历常常影响了自己的朋友圈选择、工作环境选择。同样的经历容易带来同样的志趣，进而有共同的心声。因此，个人的经历和体验部分决定了个人后天投入的环境，而后天的环境恰恰是个体社会资本存量的源头。

一个人的经历和体验决定了一个人对参照群体的选择；个体可以选择自己的参照群体，根据参照群体和自己的关系，判断自我的社会资本存量，从而调节自我感受到的相对效用水平。这个过程是"创造性选择"的过程。由此，个体对特定事物的狭义偏好与个人对社会资本存量的主观选择有较大关联。而个体选择何种群体作为自己的参照群体，往往受到个体经历和体验的影响。一个人过去的生活史会影响这个人的认知，进而影响个体参照群体的选择和受影响的程度。

在农村电网改造的过程中，不同知识水平的农民对参照群体的选择是不同的。对于知识水平较低的农民来说，主要集中于家族群体和邻居比较；知识水平中等和较高知识水平的农民，其视野相对开阔，除了家族和邻居的比较，同一个组、同一个村都存在相互对比，而且，这种对比由于电视等媒介已经由本地开始向外部世界扩展。二者存在区别，中等知识水平的人对外部世界的繁华和富裕保持一种消极的奢望和麻木状态，而知识水平较高的农民则保持一种积极的向往状态，这主要是由于：随着市场经济的发展和人力资本的作用逐渐突出，后者的发展空间要大于前者。对于后者来说，外部世界并不是完全不可及的，而是一种自己可能达到的生活状态，也就是说，是自己可能的未来，因此，他们对繁华的外部世界的认知常常会提示自己的想象力资本，从而提高自己的效用而不是一味竞争和消极无望从而降低效用。

2. 社会资本影响个人资本

他人福利会影响个人，因此，个体会看重自己的行为和他人福利之间的关系。但是，个体由于处于一种前瞻性的情景中，因此，对他人福利状态的关注也常常是动态的。

个人不仅看到当前他人相关活动的福利水平和对相关事物的看法，而且会考虑随着时间的变化，他人积累个人资本的动态过程；这在贝克尔的理论中已经有过论述。尽管在早期，孩子比较贪玩，以至于不爱学习不思进取，但是，具有前瞻性的父母也会在孩子身上投入更多的资本让孩子接受更多更好的教育，尽管这种教育在孩童时期会给孩子带来不愉快。因为，父母能够理性地预计，到了孩子未来时期，早期的人力资本投入能够发挥作用，让孩子获得更多的资源。

这种关注主要是因为，如果其他人未来福利将因为现在自己的活动而改变，那么，由于自己未来的效用受到他人未来福利水平的影响，因此，个体就可以通过改变自己目前的行动而间接影响自己未来的效用。父母和孩子的关系是一种正向相关关系。相反，处于竞争性环境中的个体，如果意识到自己现在的行动能够通过影响其他个体积累个人资本的路径，进而降低他人未来的福利水平的时候，就会采取相应行动，从而使得自己未来效用更高。

一个人的社交网络决定了个人资本积累的过程和方式。个体的经历和体验总是在特定社会环境中进行的，因此，除了个体积累个人资本的物质环境外，他人福利水平、他人评价构成了积累个人资本的另一个环境。在这个环境中，他人福利水平会影响个体经历和体验。因此，个人资本积累的行为除了受到自己对未来的前瞻性的考虑之外，也会受到个体所在社会的制度限制。

对他人选择的预期也相应决定了个人资本的积累目标。当个体无法对其他个体的积累个人资本的行为做出干预的时候，就需要对其他人未来的福利水平和价值观念给予预测。如果个体意识到环境中的其他个体未来对相关事物的福利水平或者是对相关事物的评价是上升的话，那么个体就可能通过调整现在个人资本积累的路径，力图使自己未来对这种事物的个人资本存量也较大。同伴群体中的从众现象，部分是由于当期群体压力而做出的被动行为选择，也是由于个体对同伴行为的观察，预测他人通过这种行动，在未来消费相关事物的福利水平会提高，对相关事物的评价会上升，因此，个体为了在未来得到更高效用，就会选择一样的路径，积累同样的个人资本，以在未来获得更高水平的效用。

3. 个人资本和社会资本的冲突

社会资本和个人资本也可能发生冲突，这种冲突体现在个人资本和社会资本效用方向不一致的情况下，即对一个事物的积累虽然能够提高个人资本的效用函数，却会降低社会资本的效用函数。这种个人资本和社会资本的冲突会给个体带来内心的矛盾和困惑。

发生这种矛盾的原因有两个方面：

首先，可能是个人对其他个体未来的福利水平和对相关事物的评价的预测不准，导致个体做出错误的积累个人资本的选择，从而感受到这种压力。但是个体在生活中有不断反思的能力，对社会趋势和走向能够通过不断地搜集信息，对原来的预测进行修正和调整，进而调整自己积累个人资本的路径；同时，在长期生物演化中，个体形成了无意识的从众行为趋向，这会在某种程度上降低个体对他人未来进行精确预测的要求，降低个体预测失败的可能性。

个人资本积累和社会资本发生冲突的第二个原因就在于社会转型。有的社会转型没有预示信息，而且在相当短的时间内就可以完成，这时候，就会发生上述矛盾。

在最大化效用这一目标的指引下，个体会解决个人资本和社会资本的冲突。对某种事物，如果个人资本的积累超越社会资本，就可能突破社会规则。比如，毒品上瘾导致个体不能自控，社会道德失去约束力，家庭其他成员感受到的痛苦已经不能有效地约束个体的吸毒行为。相反，当个人资本给个体带来的效用不足以抵消社会资本引起的效用下降的时候，个体就会选择那些能得到社会认可，能够给亲人群体带来更高效用的行为。

八 结论

从对案例的讨论，我们发现，传统认为强制性制度变迁一定是"非帕雷托改进"的。但是，我们的分析指出，人们的行为偏好并非稳定不变的，因此，人们在强制性制度变迁的过程中可能会发生行为偏好的变迁，从而使得"非帕雷托改进"转变为"帕雷托改进"。在制度变革的过程中，通过引入关于变革收益成本的新信息，让经济主体亲身体验新制度安排，可以促使个体由被动遵从制度安排转变为积极参与制度变迁。

本文从实证和理论两个角度探讨了贝克尔的扩展性偏好函数。首先，以湖北恩施自治州农村电网改造前后农民行为偏好的变迁为例，在贝克尔扩展性偏好理论框架下，分析了在经济改革中内生行为偏好变迁的过程和内在机制，本文认为，随着电网改造的实施，农民的人力资本在数量和结构上都发生了变化，导致农民的狭义偏好函数会发生跨越时空的变迁，从而为扩展性偏好函数理论提供了实证资料。其次，通过在模型中区分竞争性零和博弈和和谐性非零和博弈，证明了拥有扩展性偏好函数的个体更容易获得更多的资源，进而在自然选择中占据重要位置，并最终会将拥有狭义偏好函数的个体挤出社会，从而从功能主义角度论证了贝克尔扩展性偏好函数理论的合理性。最后，本文进一步分析了个人资本和社会资本的关系，认为个人资本和社会资本存在相互影响、相互制约的互动关系。

参考文献

加里·贝克尔，2000，《口味的经济学分析》，李杰、王晓刚译，首都经济贸易大学出版社。

加里·贝克尔，1987，《家庭经济分析》，彭松建译，华夏出版社。

贾根良，2004，《演化经济学：经济学革命策源地》，山西人民出版社。

刘景林，1983，《论基础结构》，《中国社会科学》第 1 期。

李树茁、马科斯·费尔德曼，1999，《中国农村男孩偏好文化的传播和演化：背景和主要研究结果》，《人口与经济》第 S1 期。

彼得·狄肯斯，2005，《社会达尔文主义：将进化思想和社会理论联系起来》，涂骏译，吉林人民出版社。

孙立平，1992，《传统与变迁：国外现代化及中国现代化问题研究》，黑龙江人民出版社。

唐建新、杨军，2003，《基础设施与经济发展——理论和政策》，武汉大学出版社。

许波，2004，《进化心理学》，中国社会科学出版社。

詹七一、张立新，2001，《电视传播：在技术与文化之间》，《云南师范大学学报》（哲学社会科学版）第 5 期。

Aghion, Philippe and Mark Schankerman. 1999. "Competition, Entry and Social Returns to Infrastructure in Transition Economies." *Economics of Transition* (7): 79 – 101.

Andreoni, James, and John Miller. 2002. "Giving According to Garp: An Experimental Test of the Consistency of Preference for Altruism." *Econometrica* 70 (2): 737 – 754.

Becker, G. S. 1998. *Accounting for Taste.* Harvard University Press.

Ben-Ner, A. and L. Putterman. 1998. "Values and Instituations in Economic Analysis." In Ben-Ner, A. and Pitterman, L. (eds.), *Economics, Values and Organization.* Cambridge University Press. Cambridge, pp. 3 – 69.

Bowles, Samuel. 1998. "Endogenous Preferences: The Cultural Consequences of Markets and Other Economic Institutions." *Journal of Economic Literature* XXXVI: 75 – 111.

Carpenter, Jeffrey. 2002. "Endogenous Social Preferences." *Middlebury College Economics Discussion Paper.* NO. 02 – 09.

Druckman, James N. and Arthur Lupia. 2000. "Preference Formation." *Annual Review of Political Science* (3): 1 – 24.

Gintis, H. 1974. "Welfare Criteria with Endogenous Preferences: The Economics of Education." *International Economic Review* 15 (2): 415 – 430.

Kockesen, Levent and Efe A. Okz. 2000. "Evolution of Interdepent Preferences in Aggregative Games." *Games and Economic Behaviour* (31): 303 – 310.

Norton, Bryan, Robert Costanza, and Richard C. Bishop. 1998. "The Evolution of Preferences: Why 'Sovereign' Preferences May Not Lead to Sustainable Policies and What to Do about It." *Ecological Economics* (24): 193 – 211.

O'Hara, Sabine U. and Sigrid Stagl. 2002. "Endogenous Preferences and Sustainable Development." *Journal of Socio-economics* (31): 511 – 527.

Postlewaite, Andrew 1998. "The Social Basis of Interdependent Preferences." *European Economic Review* (42): 779 – 800.

Rogeberg, Ole. 2003. "Preferences, Rationality and Welfare in Becker's Extended Utility Approach." *Rationality and Society.* 15 (3): 283 – 323.

Spencer, H. 1898. *Principles of Biology.* New York.

Stigler, George J. and Becker, G. S. 1977. "De Gustibus Non Disputandum." *American Economic Review* (67): 76 – 90.

Tomer, John F. 1994. "Good Habits and Bad Habits: A New Age Socio-economic Model of Preferences Formation." *Journal of Socio-economics* (25): 619 – 638.

Witt, U. 1997. Self-organisation and Economics——What is New?" *Structural Change and Economic Dynamics* (8): 489 – 507.

Wong, Stanley. 1978. *The Foundations of Paul Samuelson's Revealed Preference Theory.* Routledge & Kegan Paul press.

需求定律与偏好的内生性问题

——评方辉《偏好变迁和资本积累》

翟宇航 *

　　需求定律是经济学的基础之一。需求定律可以描述为：在其他条件不变的情况下，价格与需求量成反比。需求定律回答的问题是消费者行为选择的问题。在经济学的传统框架里，消费者在既定偏好的情况下，基于效用最大化的原则做出行为选择。

　　无论从理论上还是经验上，偏好都是一个具有良好解释力的概念，比如解释消费者在不同商品间的消费选择、劳动者在工作和闲暇之间的行为选择、投资者在风险和收益率之间的行为选择、利率的期限结构等。但是，在许多经济解释中，偏好往往是解释的终点。或者用贝克尔的话来说，"传统的观点认为，口味是令人费解的，而且常常是反复无常的，所以当口味的问题变得很重要时，人们就会停止该问题的讨论，而把精力转向对其他问题的研究"（Stigler and Becker, 1977）。

　　在传统的经济学框架下，偏好只能是对一些问题进行经济解释的终点。因为一旦偏好成为内生的，需求定律的基础就将被动摇。偏好的内生性问题将导致需求曲线形状的不规则和不确定，这也将导致经济学建立在供求基础上的一系列均衡模型的失效。贝克尔的研究则试图弥补这一缺憾，"我们将提出这么一个假设，广泛的和（或）永久的人类行为可以通过对效用最大化行为进行一般化的微积分运算来加以解释，而不需要引入'口味保持不变'的限制"（Stigler and Becker, 1977）。贝克尔采用的方式是对效用函数进行扩展，除了传统上的商品数量外，还增加了

---

　　* 翟宇航，北京大学社会学系硕士，现就职于华夏基金管理有限公司。

个人资本 P 和社会资本 S 两个变量，分别代表个人经历及个人社会网络对个体效用的影响。

$$u = u(x_t, y_t, z_t, P_t, S_t)$$

这样，尽管狭义的效用函数还有可能因为偏好的变化而变化，扩展效用函数将可以是稳定的。也就是说，在不考虑个人资本和社会资本的情况下，效用函数曲线的移动将变成考虑了个人资本和社会资本情况下效用函数曲线上的移动。方辉的文章就是对贝克尔研究的应用与拓展。

方辉《偏好变迁和资本积累》一文主要考量的是偏好变迁的问题。文章承继贝克尔的理论认为，偏好在长期看是不稳定的，即狭义效用函数会因偏好的变化而改变。同时，偏好本身会发生内生性的变迁，而这一变迁很大程度上可以由个人资本和社会资本解释。文章通过对偏好变迁的讨论论证了贝克尔扩展偏好函数的合理性，同时进一步讨论了个人资本和社会资本的相互影响，及其在偏好变迁中的角色。

在理论探讨的基础上，《偏好变迁和资本积累》一文以恩施电网改造作为经验材料，分析农民的偏好变迁过程。文章认为，在恩施进行电网改造前后，农民在农业生产、休闲生活、家电消费等方面的偏好都发生了明显变化。在电网改造之前，由于供电不足、用电成本高，农民的休闲生活具有明显的同质性特点，家电消费主要是一种炫耀性消费，在农业生产领域也较少使用电力设备。而在电网改造之后，农民的休闲生活时间增加，休闲活动多样性变强，家电消费逐渐变成实际的大众消费，农业生产也更多地采用电力设备进行如造砖、割猪草、茶叶加工等的工作。文章进一步指出，这种偏好的变迁可以用个人资本存量变化和社会资本存量变化来解释。在电网改造后，信息的输入、个体的消费经历、他人的福利以及他人的社会声望等因素使得农民做出了消费行为偏好的改变。

我们首先来分析下文中所讨论的这个案例。讨论偏好变迁，首先需要厘清的是如何衡量偏好。偏好体现的是个体对于不同产品的喜好，是一种主观意识。我们无法观察到消费者内心的真实偏好，只能看到消费者一个个具体的消费选择。因此，消费选择是观察偏好的重要方式。根据萨缪尔森的显示偏好理论，消费者在一定价格条件下的消费选择会体现消费者的偏好。如在价格 (p_1, p_2) 下的两个商品束 (x_1, x_2) 和 (y_1, y_2)，若能够观察到：

$$p_1 x_1 + p_2 x_2 \geqslant p_1 y_1 + p_2 y_2$$

则（x_1，x_2）是（y_1，y_2）的显示偏好。同理，如果（y_1，y_2）代表着 t + 1 期的（x_1，x_2），那么这个显示偏好的公式就变成了判断偏好变迁的方式。从显示偏好理论可以看出，价格束（p_1，p_2）保持不变是最为重要的前提。如果价格束发生改变，那么我们观察到的消费集的变化就不一定代表偏好的变化。在偏好不发生变化的情况下，消费者所选择的商品束的变化往往来自收入效应和替代效应，即消费者的收入变化或商品间价格比价发生了变化。

在文中的电网改造这一案例里，我们确实观察到了农民所选择商品束的变化，但这种变化却未必是偏好的变迁。在案例中，尽管农民的收入没有发生显著的变化，但商品束中不同商品间的价格比却明显发生了变化，因此文中分析的农民消费行为的变化更有可能是替代效应的结果。在案例中，农民在解释各种消费变化的原因时，价格因素都很重要：

……我是觉得电饭煲方便，现在电价又下降哒……

我还想买个洗衣机，这个方便，冬天里，要我媳妇洗衣，蛮冷，我和她商量了，反正花不了几个钱，干脆买了。

以前……因为线损厉害导致平摊的电价很高，因此，农民不愿意缴纳电费。他们觉得自己没有怎么用电，没有得到实惠却交这么多钱，认为不合理。

因此，至少单从文中的这个电网改造的案例来看，基于传统的效用函数分析依然有效。电网改造——农民用电成本下降——使农民在娱乐、生产、生活中的用电行为和用电消费在增加，这一逻辑链条显然是成立的。当然，作者基于个人资本与社会资本的逻辑对农民在电网改造前后对于电器消费可能存在的偏好变化的分析也是合理的，但是单就从电网改造到农民消费行为变化这一案例的解释力来看，偏好变迁的理论解释并没有对基于偏好不变假设下的需求定律形成挑战。

尽管文章中关于电网改造的案例有可待商榷之处，文章所勾勒出的技术冲击——个人资本/社会资本影响——偏好变迁的逻辑链条仍是富有启发性的。在有关需求定律的话题中，某些需求定律失效的场景往往是研究与讨论的重点，比如经济学对"吉芬商品"和"凡勃仑商品"的讨论。对需求曲线可能出现的向右上方倾斜的特殊情况，偏好的变化往往是一种可行的解释。但是仅仅提示偏好会变并没有太大的理论价值，能够解释偏好变化的原因才会增进我们对消费行为的理解。贝克尔将个人资本和社会资本纳入分析框架，扩展了效用函数，在应对偏好变迁带来的效用改变方面拥有了不错的解释力。但是，个人资本和社会资本这两个概念的问题在于，如果将其作为一个理论模型的直接输入变量，它们都比较难以刻画并且不好观察。换言之，当我们观察到消费者的某项偏好发生了改变，尽管我们可以尝试通过社会资本和个人资本的框架来理解这种改变，但是我们并不容易去观察究竟是什么变了才导致了偏好的改变。

方辉在《偏好变迁和资本积累》一文中引入了认知资本存量这一概念，试图增加对个人资本与社会资本作用于偏好变迁的机制的理解。通过认知资本存量概念的引入，文章强调了信息对于个人资本和社会资本的影响。文章认为，政府通过对农民的教育引导动员群众参加电网改造，电网改造之后，电视和广播的普及也使得农民了解了更多的外部信息，从而促进了农民偏好的变迁。从贝克尔个人资本和社会资本对于偏好影响的机制来看，无论是个人的独特经历还是他人的影响，其中最为重要的环节都在于信息的传递与发生影响。而与抽象的个人资本与社会资本相比，信息及其传递与产生影响的过程恰恰是可观察的。技术的冲击、社会结构的变化，都会以信息传递的方式通过个体个人资本和社会资本存量的变化影响其偏好，因此对于信息及认知过程的把握更有助于对偏好变迁现象的理解与观察。

每一个具体个体偏好的变迁事实上是对一个时代消费变迁的刻画。因此，对于偏好变迁的讨论除了关乎需求定律的现实意义之外，还有助于理解变迁中的社会经济现象。埃利亚斯（1998）在《文明的进程》中探讨了文明的起源与变迁过程，埃利亚斯认为，我们现在所形成的具有"文明"概念的行为均是社会强制下的自我强制的结果。社会分工的深化，特定社会结构中的人际关系将个体束缚其中，产生了特定的秩序，而个体也在这种社会秩序中形成了对于行为习惯的心理表征，并形成了自我强制。埃利亚斯有关文明的讨论跟偏好变迁的讨论息息相关，因为从群体意义上看，偏好变迁更多地反映了社会经济结构以及社会分工变迁的特点。三浦展（2014）在《第四消费时代》一书中回顾了过去一百年日本消费的变迁，认为日本在 1912 年后经历了四个消费时代，分别是少数中产阶级享受的享乐消费时代、以家庭为核心的家庭消费时代、以个人为核心的个性化消费时代和理性消费时代。四个消费时代均反映了特定时代中的经济社会变迁特点，如第一消费时代的西化和城市化，第二消费时代的城市化与经济的快速发展，第三消费时代的经济富足和个体意识觉醒以及第四消费时代的老龄化和经济下行压力增加。四个消费时代本质上反映的是宏观层面上的消费偏好改变，这种改变带有深刻的时代烙印。

在以上的讨论中，我们似乎可以得出以下结论：（1）需求定律基于偏好不变假设依然有较强的解释力；（2）偏好不是一成不变的；（3）偏好的变迁往往基于显著的社会经济特征变化。方辉的文章拓展了贝克尔有关偏好内生性的研究，为偏好的变迁提供了新的观察角度和分析思路。即首先观察特定时空内有关社会经济特征的变化，这将构成对个人资本和社会资本的外部冲击。比如文章中的电网改造可以视为颇具时代特征的一种技术冲击，类似的还有互联网的普及对于农村消费行为的影响、新的业态（如快递、送餐等）出现对于个体消费行为的影响等。在识别出特定的变化之后，我们可以进一步观察这种冲击的信息形成和信息传递过程。应用文中提出的认知资本概念，可以帮助我们理解个体在面对信息进入时的认知过程，及其在特定的个人资本和社会资本存量下做出的偏好选择。

参考文献

Stigler, George J. and Becker. G. S. 1997. "De Gustibus Non Dispwtandum". *American Economic Review*（67）：76 – 90.

Leibenstein, H. Bandwagon. 1950. "Snob and Veblen Effects in the Theory of Consumers' Demand." *Quarterly Journal of Economics* 64：183 – 207.

Pollak, Robert A. 1976. "Interdependent Preferences." *American Economic Review* 66：309 – 320.

Pollak, Robert A. 1977. "Price Dependent Preferences." *American Economic Review* 67：64 – 75.

埃利亚斯，1998，《文明的进程》，王佩莉译，生活·读书·新知三联书店。

贝克尔，2000，《口味的经济学分析》，李杰等译，首都经济贸易大学出版社。

三浦展，2014，《第四消费时代——共享经济的新型社会》，马奈译，东方出版社。

张五常，2010，《经济解释卷一：科学说需求》，中信出版社。

经济社会学研究 第六辑
第 103～132 页
© SSAP, 2019

门槛模型：一个社会学形式理论的建构与拓展[*]

刘　炜[**]

摘　要：形式理论如今已在社会科学领域取得了广泛的应用。微观经济学更是经典形式理论中的代表。反观社会学领域，经典形式理论却少之又少，马克·格兰诺维特的门槛模型可谓少数中的范例。针对社会学形式理论的稀缺现状，本文旨在解析门槛模型的一系列建构和拓展思路，并通过与微观经济学的理论发展做比较，试图发现社会学形式理论的独特之处。为了对此做充分讨论，笔者将首先深入简单门槛模型的形式化与数理化过程，逐一梳理其建模思想，并展示后续模型的延展逻辑；之后，从行为假设的形式化、社会过程的数理化以及形式理论的延展性这三个方面，具体辨析微观经济学理论与门槛理论的建模差异，并尝试总结两者的特点。

关键词：社会学形式理论　门槛模型　微观经济学

在社会科学领域，形式理论（formal theories）已取得了广泛的应用。相较于一般经验研究，形式理论的建构目的并不在于追求主要基于经验事实的理论抽象，而是通过设置若干基础假定，仅以此进行逻辑推导，并得出新的结论或猜想。这一与经验研究截然不同的理论生产方式，有其独特的建构逻辑。一方面，形式模型是一种以形式语言，尤其以数理

---

[*]　本文曾发表于《社会学评论》2016 年第 6 期。

[**]　刘炜，现为上海社会科学院社会学研究所助理研究员。

语言，来表述解释逻辑的研究方法。演绎性与精确性就成为其理论建构的固有特点；另一方面，一个形式模型的解释逻辑越是能得到多样化拓展，说明该模型越是具备扩大解释范围的潜力。理论外延的可变大小也直接关系到形式模型的优劣。由此来看，一个社会科学取向的经典形式理论应当具备以下三个特征：（1）形式化。针对一个在经验层面重复出现的机制性问题，试图建立简明扼要的行为假设，并只基于给定的行为假设推论这一社会过程，而不囿于纷繁复杂的经验现象或者反复不断的概念阐释。（2）数理化。为了避免歧义，将理论逻辑转化成更为精确的数学语言，并以数理模型而非以案例叙述或统计分析的方法，解析其社会过程。（3）延展性。在一个简单形式理论的基础上，通过修正原有的行为假设和解释机制，完成理论的有效积累。并且，这一积累逻辑不应只流于跨领域式的理论扩张，而更有待于促成模型的范式性修正。

微观经济学理论就是经典形式模型的一个代表。在一代代经济学家的努力下，最初，从亚当·斯密对市场的描述中，抽象出基于"经济人"假设的市场供求关系，完成了理论的形式化塑造；其次，"边际革命"奠定了供求分析的数理基础，并在数理推演上不断深化"效用最大化"的思想；后续的微观经济学派，诸如扩展效用理论、信息经济学等，都是新古典经济学模型进一步领域扩张或理论修正的典范，理论之树已然蔚为大观。反观社会学领域，形式理论却未得到充分发展。社会学者一方面更善于从具体经验现象中发展理论；另一方面，其繁复的解释范式一定程度上也阻碍了单一行为假设下的系统性积累（Hage，1994）。至今，社会学界虽不乏颇有影响力的形式理论，但能兼有以上三个重要特征的范例却少之又少。比如，罗伯特·默顿的自证预言（Merton，1968）尽管能形式化地描述社会过程的微观基础，却不容易实现数理转化；又如，哈里森·怀特基于生产商角色互动的市场理论（White，1981a；1981b）虽然建构起了相应的数理模型，但作为一个原创的形式理论，其初始复杂程度已超乎新经济社会学家们的想象，所以，最终难以发展出后续的研究。

是不是基于社会学视角的研究就不适合建构经典形式理论？其实也不尽然。马克·格兰诺维特的门槛模型（threshold models）（Granovetter，1978）就是一个较好的示范。作为20世纪70年代以来全球最知名的社会学家之一，格兰诺维特对新经济社会学做出了奠基性的贡献。熟稔于该领域的学者通常对其所提出的弱关系概念与嵌入性观点如雷贯耳，事实上他的门槛模型同样获得了学界的高度关注。从高频引用情况来看，该模型除了被广泛应用于传播学、毒理学以及政治学研究之外，格兰诺维特本人与后续的社会学者更是对其进行了诸多的理论性扩展和修正（Granovetter and Soong，1986，1988；Hedström，1994；Chwe，1999；Watts，Dodds，and Newman，2002；Watts and Dodds，2009）。为此，本文旨在解析门槛模型的一系列建构和拓展思路，并通过与微观经济学的理论发展做比较，试图发现社会学形式模型的独特之处。

　　针对经典形式理论的三个特征，以及社会学式的学科视角，笔者对门槛模型及其后续发展的讨论重点如下：1. 深入简单门槛模型的全部形式化与数理化过程，逐一梳理与解释其建模思想，并展示后续模型的延展逻辑；2. 从行为假设的形式化、社会过程的数理化以及形式理论的延展性这三方面，具体辨析微观经济学理论与门槛理论的建模差异，并尝试总结两者的固有特点。另外，还需说明的是，本文强调形式理论的目的并不在于判定其与经验研究孰优孰劣，而是希望通过补充一个理论生产的重要视角，对后续的社会学研究产生一定的借鉴意义。

一　社会学的经典形式理论：简单门槛模型及其后续的模型拓展

　　在论及"集体行动何以可能"这一议题时，社会学理论习惯于运用制度化的社会规范与价值来解释个体行为（Granovetter，1978：1420）。然而，格兰诺维特认为这一理论只说明了集体行为与个人动机之间的简化关系——"如果一个群体中的大多数成员做出相同的行为决策，可以推论，无论最初的情况如何，大多数成员最终都会共享同样的社会规范和信仰"（Granovetter，1978：1420）。这意味着，单从趋同的总体结果直接推论趋同的个人习性，就是既有的社会学理论对宏观行为与微观动机之间的线性认识。然而，从具体社会过程来看，不仅行动者有认知差异，而且即便认知近乎相同的行动者参加集体行动，往往也会导致多样化的社会结果。这在事实上，与人际趋同理论的解释逻辑相悖。

　　为此，在多数情况下，"仅仅知晓集体行动参与者的社会规范、偏好、动机与信仰，只是理解其行为结果的必要非充分条件"（Granovetter，1978：1420）。所以，更待解答的问题是：在何种情况下，"一群暴徒加入了暴动"；又在何种情况下，只有"一个疯狂的刁民在团结的公民面前打破了一扇窗户"（Granovetter，1978：1425）？为了充分解释导致多样化后果的社会过程，格兰诺维特（2007：4）"试图挑战社会规范可以引导集体行为方向这样的模糊理论"，并强调"抽离出规范的架构是很重要的"。如果要具体解释个体的行为如何聚合成（aggregate）社会后果，就需要观察人与人间复杂而非线性的互动过程。为此，区别于个体趋同的行为假设，门槛理论从个体决策的互动性和异质性两个角度出发，建构关于互动聚合过程的模型。

（一）行为假设的形式化：互动性与异质性

格兰诺维特对行为假设的形式化处理都基于"门槛"概念而展开。论文甫一开篇，他即开宗明义地强调，该形式理论的关键在于"门槛"——做出某一决策的人数规模或比例超过某一阈值时，给定的行动者将采取相同的决策。格兰诺维特坦言，"门槛"思想最早源自托马斯·谢林（Schelling，1971a；1971b；1972）关于居住隔离问题（residential segregation）的讨论，但两者的不同之处在于，格氏的门槛模型能将"分析的特征一般化"，并重在回应"在某个人达到行为阈值之前，需要察觉到多少行动人数"，以及考察行为人数的具体累积效应（Granovetter，1978：1422 – 1423）。换言之，格氏的门槛模型更注重于定义个体决策的确切来源，并解析人与人之间的互动机制。那么，格兰诺维特是如何实现该模型行为假设的形式化呢？

首先，他认为"并无必要将个体行动仅仅视为理性成本效益的计算结果……无论这些个体'门槛'背后的认知或规范因素是什么"，"人可以有成打的理由参与暴动，却不必然牵涉个人的成本效益分析"（格兰诺维特，2007）。在格兰诺维特看来，这种仅以他人之前的互动结果作为个体决策考量的设定，既赋予了"门槛"更具人际互动意义的阈限判断依据，又可实现个人认知的抽象化。与"搭便车"理论（Olson，1965/1971）中的"经济人"假设相类似，这种只受他人决策结果影响的行为假设同样体现了社会学式的"片面深刻"。

虽然行动者具有相同的抽象决策形式，但并不代表会产生趋同的个体决策结果。所以，另一个需要形式化的重点在于如何表示个体间的差异性。格兰诺维特将认知上的个体差异而非个体趋同，作为解释集体行为结果的主要因素。在他看来，这种异质性可通过门槛分布形态来衡量。以人群暴动为例，既然"不同人在加入暴动之前会要求不同程度的安全性，并且从暴动中获取的收益也各不相同"（Granovetter，1978：1422），那么，个体愿意参加暴动的多种实质性差异就需要化约为一个新变量范畴下的形式性差异，而仅有抽象意义的门槛分布形态正好符合这一要求。因而，格兰诺维特用门槛变量来衡量个人采取行动的阈限，与此同时，门槛分布形态又能形式化地呈现出行为决策的人际差异。

为了进一步凸显"门槛"的形式化特征，我们不妨再通过函数关系来辨析。与自证预言一样，门槛模型所要解释的社会过程也可以理解为一种信念形成机制（belief-formation mechanism）（Hedström and Swedberg，1998）。也就是说，无论是自证预言，还是门槛模型，个人信念被社会所建构都是两者共有的核心解释机制。假设 bit 是在时间 t 时个体对采取行动的信念强度，那么，可以看成其他个体在时间 t－1 时采取行动的人数的增函数 g，即 bit = g（nt－1）。虽然自证预言与门槛模型都强调个体信念来源于他人行为结果的互动性假设，但两者的本质区别还在于如何表达 bit 与 nt－1 之间的具体函数关系，以及由此而形成的系统的聚合动力学过程（the aggregate dynamics of the system），也就是说，个体行为的信念强度与其他已参与行动的人数，这两者之间的函数差异会直接关系到信念形成机制的不同。显然，自证预言并未指明函数 g 的具体内涵，而门槛模型已明确将其表示为个人门槛的函数。作为个人门槛基础上的另一个关键变量，门槛分布形态又能用于测量不同行动者的信念差异。所以，个体间的门槛异质性如何导致不同的集体行动后果，就成为门槛模型作为信念形成机制的一种解释创新。

（二）社会过程的数理化：门槛分布与均衡结果

门槛及其分布形态的形式化设定为模型的进一步数理化做了铺垫。为了精确模拟个体差异对集体行动后果的影响，形式模型的数理"转译"工作势在必行。格兰诺维特指出，在形式意义上，构建模型的目的在于从门槛的初始分布去预测最终做出某项决定的人数规模或比例。那么，在数理意义上，这一研究内涵可转化为，随时间推移，在给定动态系统中确定均衡点（equilibrium points）的问题（Granovetter，1978：1424）。

首先，格兰诺维特通过两种门槛分布"失之毫厘，差之千里"的比较来强调差异的重要性。试想一个广场上有 100 人，如果发生暴动的门槛分布如下：一个人的门槛是 0，一个人的门槛是 1，一个人的门槛是 2，以此类推，最后一个人的门槛是 99。显而易见，这是一个均匀的门槛分布。那位门槛是 0 的行动者，在任何情况下都会参与暴动，他的暴动行为势必激励门槛是 1 的行动者参与暴动，因为只要有一个人参加暴动，门槛是 1 的行动者就会参加，那么广场上的 100 个人就会如骨牌效应一般，接连响应，加入暴动行列。那么，暴动的均衡值就是 100。

　　现在将均匀的门槛分布重新排列。如果只把原来门槛是 1 的行动者设定其门槛为 2，这一微小的改动，却会产生截然不同的社会后果——门槛是 0 的行动者仍然参与暴动，却没有门槛是 1 的人紧跟其后，那么，暴动也就止于一个人，均衡值就变成了 1。这两个看似几乎完全相同的人群，其暴动结果之所以差之霄壤，只在于两者的社会聚合过程有所不同（Granovetter，1978：1425）。在以往的集体行动研究中，这类对偏好分布的讨论长期未受到重视。部分集体行动从群体的平均偏好（average level of preferences）来看理应发生，实则却未发生，面对此类情况，门槛模型尤其具有理论意义。

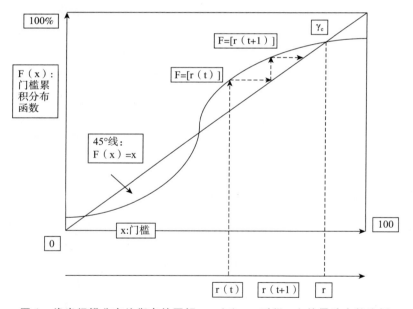

图 1　找出门槛分布均衡点的图解，r（t）＝时间 t 上的暴动人数比例

　　为了便于描述门槛分布与均衡结果之间的微妙关系，格兰诺维特建构了一个简单的数理模型，试图从代数上证明门槛分布差异对集体行动结果的显著影响（详见图 1）。x 设为门槛，f（x）就是门槛的分布，而 F（x）则是累积分布函数，它等于门槛小于 x 的人数比例。在时间 t 时，参加暴动的人数比例为 r（t）。假设我们知道在特定时间点 t 的 r（t），比如，在第二期时（t＝2），50% 的人加入暴动，那么第三期就会有门槛小于或等于 50% 的所有人加入。这个过程可用一个差分方程表示：r（t＋1）＝F［r（t）］。如果当时间 t 时，参加暴动的累积人数比例为 F［r（t）］，那么时间 t＋1 时，门槛等于或小于 F［r（t）］的人，会参加暴动，记为 r（t＋1），而此时参加暴动的累积人数比例为 F［r（t＋1）］，以此类推。为了使 F［r（t）］的值在 x 轴上找到相应的 r（t＋1），添加一条 45°线，使 F（x）＝x。让前向递归的过程（forward recursion）可不断重复，持续在 45°线上找到 r（t＋n）＝F［r（t＋n－1）］。当 r（t）＝r（t＋1）时，即可确定均衡值（前提条件是行动者一旦参与就不会退出）。根据定义，如果状态向量一旦等于 X̄，它在所有将来时刻仍等于 X̄，则向量 X̄ 就是动态系统的一个均衡点（Luenberger，1979：320）。在本模型中，可以看到，当 r（t）趋于极限时，即可找到均衡点 γ_e。γ_e 就是曲线第二次从 45°线上方跨越时的交点，代数上可用 F（r）＝r 来表示。

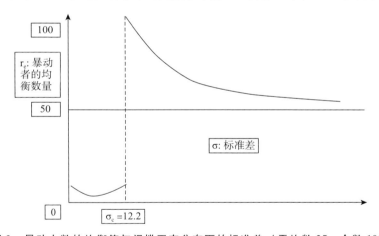

图 2　暴动人数的均衡值与门槛正态分布下的标准差（平均数 25，个数 100）

　　格兰诺维特发现，与平均偏好的思路不同，即使在正态分布的情况下，数理模型中的门槛分布也超出了与中心趋势相关的常规变化形态（Granovetter，1978：1427），并获得了分布差异意义上的数理证明。为了进一步说明在控制中心趋势不变的情况下，门槛分布差异本身所起到的作用，格兰诺维特又设想当门槛的平均数保持不变而标准差持续变化时，会对均衡结果产生什么影响。经过模拟后，他观察到，当 100 个行动者，个体门槛呈现正态分布，并且平均门槛恒定为 25 时，产生了令人惊讶的均衡结果（详见图 2）。Y 轴为均衡值 γ_e，X 轴为标准差 σ。当到达一个临界点 σ_c 时，参加暴动的均衡人数渐渐上升到 6 人。而当超过临界点 σ_c 时，也就是大约在 12.2 时，γ_e 忽然陡增到接近 100，之后又开始逐步下降。均衡出现于累积分布函数第一次从 45°线上方交会之处。门槛正态分布下的曲线会与 45°线相交三次、两次或一次（详见图 3）。当标准差小于临界点 σ_c 时，第一次曲线从上方与 45°线交会在一个低点，然后交会于其下，再次交会于其上；当标准差等于临界点 σ_c 时，前两次的交会点合为一点，之后再从 45°线上方与其相交；当标准差大于临界点 σ_c 时，只有一个交会点，并且初始均衡值接近于 100，随着分布密度降低，均衡值逐渐下降。可见，临界标准差附近的微小变动会直接导致均衡结果的巨大差异，这也是只关注于平均偏好的理论所无法解释的。所以，"如果没有一个明确关于聚合过程的理论模型，我们将很难精确推断何种偏好结构会造成何种社会后果"（Granovetter，1978：1428）。

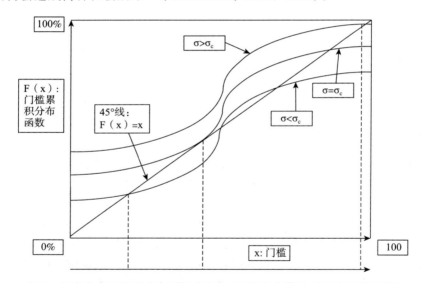

图 3　正态分布下累积分布函数曲线与 45°线交会情况（平均门槛恒定）

（三）形式理论的延展性：对门槛及其分布形态的拓展

由以上的模型建构可知，在个体行为的互动性与异质性假设的基础上，门槛模型分析的最终目的，其实是在任意排列组合的门槛分布下，通过社会过程的数理化来推断均衡值及其稳定性特征（Granovetter，1978：1429）。作为一个基础形式理论，如果门槛模型的均衡稳定性发生变化，我们该如何做出解释呢？格兰诺维特主要从个体的互动性与异质性，即个人门槛及其分布形态，这两个维度上的变化来逐一讨论，进而引出了门槛模型的两种理论拓展路径。

首先，格兰诺维特指出，如需讨论均衡的稳定性，就有必要将现实中的多种影响因素纳入门槛分布的考量之中，例如社会结构或社会行动在空间维度上的分布等。关系的强弱即是社会结构的重要表现之一。举例来说，如果朋友之间的影响力是陌生人之间的两倍，并且假设100人之间都从陌生人关系变为朋友关系，那么，所有人参加集体行动的门槛值都会降低一半。通过计算机仿真真实情况下的门槛均匀分布，格兰诺维特发现，一旦受到任何社会结构的影响，100名暴动者的均衡结果都是不稳定的（Granovetter，1978：1430）。另外，空间分布差异也会导致均衡结果的可变性。设想在某些大城市中所有人具有均匀分布的门槛：1%的人口有门槛0%，1%的人口有门槛1%，以此类推，1%的人口有门槛99%，从中随机抽取100个人聚集在同一时空下，一次抽中门槛是0%的行动者概率为0.01，那么，100次都抽不到门槛是0%的行动者，其概率为（1 – p）100，约等于0.37。如果只有一个人参加暴动，其概率为0.14。可见，最终均衡结果有一半的概率不是0即是1。当门槛均匀分布时，均衡结果在任意排列组合下会变得何其脆弱（Granovetter，1978：1431）。因此，格兰诺维特认为这两个方面都是简单门槛模型解释力不足的原因。

作为以上经验变量引入的延续，赫斯特洛姆（Hedström，1994）与崔时英（Chwe，1999）都发现了简单门槛模型的一个隐含条件——人与人之间的影响力大小都相同，然而，大量事实已经证明，社会网络的类型与结构会限制社会影响的传播。他们分别从空间分布与关系强弱的角度对门槛分布做了进一步的理论修正，但这两个研究只针对门槛分布实现了结构上的复杂化，并没有对社会网络的连接性做进一步的形式化处理。不满足于人际结构上的经验性修正，沃茨等人（Watts, Dodds, and Newman，2002；Watts and Dodds，2009）将假定"人际完全互通"（all-to-all）的简单门槛模型作为一个特例，融入随机网络模型之中。在门槛模型的基础上，沃茨等人新设 k_i 作为行动者 i 能直接影响到的"邻居"数量，而且假设社会网络中的个人决策信息只来源于身边人。这一"地方性"的视角，使个人门槛 Φ 仅参照于已参与集体行动的"邻居"人数占总"邻居"人数的比例——例如，当 i 身边已有一个行动参与者，且 i 的门槛小于等于"邻居"总数 $1/k_i$ 时,亦即,当 $\Phi \leq 1/k_i$ 时,i 就会参与该行动。所以,门槛分布 $f(\Phi)$ 与"邻居"数量的程度分布 pk 共同组成了集体行动传播过程中的关键变量。通过计算机模拟发现,社会影响力的联通实际上只限于小范围,出了这一范围,影响力连接程度通常比较小。并且,随着个人门槛的异质性增强,大规模通联的可能性也会增加;但是当每个人"邻居"数量的异质性增强时,大规模通联的可能性反而会降低。可见,在随机网络模型中,影响力若要成功传播,不仅取决于群体影响下的个人特征(如门槛等),而且也要考虑到人与人之间的连接性问题。所以,格兰诺维特与赫斯特洛姆所提及的空间分布这一经验性考量,就被沃茨等人的模型形式化为"邻居"数量的程度分布 pk。当人均"邻居"数量等于 N－1(N 为总体人数)且每个"邻居"数量的标准差为 0 时,人与人之间实现了完全互通,那么,简单门槛模型就可作为新模型解释逻辑的一部分了。

除了从门槛分布角度考量均衡稳定性的变化之外,门槛的内涵变化同样会导致均衡结果的改变(Granovetter and Soong,1986;1988)。当然,这种变更决策依据的目的仍然是为了面对重要的机制性问题——格兰诺维特分别借用两类复杂门槛模型,重新解释了经济学中的著名议题:"凡伯伦效应"(Veblen,1961)与"居住隔离"(Schelling,1971a;1978)。如果说简单门槛模型旨在呈现单一群体参与"从众"行为的社会过程,那么,格兰诺维特通过两种将单门槛变为双门槛的假设转换方式,使个体决策依据多元化,则进一步拓展了原有的解释机制。

首先,在简单门槛模型的叙述中,他已然察觉到"从众"与"求异"效应(Leibenstein,1950)都普遍存在于集体行动之中:"一个谨慎的人会在暴动人数比例是 50% 的时候加入暴动,但是,由于担心事情闹得太大而招致当局镇压,又在 90% 时退出"(Granovetter,1978:1439)。如果将"求异"行为引入门槛模型,门槛变量的内涵会发生什么变化?解释机制与均衡结果又会有何不同?在只有"从众"行为的情况下,门槛变量表示他人行动的人数规模或比例越大,个体参与集体行动的可能性越高;相较之下,"求异"行为正好与之相反,也就是说,他人行动的人数规模或比例越大,个体退出集体行动的可能性反而越高。所以,格兰诺维特假定低门槛(加入门槛)分布为 fL,高门槛(退出门槛)分布 fU,累积分布函数为 FL 和 FU。可建立新的差分方程:$r(t+1) = G[r(t)] = FL[r(t)] - FU[r(t)]$。均衡求解也与简单门槛模型相似:

通过前向递归的方法，可以在（0，1）的区间中渐进地找到均衡值 G（re）。当 G（x）呈现单峰形态时，门槛分布与均衡结果之间的关系也发生了相应的改变。作为高低门槛累积分布函数之差的函数 G，不一定只会呈现单调性。从数理上看，函数 G 在与 45°线交会前只呈现单调递增的形态，可得到稳定的均衡值；如果函数 G 在与 45°线交会前已从峰值回落，就无法前向递归得到稳定的均衡结果，会表现出在两值之间来回摆动的模式。均衡的稳定性发生了显著的变化。

除了通过引入"求异"行为来拓展门槛内涵之外，格兰诺维特同样从群体差异的角度来丰富互动性假设。以饭馆用餐为例，一个合乎常理的现象也可能是："当饭馆内白人或黑人顾客的人数规模或比例超过一定阈限时，相同肤色的潜在顾客才会进店用餐"（Granovetter and Soong，1988：70）。族群视角的引入，提示我们一个更为抽象的新问题：当行动者由不同群体组成，个体决策的依据变为只关注与自己身份相同的参与者规模或比例时，集体行动何以可能？门槛模型的解释机制与均衡结果又将如何变化？格兰诺维特假设有两个群体，"个体的身份只从属于一个群体，而且，只由于所属群体内的行动者做出二择其一决定的规模达到一定阈值，个体才会考虑做出相同的行为"（Granovetter and Soong，1988：73）。这样就形成了以不同群体规模为依据的另一种双门槛假设。而且，该门槛模型关注群体间存在互斥关系——两类群体规模此消彼长。还是以餐厅用餐为例，首先假设土耳其裔与日耳曼裔的总人数分别为 NT、NG，并且，两者都是固定值。两组累积分布函数分别来表示土耳其裔与日耳曼裔顾客的门槛：以土耳其裔为例，FT（PT）就代表那些门槛小于等于店内土耳其裔人数比例（PT）的所有土耳其人的人数比例；同样，对日耳曼裔而言，门槛就是 FG（PG）。可以得到差分方程：nT（t + 1）＝ NTFT［PT（t）］，以此来表示土耳其裔群体中的成员是否在餐厅里用餐的社会过程。同理，nG（t + 1）＝ NGFG［PG（t）］可以表示为日耳曼裔群体的相似社会过程。其中，PT（t）＝ nT（t）/［nT（t）＋ nG（t）］。通过前向递归的方法，我们同样可以找到两者的均衡点，也就是说，当 nT（t + 1）＝ nT（t）以及 nG（t + 1）＝ nG（t）时，分别得到均衡值 T 与 G。由此可得，T ＝ NTFT［T/T + G］，以及 G ＝ NGFG［G/T + G］。显然，均衡结果是否真实存在，仍然取决于它的稳定性。格兰诺维特采用线性化方法来估计均衡结果的稳定性（详见：Luenberger，1979：322 – 328；Granovetter and Soong，1988：76）。通过复杂的数理分析，格兰诺维特得出的定性结论是：当两个群体的总体规模越小而店内用餐人数在均衡状态下越大时，均衡结果越有可能达到稳定。

二 经典形式模型的比较：微观经济学理论与门槛理论

从以上的梳理与解析中，可以看出门槛模型对集体行动议题的洞察力。这些理论发现不仅有助于我们深入理解该模型的关键要义，而且更能引发对社会学形式理论的一般化讨论。作为门槛理论的主要创见，以个人门槛及其分布为表征的互动性与异质性行为假设，借助动态系统模型的数理转化，以及两种类型的理论延伸，都在建构和拓展的逻辑上与微观经济学的理论发展相异。为此，以下笔者希望通过两类形式理论的建模比较，试图探究社会学形式理论的独有特征。

（一）行为假设的形式化："经济人"与"门槛人"

新古典经济学的形式化，主要体现在个体行为假设的早期演进上。早期政治经济学家（Mandeville，1723/1962；Smith，1776/2003）无不观察到个人利益与公共利益之间的微妙关系，并寓意个人逐利对市场繁荣的正当性。然而，后续的经济学家却从两个方面进一步聚焦于行动者的经济学意涵：首先，摒弃了个体的社会福利取向，只强调个体的功利主义动机，进而将个人行为抽象成追求财富的自利行为（Mill，1848/2008；1861/1998）。其次，又将经济学的关注目光从公共领域拉回到私人领域，并明确赋予了个人在市场交换中秉承利益最大化的行为原则（Marshall，1890/2006）。从经济学者对个人行为的形式化"脱脂"过程来看，一方面，个人利益与社会福利之间的关系已越来越不重要，取而代之的是，以纯粹个人利益为导向的经济分析逐渐成为市场交换的讨论核心。这一简化假定直接导致了个人行为在被"原子化"处理的同时，研究者不再关注市场过程中复杂的社会互动问题；另一方面，个人在市场中所扮演身份的差异也在经济学者的分析视野中逐步模糊起来，转而个体都变成利益最大化理念的践行者。这种同质化的个人行为假设使经济学一度化约为只分析供给与需求关系的社会科学。

不可否认，早期经济学的形式化确实成了后续经济学者得以深入探究"市场如何可能"这一关键问题的理论基石，但也需要看到的是，行动者的原子化与同质化，阻碍了经济学者从其他基本行为维度去思考行为假设的可能性。如果从现实生活来看，经济行动嵌入于社会结构之中（Granovetter，1985），那么，"经济人"假设也仅仅是行动者的理想类型之一。在形式理论范畴下，除了从经验层面考察"经济人"假设与社会现象的相符程度之外，另一个更具理论意义的对话方式即是重新设定基本行为假设，并能与"经济人"假设下的理论模型形成机制差异甚至完全替代。不同于原子化和同质化的设置思路，我们可以创建具有社会学意涵的"社会人"假设，门槛理论就是此类做法的一个范例。

　　显然，格兰诺维特恰恰揭示了"经济人"假设所未能发现的行动者的另一面。尽管"搭便车"理论常被看成是"经济人"假设在集体行动问题上的成功应用，但这也意味着原子化与同质化假设同样被沿用到了集体行动的分析之中。针对集体行动议题的形式理论差异，奥利弗（Oliver，1993）曾对不同模型做了区分。其中，"搭便车"理论被认为是单一行动者模型的代表（Olson，1965/1971）。也就是说，该模型在群体行为给定的条件下，行动者决策只表现出个体利益最大化且不与他人互动的一面。不满足于单以"经济人"假设讨论公共问题，格兰诺维特提出了"门槛人"假设。自涂尔干以降，社会学者倾向于从社会结构与规范的角度来考察个人行为中的社会性。门槛模型继承了这一理论传统：个体的行为决策只取决于他人的行为结果。而且，格兰诺维特进一步将之形式化为门槛变量，即某行动者只有当他人参与某一行动的人数规模或比例达到某一阈值时才会参与。这种互动化假设与"经济人"的原子化假设形成了鲜明对比。不仅如此，格兰诺维特还凸显了行动者差异的重要性。无论是"高度社会化"所关注的社会规范意义，还是"低度社会化"所设想的个人利益最大化（Granovetter，1985），实际上都把行动者"平均化"为毫无偏好差异的个体，这也导致了两种解释范式之间不必要的抵牾。格兰诺维特反其道而行，强调行动者之间的认知差别，并通过设置行动者的门槛分布形态来抽象反映人际差别。这一异质化假设不但区别于同质化假设，并且同质化假设下的搭便车困境完全可作为门槛理论中的一种门槛分布而非唯一门槛分布来做讨论，克服了孤立的方法论个人主义下行为视角的单一性。

　　可见，格兰诺维特不仅创设了与"经济人"假设相埒的"门槛人"假设，来考察社会互动条件下的集体行动结果，而且，搭便车的行动逻辑亦能包含于表征异质性的门槛分布之中，足以窥得社会学形式理论的洞察力。单就"门槛人"假设的形式化而言，已然浮现出社会学形式理论有别于新古典经济学的两个重要微观基础——人际互动与人际差异。当然，建构"社会人"假设的宗旨还是在于能创造性地回应关键的机制问题，就如同在集体行动议题下，门槛理论能够展示出门槛分布差异如何导致不同行为结果的创见，而这也是同质化视角力所不逮之处。

此外，我们也要看到，当新古典经济学在萨缪尔森（Samuelson and Nordhaus，1948/1992）引入显示偏好的理念后，个人的实际选择就能体现出个人的具体效用，并且，对个人而言的效用比较又能明确地反映在偏好的排序上。只要保持内部一致性，个体行为就是在追求效用最大化。反观门槛理论，格兰诺维特所设置的门槛变量虽然可以抽象地涵盖个人所有的偏好、动机、规范等认知因素，但无法还原出这些认知因素之间的关系与权重。比如，两个拥有相同门槛的行动者，却往往具备不同的认知因素组合，这样就不能进一步比较两者认知的内部结构差异了。所以，基于人际互动与人际差异的门槛理论同时也将个人认知的内涵视作一个"黑箱"。

（二）社会过程的数理化："静态边际分析"与"动态系统分析"

个体行为假设与数理模型表达往往保持着方法论思维的一致性，有时甚至是一个互为强化的过程。新古典经济学的"科学化"还要追溯到漫长的"边际革命"时代。"在边际主义的旗帜下，经济学不再关注在历史上起决定性意义的人与人之间的阶级制度与社会关系，而是……趋向于成为一种仅仅关注抽象的个别原子和东西之间的拜物教似的关系"（Winch，1973）。这也使理论重点从古典派的增长论转向新古典派所强调的分配和效率，换言之，经济分析从宏观动态转向了微观静态。后继的新古典经济学家通过微分求解的方法，将边际效用思想广泛运用到静态经济分析之中。从此，经济学逐步演变为一门讨论选择的科学，并致力于研究在约束条件下效用函数的最大值问题。虽然这种借用边际分析的数理方法确实能找到一般均衡时效用函数的最优解，但此类既可表示某一个体又能表示某一群体的效用最大化分析，却不能明确呈现市场从个人上升到集体的具体社会过程。

这一数理方法的局限也不可避免地体现在奥尔森对集体行动问题的讨论之中。虽然奥尔森已经意识到，"分析集团大小与集团中的个人行为之间的关系是相当困难的，部分因为一个集团里的每个人对他所属集团追求的集团物品可能抱有不同的价值观"（Olson，1965/1971），但是，当他在推断个体何时会参与集体行动时，仍然沿用了效用最大化的论证思路——个人收益与集团收益之间的边际比较。为了说明个人收益与集团规模之间的关系，并以此最终求得个体愿意参加行动的条件，奥尔森考察了个人购买不同数量公共物品的损益情况。假设集团规模与个体占集团收益的份额都为常数，通过个人获得公共物品的比例 T 对个人收益 Ai 求导，当此项最大值为 0 时，可得到个人提供公共物品的条件：当个人得到的集体物品数量最优（集团收益率超过成本增加率的倍数等于集体收益超过个人收益的倍数）时，集团总收益与成本之比要大于集团收益与个人收益之比。不可否认的是，奥尔森的确完美论证了针对集团利益与个人利益的关系，个人在效用最大化时提供公共物品的条件。然而，个体同质化的行为假设致使奥尔森相信，每位行动者都会在效用最大化时做出相同的利益计算，从而，当集团规模扩大时，行动者纷纷选择搭便车；不仅如此，原子化假设又使集体行动中的参与者只从个人利益出发，并直接与抽象的集团利益做比较，而不顾及他人。所以，这种静态边际分析的思路就是在个体效用最大化的趋同假设下，将集体行动过程简单分割成个体与集团的二元利益比较。

　　与搭便车理论不同，格兰诺维特的门槛模型则强调集体行动的互动聚合过程。如果搭便车模型被视作时间变量阙如的静态分析，那么，门槛模型就可看成是集体行动随时间变化而变化的动态解释。可见，动态与静态的主要差别即在于前者"是能产生时变曲线的现象，该曲线在某一时刻的特征与它在其他时刻的特征相联系"（Luenberger，1979：1），但后者并不具有此类特点。针对个体的互动性与异质性假设，格兰诺维特采用动态系统分析作为呈现集体行动变化过程的数理工具。这一源自物理系统的同构模型，如今也常被应用于族群演变、经济的组织行为等一系列社会系统问题之中。一方面，相异于同质化行为假设，异质性假设需要具体表现出系统的分布结构，而各类结构关系正可成为动态系统模拟均衡结果的前提条件；同样，与原子化行为假设不同的是，互动性假设要求前一时刻的行动结果对后一时刻的行动决策会产生递延影响，而动态曲线也恰好满足了个体间的行为叠加效应。另一方面，动态与静态分析在均衡结果求解上也存在本质区别。通过边际分析，求得个体的效用最大值，只可呈现静态的均衡结果；与之截然不同的是，借助动态系统，均衡结果并不取决于同质化的个体决策，而是体现了互动效应下的动态结果——如上文所述，当系统中的状态向量处于均衡状态而不再移动时，说明系统达到了均衡点。作为一个离散系统，集体行动的动态过程只需要用差分方程来模拟，通过前向递归的方法就能找出均衡点。比之静态分析，这一动态视角的优势即在于可以清晰而准确地说明哪种门槛分布会导致哪种均衡结果。换句话说，系统的社会构成（composition）与集体行动的社会后果能够一一对应起来，因而，在方法论上不必再拘泥于"平均偏好"所造成的思维局限了。

从新古典经济学与门槛模型的数理思想比较中，我们很容易发现后者对动态系统的强调，这也提示了社会学形式理论应当着重考察社会过程的互动聚合机制，而非仅仅满足于在区分微观个体与宏观群体的基础上，静态而割裂地解释其社会过程。另外，格兰诺维特认为，相较于博弈论方法，动态系统分析也有其独特优势。他尤其从两个方面指出博弈理论的缺陷：1. 博弈理论假设所有行动者一起做出决定。但现实来看，每个人的决定会取决于他人先前的决定。共时的决策不但排除了集体行动的渐进性，而且预设了人们在行动之前观念已趋于一致。2. 行动者被简化为只拥有共同的偏好。如之前对新古典经济学的批评，平均偏好的思路忽视了行动者之间的差异（Granovetter，1978：1434）。除此之外，动态系统分析也使门槛模型避免了类似博弈论对 n 维收益矩阵（pay-off matrix）的分析，而只需运用一维门槛向量，即可准确呈现集体行动的具体机制。

（三）形式理论的延展性：理论拓展路径的学科比较

进入 20 世纪五六十年代，微观经济学家开始反思"经济人"假设的适用性及其内涵等问题。其中有一类经济学者致力于以经济学的方法，来分析传统上非经济领域的研究议题。如布坎南、塔洛克对民主立宪过程的讨论（Buchanan and Tullock，1962），波斯纳关于法律的经济分析（Posner，1973/2011）以及贝克尔对社会性议题的扩展效用分析（Becker，1976/1978）等都可看成是这一扩张性路径的典范。以贝克尔的扩展效用理论为例，在"经济学帝国主义"向非传统经济领域"扩张"的过程中，单一的货币理性已无法满足于解释非经济活动的行为。为此，贝克尔在效用最大化的前提下，通过扩充个人偏好的内涵，试图形式化地分析原本被视作"非理性"的行为。针对利他主义行为，贝克尔提出了一个有趣的问题：如果利己在不同环境条件下的存活价值是不难理解的，那么，为什么人类中的利他行为能够延续下来？根据定义，利他主义者宁愿减少自身消费以增加他人消费；而利己主义者愿意采取能增进他们财富的一切行为而不考虑对其他人的影响。然而，利他主义行为得以延续至今就说明，即使没有对利己主义者的社会控制，利他主义者的消费和财富也会超过利己主义者。所以，贝克尔认为利他主义行为同样可以作为个人理性的结果加以解释。他假设 h 为利他主义者，i 为利己主义者，那么，利他主义者 h 的效用函数可表示为 $Uh = Uh（Xh, Xi）$，Xh 与 Xi 分别为 h 与 i 的自身消费。h 的预算约束为 $pXh + hi = Ih$，hi 表示 h 转移给 i 的货币量，Ih 表示 h 的自身收入，所以，i 的预算约束为 $pXi = Ii + hi$，$pXh + pXi = Ii + Ih = Sh$，Sh 就是 h 的社会收入。由此，h 的效用函数最大化的均衡条件是：$（\partial Uh / \partial Xh）/（\partial Uh / \partial Xi）= MUh / MUi = p/p = 1$。这时，h 对 i 转移适量资源以使 h 从其自身的增量和 i 的消费增量中获得相同的效用。在进一步推论时，贝克尔发现了一种"腐化"原理：每当利他主义者通过他的行为对其他人的行为的影响来增加其自身消费时，利己主义者具有试图仿效利他主义行为的动机，因为不论虚实，"外显"的利他主义行为都能增加自身消费。可见，贝克尔在效用函数中引入了原属社会性范畴的利他主义动机，丰富了仅仅持有利己偏好的"经济人"假设。

　　从形式理论的发展路径来看，无论是双门槛设置，还是扩展效用理论，都通过拓展原有行为假设的内涵，实现了向其他学科议题的扩张。然而，双门槛模型与扩展效用理论之间仍然存在扩张策略上的差异。这一差异主要表现在社会学向经济性议题与经济学向社会性议题扩张时，行为假设的可还原层次上。不管是引入"求异"信念的门槛，还是分别表征互斥群体的"从众"门槛，格兰诺维特都进一步扩大了门槛概念的内涵。在信念形成机制的范畴下，设置作为复数的个人门槛变量，使门槛模型得以解释原属经济学领域的"凡伯伦效应"与"居住隔离"问题。然而，门槛内涵的扩大并不代表所有层次的决策依据都可被一一纳入其中。由于格兰诺维特只通过门槛值测量行动者的个人阈限，并没有赋予其明确的个人认知结构，换言之，门槛理论的方法论个人主义只涉及个体对群体层面的行为结果考量，而无关个体层面自身的具体认知，所以，无论简单门槛模型再另外引入哪类门槛变量，该变量都仅限于描述群体层面的社会效应对个人的影响，比如只涉及参与者数量变化的"求异"效应等。这也是个人只依据他人行为结果而决策的信念形成机制所固有的方法论局限。反观扩展效用理论，个人偏好的内涵扩大可以同时伴随着群体与个人两个层面的决策依据引入。如同原本属于群体互动范畴的利他主义动机，作为一个新的行动者偏好，被纳入扩展效用函数之中。与若干门槛变量分别独立表征若干群体行为结果不同，扩展效用函数中的不同偏好及其行为结果都能最终通约成个人效用来比较。由于偏好之间的结构与函数关系（利己主义动机与利他主义动机等）已知，所以，各类层次偏好所导致的行为结果都能还原为单一加总下的成本、收益与效用。此外，理论扩张策略本身也存在一定的建模限制。首先，如果丰富行为假设的目的还是在于进一步解释新的机制性问题，那么，随着决策依据一味的类型化与复杂化，反而会越来越不能回应关键的机制问题。比如，两类双门槛模型分别用以解释"凡伯伦效应"与"居住隔离"问题，如果在此基础上再进一步引入不同内涵的门槛变量，往往就难以找到可与之对应的现实意义或理论意义。其次，决策依据的多元化也容易造成数理分析的繁复化。例如，"求异"行为的引入使互动聚合过程在变得复杂化的同时，均衡结果也在求解过程中产生了更大的不确定性——均衡值可能形成来回震荡的状态。显然，在双门槛的基础上，如果再引入新的门槛变量，均衡结果的不确定性会愈发显著。同样，扩展效用理论或多或少也存在这两个扩张策略上的问题。

作为经济学另一类反思的重要开端，赫伯特·西蒙（Simon, 1955）认为个体在决策时，由于掌握信息与分析计算的能力有限，完全理性的"经济人"过于理想化，应当被更符合现实的有限理性的"社会人"所代替。这一革命性的洞见直接奠定了经济学家进一步修正"经济人"假设的主要思想基础。作为重要的现实约束条件，交易成本或信息因素对市场机制的影响都是这一修正性思路的代表。以信息经济学为例，阿克洛夫（Akerlof, 1970）的"柠檬"市场理论就试图证明非对称信息导致市场"逆向选择"的机制。在二手车质量信息不对称的情况下，由于买家并不了解高质量与低质量车的差别，因而，无论质量高低，都倾向于以相同的价格购买。如果买家总是以市场的平均质量来估价，就会造成高质量车主退出该市场，久而久之，市场中的平均车价会越降越低，其平均质量也越降越低，就逐步形成了"逆向选择"过程。在此基础上，斯宾塞（Spence, 1973）引入了市场信号的概念。作为市场参与者解决"逆向选择"问题的一种对策，市场信号就是那些可以被其他参与者观察，并且在市场上传递个体行为和特征的信息。在信息不对称的市场里，通过大量释放信号，依然可以获得被"逆向选择"所破坏的市场效率。所以，当行动者的信息完全对称时，市场价格能明确反映商品质量，价格机制就作为信息经济学的一种解释特例而存在；当信息不完全对称时，原本仅凭价格机制即可判断质量优劣的"神话"被"逆向选择"过程打破了。为了重获市场效率，作为替代性机制的"信号传递"成为信息非对称条件下新的效率机制解释。

无论是社会网络的连接性问题，还是信息的对称性问题，都分别成为门槛模型与新古典经济学理论的现实约束条件。针对此类约束条件，两个模型都发展出替代性的解释机制。并且，类似于物理学中的相对论对牛顿定律的修正，两类形式模型同样实现了既有理论的范式性增长——社会网络限制下的信念形成机制与"逆向选择"过程中的"信号传递"机制分别将简单门槛模型与新古典经济学视作解释逻辑中的一个特例，并拓展了原有的理论范畴。然而，这类行为假设修正也存在学科之间的理论拓展差异——现实约束条件对新模型的作用在两个理论中有不同的体现。在门槛模型的理论拓展中，沃茨等人发现，社会网络的连接形态会影响到集体行为的传播过程。原本作为一个重要外生条件的人际关系连接问题，被沃茨等人直接转换成作为内生变量的"邻居"数量的程度分布，融入到简单门槛模型之中。在摒弃了原来"人际完全互通"假设的同时，新模型将人际连接的影响分布形式化为一个结构性变量，与同为结构性变量的个人门槛共同组成了影响集体行动结果的两个关键因素。不仅如此，为了适应于人际连接的程度分布，个人门槛的参照对象只需在规模维度上从全部行动者调整为直接相连的"邻居"。所以，作为社会学形式理论的一个优势，注重社会结构变化的个人行为分析便于将重要而容易忽视的外生条件，转化成另一个内生而并置的结构性变量，进一步丰富了原来的信念形成机制。与这一"由外生条件转向关键内生变量"的修正方式不同，信息经济学会随外生条件的变化而重建新的解释机制。为了克服信息不对称所导致的"逆向选择"效应，斯宾塞引入了"信号"变量。作为效率机制的另一类表征，"信号传递"机制同样可以通过释放个体信息或特征，使市场获得效率。然而，信息经济学所关注的重点不在于信息不对称条件限制下的价格机制，而在于信息不对称条件下作为效率替代的"信号传递"机制，形成了一种解释机制的完整替代。所以，在微观经济学的理论修正中，外生条件难以进一步形式化为关键的内生变量。

三 结论

作为社会学形式理论的一个范例，格兰诺维特的门槛模型从个人行为的互动性与异质性角度出发，凭借动态系统分析模拟了在集体行动时不同门槛分布导致不同人数均衡结果的互动聚合机制，并且，展示了两类形式理论发展路径的具体逻辑。一方面，这一具有代表性的社会学形式模型，与微观经济学理论一样，同时具备经典形式理论的三个重要特征；然而，另一方面，在行为假设的形式化、社会过程的数理化，以及形式理论的延展性上又体现出与微观经济学的不同之处。虽然社会学形式理论的稀缺现状难免会造成有限案例的归纳性不足，但两者比较之余，我们仍然可以尝试总结出社会学形式理论的一些发展方向。

首先，对人际互动与人际差异的强调，使我们看到社会构成的些微变化完全可能导致社会后果的巨大差别，这也是惯于设定"平均偏好"的既有理论所未能揭示之处。在形式理论意义上，这一信念形成机制能帮助我们克服一系列诸如"道义小农"（Scott，1976）还是"理性小农"（Popkin，1979）之类的各执一端的争论，但也要看到，这些经典的行为假设之争又可能成为重要的思想来源，指引我们进一步建构出具备互动性与异质性视角的社会学行为假设。

其次，对社会过程的数理化呈现，应当成为社会学形式理论需要探索的另一个重要目标。齐美尔所提出的"社会何以可能"（Simmel，1983/2009）作为社会学的核心命题，已激发了一代又一代社会学家不断发掘各类解释机制。在此基础上，为了更为精确、更少歧义地展示机制过程，社会理论的数理"转译"势必成为形式模型能否进一步"科学化提纯"的关键。所以，探究以动态系统分析为代表的互动聚合模型，正是社会学迈向经典形式理论的一个重要途径。

最后，无论是向其他议题领域的扩张，还是实现理论的范式性修正，都是基础形式理论进一步拓展的重要方式。对社会学形式模型而言，只基于他人行为结果的个人行为假设，一方面易于将现实约束条件转化成新的关键内生变量，形成理论的范式性增长，而另一方面却难以还原到个人内部的认知结构层面，进一步拓展行为假设的内涵。所以，如何打开个人认知的"黑箱"，以及如何将个人认知结构与他人行为结果相结合，都是需要进一步探索之处。当然，社会学形式理论的延展逻辑还不尽于此，只要能使解释机制产生本质变化的拓展方式都值得我们去发现。

参考文献

马克·格兰诺维特，2007，《镶嵌：社会网与经济行动》，罗家德等译，社会科学文献出版社。

刘世定，2011，《经济社会学》，北京大学出版社。

Akerlof, G. 1970. "Market for 'Lemons': Quality Uncertainty and the Market Mechanism." *The Quarterly Journal of Economics* 84: 488 – 500.

Becker, Gary S. 1978. *The Economic Approach to Human Behavior*. Chicago: University of Chicago Press.

Buchanan, James M., Tullock, Gordon. 1962. *The Calculus of Consent*. Ann Arbor: University of Michigan Press.

Chwe, Michael Suk-Young. 1999. "Structure and Strategy in Collective Action." *American Journal of Sociology* 105 (1): 128 – 156.

Granovetter, Mark. 1978. "Threshold Models of Collective Behavior." *American Journal of Sociology* 83 (6): 1420 – 1443.

——. 1985. "Economic Action and Social Structure: The Problem of Embeddedness." *American Journal of Sociology* 91 (3): 481 – 510.

Granovetter, M. and Soong R. 1986. "Threshold Models of Interpersonal Effects in Consumer Demand." *Journal of Economic Behavior & Organization* 7 (1): 83 – 99.

——. 1988. "Threshold Models of Diversity: Chinese Restaurants, Residential Segregation, and the Spiral of Silence." *Sociological Methodology* 18: 69 – 104.

Hage, J. 1994. *Formal Theory in Sociology: Opportunity or Pitfall?* New York: State University of New York Press.

Hedström, Peter. 1994. "Contagious Collectivities: On the Spatial Diffusion of Swedish Trade Unions, 1890 – 1940." *American Journal of Sociology* 99 (5): 1157 – 1179.

Hedström, Peter and Swedberg, Richard. 1998. *Social Mechanisms: An Analytical Approach to Social Theory*. New York: Cambridge University Press.

Leibenstein, H. 1950. Bandwagon, Snob, and Veblen Effects in the Theory of Consumers' Demand. *Quarterly Journal of Economics*, 64 (2): 183 – 207.

Luenberger, David G. 1979. *Introduction to Dynamic Systems: Theory, Models, and Applications*. Wiley.

Mandeville, Bernard. 1962. *The Fable of the Bees*. Penguin.

Marshall, Alfred. 2006. *Principles of Economics*. New York: Cosimo Classics.

Merton, Robert K. 1968. *Social Theory and Social Structure*. New York: Free Press.

Mill, J. S. 1998. *Utilitarianism*. New York: Oxford University Press.

——. 2008. *Principles of Political Economy and Chapters on Socialism*. Oxford Paperbacks.

Oliver, Pamela E. 1993. "Formal Models of Collective Action." *Annual Review of Sociology* 19 (1): 271 – 300.

Olson, Mancur. 1971. *The Logic of Collective Actions*. Cambridge: Harvard University Press.

Popkin, Samuel L. 1979. *The Rational Peasant: The Political Economy of Rural Society in Vietnam*. Berkeley, Los Angeles: University of California Press.

Posner, Richard A. 2011. *Economic Analysis of Law*. New York: Aspen Publisher.

Samuelson, Paul A. Nordhaus, William D. , 1992. *Economics*. New York: McGraw-Hill.

Schelling, Thomas. 1971a. "Dynamic Models of Segregation." *Journal of Mathematical Sociology* 1 (July): 143 – 186.

——. 1971b. "On the Ecology of Micro-motives." *Public Interest*, No. 25 (Fall), pp. 61 – 98.

——. 1972. "A Process of Residential Segregation: Neighborhood Tipping." In *Racial Discrimination in Economic Life*, edited by A. Pascal. Lexington, Mass. : Heath.

——. 1978. *Micromotives and Macrobehaviors*. New York: W. W. Norton & Company, Inc.

Scott, James C. 1976. *The Moral Economy of the Peasant*. New Haven: Yale University Press.

Simmel, Georg. 2009. *Excursus on the Problem: How is Society Possible. Sociology: Inquires into the Construction of Social Forms*. Brill.

Simon, Herbert A. 1955. "A Behavioral Model of Rational Choice." *Quarterly Journal of Economics* 69 (1): 99 – 118.

Smith, Adam. 2003. *The Wealth of Nations*. New York: Bantam Classics.

Spence, M. 1973. "Job Market Signaling." *Quarterly Journal of Economics*, 87 (3): 355 – 374.

Veblen, T. 1961. *The Theory of the Leisure Class : An Economic Study of Institutions*. New York: The Modern library.

Watts, D. J. , Dodds P. S. , and Newman M. E. J. 2002. "A Simple Model of Global Cascades on Random Networks." *Proceedings of the National Academy of Science of the USA*, 99: 5766 – 71.

Watts, D. J. and P. S. Dodds. 2009. "Threshold Models of Social Influence." In *The Oxford Handbook of Analytical Sociology*. Edited by Hedström P. and Bearman P. Oxford: Oxford University Press.

White, Harrison C. 1981a. "Production Markets as Induced Role Structures." *Sociological Methodology* 12: 1 – 57.

——. 1981b. "Where Do Markets Come From?" *American Journal of Sociology* 87: 517 – 547.

Winch, Donald. , 1973. "Marginalism and Boundary of Economic Science. " *The Marginal Revolution in Economics*. Edited by Black, Collison R. D. , Coats, A. W. & Goodwin, Craufurd D. W. , Durham: Duke University Press.

形式理论对社会学的意义：从刘炜的
《门槛模型》 一文谈起

王晓路 *

　　与基于田野调查或历史材料的案例叙述以及基于经验数据的统计分析相比，基于数理演绎模型的形式理论无疑是社会学若干知识积累和理论发展路径中最为薄弱的一环。然而形式理论对于社会学的发展具有不可替代的重要性。刘炜（2016）《门槛模型》 一文的重要贡献在于：（1）适时准确地阐释了形式理论相对于当下社会学主流研究方法的独特方法论价值；（2）通过对格兰诺维特的门槛模型这一典型个案进行解析梳理来展示形式理论建构与拓展的一般逻辑与过程；（3）比较社会学与经济学在发展形式理论思路上的异同，从而为社会学该如何通过形式理论对解释重要社会现象做出独到的学科贡献提出建议。本文将沿着这一思路与原文对话，以期加深读者对门槛模型和形式理论的建构方法及其价值的理解。

形式理论对于社会学的重要性

　　《门槛模型》 一文精准地总结了形式理论的三个主要特征：社会个体行为假设的形式化、社会互动聚合过程的数理化，以及模型应用与修正的可积累拓展性。本文基于以上三点再提供若干补充，以进一步突出形式理论的独特方法论价值。社会学理论发展的主要动因之一是对社会现象提供因果过程机制的解释。但通过案例叙述及统计分析来推测、还原

---

　　* 王晓路，美国迪金森学院（Dickinson College）国际工商管理系助理教授。

因果过程具有一些局限性，而形式理论可对此进行一定程度的弥补。

第一，大多数社会现象都是复杂社会系统中非线性互动过程的产物，但无论叙述语言还是统计模型都更适用于建立相对简单的线性关系，而对深入探索复杂的非线性因果互动过程则往往力有不逮——这后者正是形式理论的长处。如《门槛模型》一文指出，格兰诺维特正是通过形式模型来准确把握反社会规范的集体行动形成过程中的非线性互动特性，从而得出一个关键的"反直觉"结论：即使若干个社会群体的所有平均统计特征（包括社会网络结构）几乎完全一致，也可能导致千差万别的总体社会结果。这一结论是很难通过基于局地案例的田野研究和基于平均统计学特性及线性统计模型的定量研究来得到的。例如，当一个习惯于运用定量方法的研究者看到统计特征几近一致的若干群体却各自产生差异极大的社会结果时，其第一反应往往是怀疑是否漏掉了重要的解释变量。但对于遵从简单门槛模型的暴动这一例子来说，加入更多统计变量只是南辕北辙，因为真正缺少的解释因素是社会个体间的因果互动聚合机制。与这些主流方法相比，通过数理逻辑来模拟探索同一因果机制在各种"平行世界"中不同的可能展开表现则是形式理论的一个主要特长。

第二，基于已经观察到的社会现象（案例或数据）来归纳逆推因果过程存在"不定性"（underdeterminedness）的问题：多种不同的因果机制可能导致近乎相同的社会现象。而要区分到底是何种机制在发挥作用则需要推演各种候选机制可能导致的其他社会后果，从中导出可由经验数据材料检验的猜想（hypotheses），再由统计或其他材料分析方法筛选出最吻合数据或材料的猜想及其背后的因果机制。然而，由于没有形式模型的帮助，在推演可检验猜想时只能借助于简单线性逻辑，因而导出的猜想很可能在逻辑上是不可靠的（同第一点），进而造成筛选因果机制结果的不可靠性。与之相比，形式理论则不存在"不定性"的问题。由于形式理论从基本假设出发，自下而上地遵循严格的数理逻辑来正向层层演绎因果过程，所以其代表的因果机制是唯一确定的。若要发展出其他替代性候选机制，则可通过改变原模型的行为假设、互动规则或边界条件来实现，因而各候选机制之间的差异与继承关系是非常明确的。另外，由于有数理模型的帮助，形式理论所推导出的可检验猜想在逻辑上是可靠的。这一点对于社会学的理论积累和发展尤其重要，因为只有当可检验猜想在逻辑上充分可靠时，才能有效地对各种候选模型在具体经验条件下进行证伪尝试（refutation attempt），从而较可靠地从中选择出最具解释力的。

第三，通过（统计或案例分析）归纳逆推得到的因果理论往往带有一定程度的"后见偏差"（hindsight/retrospective bias）：由于研究者从已有的社会现象或结果出发，在其现象阐释的过程中倾向于将各种观察到的相关的因素都包括在因果解释中，因而易于混淆必要条件、充分条件、充要条件、偶然关联以及单纯的统计相关等各种关系。而正向演绎的形式理论则不存在这一问题（见第二点），恰可帮助研究者厘清各变量间可能的不同因果关系（原则上，通过实验方法也可达到这一目的，但实验方法在社会学中是很难运用的）。例如，格兰诺维特（Granovetter，1978：1432，1421）评论道：西摩·斯皮勒曼（Spilerman，1970；1971；1976）在定量研究美国各大城市中种族骚乱的大小和强度的决定因素时，将城市的众多统计特征作为原因变量，但仍缺乏足够解释力，这是因为这些变量只是必要条件而不是充分条件。而正是形式模型使格氏得以分辨这一重要区别。

以上三点是对《门槛模型》一文中概括的形式理论特点的一些补充。需要明确的是，本文认为形式理论并不能代替社会学其他研究方法或成为学科的主导范式，而是应当成为其他范式的重要补充。社会现象的庞杂多样性及多层次性需要诸如田野、档案、统计等多种方法进行充分掌握，因为在对现象的丰富细节和整体描述性特征的全面把握上，形式理论是有所不及的。在某种意义上，形式理论正是以对这些方面的抽象与简化作为代价来抓住因果互动过程的复杂性与增强其解释的普适性——鱼与熊掌难以兼得。另外，其他研究方法也能从多层面上为形式理论的发展（包括从行为假设、互动规则，到社会聚合的整个过程）提供素材、灵感和洞见。

例如，在格氏门槛模型中，所有个体做的暴动决定都是基于"后见之明"的，即基于全部其他个体已做决定的整体结果。但是，可能有一些关键个体是有"先见之明"的：这些个体是局部社会网络中的隐性领袖，虽然他/她们个人可能非常谨慎（暴动门槛很高），但这些隐性领袖却可能在实际暴动人数远未达到其个人门槛的时候就加入暴动，因为这些人知道只要他/她们自己先参加暴动，其社会网络中的追随者就会跟从加入，从而使新的总暴动人数超过自己的门槛。而仅需极少数这样的有"先见之明"的特殊个体就可能彻底改变暴动最后的均衡格局。像这样对整个系统有关键性影响的特殊个体是很难在形式模型建立之初就考虑到的（格氏原文中虽然讨论了友谊关系网络对门槛分布的影响却没有考虑"先见之明"的可能性），但却很可能被田野调查加上网络分析捕获，从而反过来为形式理论的进一步修正、积累和拓展提供素材。

格兰诺维特门槛模型与经济学模型的关联

《门槛模型》一文没有对经济学模型与格氏门槛模型之间的共通性予以足够讨论，稍显过于突出其差异性。本文下面将补充指出两种模型间的共通性。

第一，格氏的门槛模型中个人的行为假设可以方便地转化为对其个人效用函数的最大化：

$$U_{it}(d_{it}) = (N_t - n_i)d_{it}，其中 d_{it} = 0 \text{ 或 } 1。$$

$U_{it}(d_{it})$ 是个体 i 在时间 t 的效用函数。d_{it} 是一个零一变量，代表该个体在时间 t 做出的二分决定（是否加入暴动）。N_t 是时间 t 已经参加暴动的总人数。n_i 是该个体的暴动门槛，代表的是该个体认为的暴动能实现其目的所需要的最少参与者人数。$U_{it}(d_{it})$ 是该个体在时间 t 时参与或不参与暴动的净收益；当暴动人数小于个体门槛时，该个体认为暴动不可能成功，如果参与的话会蒙受损失或遭受惩罚（净收益为负），所以选择不参加（净收益为零）；当暴动人数大于门槛时，该个体认为暴动会成功，如果参加的话会得到好处（净收益为正），而不参加的话则无法分享胜利果实（净收益为零），所以选择参加。因此，格氏模型中的个体仍然是追求个体效用最大化的"经济人"。格氏在其早期关于门槛模型的文章中是承认这一点的（Granovetter，1978：1422）。由上可见，格氏门槛模型并非完全没有对社会个体进行认知上的假设，只是没有将暗含的个体效用最大化假设进行函数化而已，因而也很难认为其反映了社会学与经济学思路上的根本差别。

第二，格氏门槛模型和谢林种族居住隔离模型在个人行为假设和互动规则的性质上并没有本质区别。谢林的模型中也有门槛概念（当个体的居住邻域内与该个体同种族的邻居比例低于某一阈值时，该个体就会决定搬家），因而任何一个个体的决定既取决于其他个体过去做的决定又会影响其他个体将来的决定（尽管这些影响在短期内仅限于个体的邻域局部内，而不像格氏模型是全局性的），最后这些个体行为长期互动聚合为宏观上的种族居住隔离（Schelling，1971）。当然，在格氏模型中门槛是有统计分布的，不像谢林模型中的门槛是固定统一的。但是将谢林模型中的门槛分布化是顺理成章的拓展，所以这点也不能充分说明社会学与经济学研究思路上的差别。

第三，格氏自己在一定程度上夸大了门槛模型与博弈论方法的区别（Granovetter，1978：1434）。格氏认为在博弈论中所有个体是同时做决策的，但实际上博弈论较充分地讨论了多个个体依次做决定的情况，如依次博弈（sequential games）。格氏的门槛模型实际上也可以看作是依次博弈的一种特例。

第四，将"静态边际分析"与"动态系统分析"作为经济学与社会学方法论上的对立是不够准确的。一方面，动态分析早已成为经济学中普遍应用的方法［例如进化博弈论（evolutionary game theory）以及动态经济学分析（dynamic economic analysis）］。谢林模型自身就是一个标准的动态系统分析。另一方面，社会学中的形式模型也用到静态边际分析，如哈里森·怀特的市场模型（White，1981a；1981b）。

第五，阿克洛夫的"柠檬"市场理论（Akerlof，1970）与斯宾塞的信号理论（Spence，1973）之间的区别并不能说明经济学模型难以内化的外部条件。由于斯氏理论并不是简单地将信号机制嵌入阿氏理论（如将"人际连接"嵌入门槛机制，见 Watts 和 Dodds，2009），因而自然需要构建不同的模型。举一个正面的例子，谢林模型作为一个经济学模型就可以内化各种外部条件，如人际网络、房价分布、双重门槛、城郊差别等。

结　论

刘炜的《门槛模型》一文一方面指出了形式理论对于社会学的独特方法论价值，另一方面总结了社会学运用形式理论相对于经济学的独特性。本文对这两方面都进行了或正或反的补充。对于第一方面，本文认为形式理论的主要价值在于：（1）善于捕捉社会过程中的复杂非线性互动机制；（2）在对因果机制的表述上具有严谨性与确定性，而且能更可靠地推演可检验猜想，从而有助于理论的积累与拓展；（3）在建构解释理论时有利于厘清各变量间各种可能的因果关系。

对于第二方面，本文认为，目前尚无必要在形式理论方面过于突出社会学与经济学在方法论上的差异性。主要原因有三：其一，社会学形式理论的发展还未成气候，因而当前对其做的总结与判断必然是不成熟的；若现阶段就过于强调社会学形式理论的独特性反而有可能自缚手脚，错失向其他学科借鉴的动力与眼界。其二，既然形式理论的基础是数理逻辑，各学科的形式理论建构思路之间的共通性就往往大于差异性，而这种共通性对于当下跨学科的交流、碰撞与融合的大趋势是非常关键的。例如，哈里森·怀特的市场模型就借鉴了经济学垄断竞争与信号理论的思路，经济学也吸收发展了很多社会学网络分析的成果。这些跨学科交流在很大程度上都是基于形式理论的共通性的。而各学科自有的独特视角会自然而然地融入到各自的形式理论中，因而差异性的产生是水到渠成的，无须过于强调。其三，社会学不必对所谓的"经济学帝国主义"太过焦虑（这也是跨学科交流的表现），因为社会学通过田野等研究方法掌握社会现象复杂性、多样性与微妙性的能力是经济学无法替代的。社会学需要做的是策略性、选择性地将这些洞见通过形式理论抽象化、严谨化、一般化，以共通的数理语言为跨学科的交流做出独特贡献。而这也正是格兰诺维特等人常常采取的策略。

参考文献

Akerlof, G. 1970. "Market for 'Lemons': Quality Uncertainty and the Market Mechanism." *The Quarterly Journal of Economics* 84 (3): 488 – 500.

Granovetter, Mark. 1978. "Threshold Models of Collective Behavior." *American Journal of Sociology* 83 (6): 1420 – 1443.

Granovetter, M. and Soong, R. 1986. "Threshold Models of Interpersonal Effects in Consumer Demand." *Journal of Economic Behavior & Organization* 7 (1): 83 – 99.

——. 1988. "Threshold Models of Diversity: Chinese Restaurants, Residential Segregation, and the Spiral of Silence." *Sociological Methodology* 18: 69 – 104.

Schelling, Thomas. 1971. "Dynamic Models of Segregation." *Journal of Mathematical Sociology* 1 (July): 143 – 186.

Spence, M. 1973. "Job Market Signaling." *Quarterly Journal of Economics* 87 (3): 355 – 374.

Spilerman, Seymour. 1970. "The Causes of Racial Disturbances: A Comparison of Alternative Explanations." *American Sociological Review* 35 (August): 627 – 649.

——. 1971. "The Causes of Racial Disturbances: Tests of an Explanation." *American Soci-*

ological Review 36（June）: 427 – 442.

——. 1976. "Structural Characteristics of Cities and the Severity of Racial Disorders." *A-merican Sociological Review* 41（October）: 771 – 793.

Watts, D. J. and P. S. Dodds. 2009. "Threshold Models of Social Influence." In *The Oxford Handbook of Analytical Sociology*. Edited by Hedström, P. and Bearman, P. Oxford: Oxford University Press.

White, Harrison C. 1981a. "Production Markets as Induced Role Structures." *Sociological Methodology* 12: 1 – 57.

——. 1981b. "Where Do Markets Come from?" *American Journal of Sociology* 87: 517 – 547.

刘炜，2016，《门槛模型：一个社会学形式理论的建构与拓展》，《社会学评论》第6期。

经济社会学研究　第六辑

第 133~161 页

社会分析中的"故事"范畴

——对文献的一个挖掘式梳理与探讨[*]

刘幼迟[**]

摘　要："故事"是人们在日常生活中很早就使用并熟悉的语词和现象。本文尝试把"故事"作为一个分析性的理论概念引入到社会研究当中来，将其与影响着短时段社会运行的集体行动领域和影响着长期行为特征的制度规范研究领域中，与"故事"具有一定亲和力的已有理论研究结合起来，给"故事"概念以初步的定位探讨。通过文献梳理和分析我们看到，将"故事"引入集体行动理论进行讨论时，"故事"通过短时的情景定义发挥作用，对既定环境及将面临的境况的主观解释和判断产生影响，进而影响人自身的行动决策及集体行动的状态；而在有关社会规范与"故事"相联系的讨论中，"故事"是通过集体记忆作用于共同规范的形成和演化，从而在一定程度上成为社会公众规范的载体。

关键词：故事　集体行动　社会规范　情景定义　集体记忆

一　引言

"故事"是人们在日常生活中很早就使用并熟悉的语词和现象，但它

---

[*]　本文曾发表于《社会学评论》2017 年第 4 期。

[**]　刘幼迟，国家信息中心经济师。

在社会科学中的地位始终是暧昧不清的。在文化人类学和文化社会学当中对"故事"给予了一定的关注，但是似乎并没有把它纳入一个正式的理论范畴之中，作为一个基本的理论概念来加以探讨。而在主流的模型化的理论当中，更没有给予它位置。不过，随着近期一些行为研究的开展，情况在发生改变。其中最为显著的，是在经济波动、危机、金融市场等领域的研究中，一些研究者已开始注意到"故事"的影响，试图将其纳入理论模型中。不过，总体而言，"故事"作为分析性的、工具性的理论范畴，其具体地位还在探索之中。

熊彼特曾说，经济分析有三种技术，一是历史，二是理论，三是统计（熊彼特，1991：28~46）。本文尝试把"故事"作为一个分析性的理论概念引入到社会研究当中来，并且结合与"故事"具有一定亲和力的已有的理论研究给"故事"概念以初步的定位探讨。这里对"故事"范畴的研究属于熊彼特所说的理论技术范畴，不同于社会学家"讲故事"时常采用的历史范畴的分析技术①。

本文将首先界定"故事"概念，讨论"故事"与受"故事"影响的行动，继而将"故事"与两个重要的社会学分析领域——一个是影响着短时段社会运行的集体行动领域，另一个是影响着长期行为特征的制度规范研究领域——结合起来进行探讨，最后形成初步结论并指出可进一步研究的空间。

二 "故事"与受"故事"影响的行动概念

为了便于分析，我们首先需要说明本文对于社会理论分析中的"故事"概念的界定。在这里，"故事"被界定为包含着他人的行动方式、观点、态度、后果等信息的具象载体。在这个定义中，有着他人行动的内容是一个关键因素。这意味着，个人经历过的"鲁滨逊式"的故事不包含在"故事"这一范畴内。

韦伯曾对"社会行动"的概念进行过界定。按照韦伯的界定，社会行动指行动者的主观意义关涉他人的行为，而且指向其过程的这种行动（韦伯，2011：20）。韦伯对社会行动的界定固然没有和"故事"联系，

---

① 如叶启政《社会学家作为说故事者》（2016）一文，其中的"说故事"即属于历史范畴的分析技术。

但是，由于"故事"中包含着他人行动的信息，因此，受"故事"影响的行动，可以归入韦伯社会行动的范围，则是顺理成章的。换言之，受"故事"影响的行动，是社会行动集当中的一个子集。可见，"故事"概念和韦伯的社会行动概念之间具有亲和力。

谢林曾讨论过人的微观动机与宏观行为，他所讨论的微观动机的形成，都是受到其他人的影响的。"所有这些都是人类的行为活动，它们受到他人行为的影响，也关心其他人的行为，抑或他们相互关心并相互影响。"（谢林，2005：13）他所谓的宏观行为，是在个人相互作用下形成的群体行为。从谢林对微观动机的讨论可以判断，受"故事"影响的微观动机，可以成为谢林式微观动机的一个类型；而受"故事"影响的个人行动结合成的群体行为，也是宏观行为的一个类型。

贝克尔曾提出了扩展的效用函数概念。与传统经济学中的效用函数不同，贝克尔把他人状态、社会网络的力量作为影响个人效用的自变量引入到效用函数中来（贝克尔，2000：213～219）。扩展的效用函数概念并不涉及他人状态采取何种形式问题，但是包含着他人状态的"故事"可以通过效用函数对个人效用发生影响却是与之相容的。"故事"可以成为扩展的效用函数中"他人状态"变量的一个子类。

一些经济社会学者在谈到经济社会学的基本行为假定时，强调了"他人状况影响个人效用假定"和"有限社会化"假定（刘世定，2011：24～26）。前一个假定在上面已经讨论过。后一个假定中涉及人的社会化过程。社会化过程是包含许多复杂层面的过程，其中有着社会规范内涵的"故事"的潜移默化是一个重要的过程。

概而言之，上面这些理论概念，和"故事"概念在引入他人影响这一方面，是一致的。从这个意义上，我们将"故事"理解为一个具有社会学内涵的概念，将受"故事"影响的行动视为社会行动的一个子集。

作为对照，在新古典主义经济学的决策理论模型中，即有时被称为"鲁滨逊式"的决策模型中（诺依曼、摩根斯特恩，2004：14～15），个人是在预算约束、内在偏好、价格信号的引导下进行决策，这里没有发生在社会生活中的"故事"存在的余地。在新古典宏观经济学中，假定个人不仅如微观经济学中设想的那样决策，而且能理性地预期到政府政策的后果并据此行动，因此，也没有"故事"存在的余地。

"故事"的另一特征是其具象性，基于人的心理和思维基础，这一特征使它更易于对人的心理和行为产生影响。阿克洛夫和席勒曾从心理学的角度谈到人倾向于从故事里获取行动的根据，故事和讲故事是人类知识的基础。"人类的心智构造决定了我们在叙述一系列具有内在逻辑和动态变化的事件时，可以将其看成一个统一的整体。因此，人类之所以产生很多动机，是因为我们经历了一些故事，这些故事给了我们启示并为动机勾勒出蓝本。"（阿克洛夫、席勒，2016：75）阿克洛夫勾画了一个"故事"里含带的信息对人的心理产生影响，从而影响人的行为的理论雏形，但其叙述基本还停留在直觉层面。

卡尼曼的心理学研究对此提供了更为专业化的支撑。卡尼曼指出，人们倾向于将复杂的概率和数值预测问题转化为简单的判断操作（卡尼曼、斯洛维奇、特沃斯基，2008：2）。人们在不确定条件下进行判断，往往是基于有限的数量信息，采取简化了的捷径来做出决策选择，而不是依靠严密而复杂的数理计算。例如，个体的判断推理过程往往受到"便利性"的影响，在估计事件发生的概率或频率时，人们通常认为容易想到的事件比不容易想到的事件发生的概率或频率更高。例证容易提取的事件类型，比频率相同但更难提取的事件类型在数量上会显得更多（卡尼曼、斯洛维奇、特沃斯基，2008：10）。而"故事"所包含的事件可纳入人们容易想起或容易获得的这类事件范畴。另外，卡尼曼和特沃斯基还提出人在认知和决策时的"框架效应"，这是指对相同问题采用不同描述方式，会影响决策者的判断，从而影响其决策偏好的现象。我们可以认为，"故事"所具有的文学性描述往往更容易被大众所接受，符合人们判断推理的"便利性"要求和决策的"框架效应"特征。基于此，"故事"的具象性使"故事"的分析范畴也具有了社会心理学的含义。

从社会心理学角度对"故事"的具象性特征在决策中作用的理解，也帮助我们理解"故事"更易于传播和模仿这一现象。塔德曾指出，模仿是最基本的一种社会行为（Rogers，1995：39–41）。这从另一个侧面反映出"故事"和社会行动的联系。

与"故事"的具象性有关，有必要指出，抽象的理论陈述不包括在我们的"故事"定义中。我们注意到，一些研究者有时将未精确模型化的理论陈述也称为故事。例如，阿克洛夫和席勒在《动物精神》中讲述经济学家们如何陈述中央银行对经济的干预时，也顺便将其称为"标准故事"（阿克洛夫、席勒，2016：110～115）。这显然和他们所说的动物精神中的故事不是一个概念。又如，藤田昌久、克鲁格曼、维纳布尔斯在合著的《空间经济学》中谈到逻辑比较松散的基础—乘数理论、市场潜力理论时说,"如果愿意在战略上藐视细节,那么我们就有可能从这些故事直接上升到模型"(藤田昌久、克鲁格曼、维纳布尔斯,2005:6)。这里对故事一词的使用,也不同于我们对"故事"的界定。

在"故事"分析模式中,人是在通过掌握"故事"带来的局部信息,以此勾勒更宏大的社会图景并做出决策的。通过"故事"来承载并传播的信息,是人们做出行动决策时的一个重要影响因素。"故事"的社会学内涵和心理学内涵在"故事"发生影响的过程中产生交集,因此,"故事"成为与之相联系又具有独立特性的研究范畴。

三 集体行动中的"故事"

本节将"故事"影响的行动引入集体行动范畴中做进一步讨论。前述的相关社会学及心理学研究能够成为本节重点讨论内容的前提依据,也就是为"故事"对人的行为能够产生重要影响提供了理论依据。

将"故事"引入集体行动研究是以阿克洛夫和席勒对经济波动的考察为先导的(Shiller,1981;1984)。他们在富有创意的解释经济波动的著作《动物精神》中,把"故事"作为重要的范畴引入到社会分析中。"故事"作为一个有学术潜力的概念,尚有诸多值得分析之处(张樹沁、宋庆宇,2017)。他们指出,在经济学家看来,在故事的基础上分析经济是一种不专业的表现,因此,经济学家一直不认真对待"故事"在经济运行中的作用。但是,如果"故事"本身就是经济运行的真实部分,那么情况会是怎样的呢?在他们的新的分析模型中,一个国家或一个大群体的信心,往往随故事而上下波动,经济波动与此种机制密切联系。他们以互联网为例说明,有关互联网发明和应用的故事,就在20世纪90年代到2000年的股市繁荣中发挥了重要作用,而股市繁荣又推动了整个经济的繁荣。年轻人借此致富的故事成为19世纪淘金热的现代翻版。他们认为,不了解"故事"和信心的关系,"正是我们对过去的股票市场和宏观经济波动感到迷惑不解的原因所在"(阿克洛夫、席勒,2016:81~83)。事实上,"故事"在经济波动中的作用成为它在集体行动中的作用研究的典型场景。

从社会学的角度对阿克洛夫和席勒的"故事"理论雏形进行进一步的研究可以沿着两条路径展开。一条路径是经验研究,比如,在经济波动、特定行动扩散的过程中,比较有"故事"和没有"故事"的差异,但本文不打算对此做专门的讨论。另一条路径是更深入地考察和阿克洛夫与席勒的直觉式的描述有关的已有理论，特别是集体行动理论在何处可与"故事"关联或镶嵌。这里所说的集体行动是指在给定的时间和空间中，个人独立决策但相互影响，并形成共同指向的行动集合。显然，这里理解的集体行动概念较奥尔森研究过的伴随搭便车的集体行动概念要更大，而和格兰诺维特在门槛模型中讨论过的集体行动的概念比较吻合。我们将重点讨论"故事"通过传播，使众人形成行动路线上的模仿，每个个体的行动效应叠加，最终对整体的经济、社会变化造成影响的过程机制。

下面，我们以几个重要的集体行动理论为基础对"故事"在其中可能发生作用的机制进行讨论。

（一）"故事"和参与人规模估计：对谢林的临界值模型的再分析

谢林曾称某类具有往某个方向扩散特征的社会现象，如挤兑、抢购、股市波动等为"倾斜系统"。扩散既可能是单向的，也可能是双向震荡的。而某个"故事"在人群中扩散传播，对"故事"中的信息进行模仿的集体行动，也可看成是一个"倾斜系统"。"故事"的传播可以看作是从未受"故事"影响的人向受"故事"影响的人的单向转变，因此为单向的扩散现象，属于单向倾斜系统。

谢林在《微观动机与宏观行为》里对扩散模型的"临界值"进行了讨论（谢林，2005：71~89）。格兰诺维特也曾采用相似的模型讨论过集体行动的特征（格兰诺维特，2007：38~66）。"临界值"这个概念表示，个人只有在采取了某种行动的人数达到一定数量（或一定比例）后，才会采取相同的行动，而在一个群体中，只有当参与某种活动的人达到一定数量（或一定比例），这种活动才能自动延续下去（刘世定，2011：77）。谢林借助"临界值"讨论了集体行动得以发生的一个前提。谢林临界值模型中的一个重要构件是临界值频次累积分布曲线。临界值频次累积分布是在临界值频次分布的基础上形成的。临界值频次累积分布曲线表示，在一个群体中，对任意的临界值，有多少人的临界值小于等于此值（见图1）。

在图1中，横轴表示期望的参加人数，也就是每个个体的"临界值"，纵轴表示偏好参加的人数，也就是实际有多少人参与。45°线上的诸点表示实际参加的累积人数等于期望参加的累积人数；其左侧部分曲

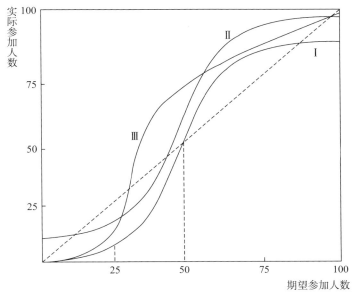

图 1　临界模型

线，表示实际参加人数大于期望参加人数，右侧部分曲线则表示实际参加人数小于期望参加人数。只有当实际参与累积人数大于期望参与累积人数时，即累积曲线处于45°线左侧时，集体行动才能自动延续。

　　这个模型隐含着一个很强的前提，即集体行动的潜在参与者能够观察或判断已参与行动的人数规模。而在现实情况中，许多集体行动是无法获知较为准确的参与人数的，但人们依然通过想象或其他对不完整信息的分析来对偏好参与人数进行判断。根据卡尼曼的"便利性"法则，人们在不确定性条件下，容易高估对于容易获得的案例的价值，提高对于这类事件发生概率的估计。而"故事"则往往属于这类人们容易获得的案例。

　　如果我们接受卡尼曼的研究结论，那么我们将看到，如果出现了某种集体行动正在扩展的"故事"，那么，潜在的行动参与者可能会高估偏好参与的人数。因此在临界值模型中，有更大的可能沿同一条曲线达到更偏于右侧的群体人数临界值，或曲线更偏于右侧的保持集体行动规模稳定的均衡点，使集体行动在一个更大规模的水平上持续下去。见图1曲线 I，假如没有"故事"引致的对预期参与人数的高估，可能人们预期参与行动的人数为25人，在此情况下，集体行动只具有潜在可能性，无法在现实中发生。而加入"故事"的因素高估预期人数后，可能预期参与人数为50人，在此种情况下，该集体行动则可以持续，并达到85人的均衡点。

在临界值模型中，有一类情况是曲线的起始位置在纵轴上存在一定截距，这表示即使期望的参加人数为零时，也会愿意参加的人数。假定累积曲线形状不变，则在这种情况下，表现为曲线位置和原始模型曲线（曲线的起始位置的纵坐标为零）相比存在向上平移。图1中的曲线 II 描绘了这种状况。在此种情况下，会出现新的均衡点，从而因为"乘数效应"［之所以存在乘数效应，是因为曲线存在斜率，乘数＝1/（1－斜率）］（谢林，2005：86）的存在而对集体行动规模产生比初始人群数量更大的影响。在"故事"的传播扩散中，假定存在初始接受群体，他们在"故事"信息影响下会在没有其他人行动时率先采取行动。这种情况，可纳入曲线的起始位置在模型图示纵轴上大于零这类临界值模型。前面已谈到"故事"具有扩大预期参与人数的作用，使集体行动在更大规模上实现稳定均衡，这里再与因"故事"初始受众数量而带来的"乘数效应"相叠加，因此将可能出现更大程度的对集体行动规模的改变。

另外，考虑到前一节讲到的"故事"的框架效应，则在集体行动中如存在"故事"，和没有"故事"相比，还可能降低同一集体行动的潜在参与者的预期临界值，从而使临界值频次分布函数以及累积分布函数发生变化，曲线 III 描绘了这种状态。可以看到，较之曲线 I，预期参与人数分布向较低临界人数一端聚集，使相应的累积分布曲线也向这一端移动。曲线会在更靠左侧穿过45°线，使集体行动更容易产生。

以上三种情况，也可能同时发生，则"故事"对集体行动的影响会更加显著。

有鉴于此，卡尼曼的理论通过"故事"现象与谢林模型可以结合讨论，对于在无法准确判断参与人数的情况下谢林模型起作用的机制提供了一些启示。

（二）"故事"与预言的可信度：对自我实现的预言的考察

前面我们结合谢林模型讨论了"故事"对集体行动中人数规模估计的影响，现在我们转而讨论"故事"发挥影响的另一个机制，即对可信度的影响。我们将结合集体行动的另一个重要理论模型，即"自我实现预言"模型来加以讨论。

根据默顿的定义，"自我实现的预言"是指，开始时的一个虚假的情境定义，由于它引发了新的行动，因而使原有的虚假的东西变成了真实的（默顿，2001：288）。从信息的角度看，默顿的"自我实现的预言"是人们基于不完全信息做出客观上不真实或不完全真实的情境定义，并依此行动，最后导致不完全信息做出的判断成为现实（刘世定，2011：196）。

在预言是通过集体行动得以实现的条件下，人们对预言事件发生的相信程度起着重要作用，相信程度可以值取为 p。在最简单的自我实现预言的模型中，假定 p 值随着相信预言并据此行动的人数增加而提高。但有的研究者也指出，影响 p 值的不仅是相信预言的人数，其他一些与 p 值正相关的因素也可能成为人们考量 p 值的指标（刘慧国，2015：52）。这样，p 值的变化可能出现一些比人数变化更复杂的情况。

和谢林模型类似，每个人都有着关于 p 值的行动临界点，达到该点以后，人们就会采取行动。对于每个个体而言，p 值越高，加入行动的可能越大。基于前述"故事"在社会心理学方面的特征，在信息不完全的条件下，如果预言的传播伴随有可信"故事"，则人们倾向于提高对于与"故事"相关的事件发生概率的估计。也就是说，这种"故事"会对提高 p 值产生影响。而 p 值提高，更可能促使人们采取行动，从而使集体行动规模扩大。集体行动规模的扩大，又可以提高"故事"的可信度，二者之间的相互促进可使 p 值进一步提高。当然，并非任何规模的集体行动都能够导致预言的自我实现。只有当集体行动的规模达到某个阈值以后，预言才会变成现实。然而，能够促使 p 值提高的"故事"是推动集体行动规模扩大从而有利于预言自我实现的因素，在逻辑上是成立的。

在已有的一些研究中，我们可以看到一些伴随"故事"的预言自我实现的案例。比如，在阿克洛夫和席勒谈到的斯蒂芬妮·芬尼尔对墨西哥经济繁荣的分析中，就有这样的例子。墨西哥前总统波蒂略曾发表过小说《羽蛇神》，这部小说在他 1975 年竞选总统之前再版。羽蛇神是阿兹特克人心中的神，人们期待他像耶稣一样在大变革时期复活。羽蛇神从古老的传说中获得新生，相应地出现了关于墨西哥未来伟大成就的预言。总统专机也被命名为"羽蛇神"。伴随着故事还出现了墨西哥发现新油田和 1979 年石油危机导致油价暴涨，于是使《羽蛇神》又成了更可信的故事。墨西哥拥有做梦也想不到的巨大财富，这个故事牢牢抓住了人们的想象力。波蒂略提升了人们对墨西哥的信心，进而推动了经济的繁荣。在他任总统的 6 年时间里，墨西哥的实际 GDP 增长了 55% （阿克洛夫、席勒，2016：78~80）。可以看到，在这个案例中"故事"对预言的实现起到了推波助澜的作用。

于是，在引入心理学范畴后，在自我实现的预言的分析中也有了"故事"的空间。

以上的讨论，基于"自我实现预言"的虚假情境以信息不确定为前提。在现实中还有另一种情况，就是"预言"所阐述的内容并不难甄别，但因为存在"偏见"，所以使得虚假的"预言"也通过自我实现的过程成为现实。在这种前提下，就不太容易有"故事"发挥作用的空间。例如，在有的社会中曾普遍存在的"有色人种智力及能力较为低下"这种偏见，使得人们长期以来倾向于在教育机会、工作机会等方面对他们施以不公平对待，降低他们获得进一步发展和提升的可能，从而他们更容易稳定在"低水平"的状态。长此以往，使"有色人种智力及能力较为低下"这种偏见式的"预言"在该社会中成为现实。这里便没有"故事"的作用。因此，"故事"在"自我实现预言"中起作用是有条件的，并非任何"自我实现预言"中都有"故事"的推动。

（三）"故事"与传播强度：传染病与恐慌扩散模型

阿克洛夫在《动物精神》里曾谈到传染病的传染方式与"故事"的传播方式的类似性，认为可用传染病模型来研究"故事"的传播（阿克洛夫、席勒，2016：83）。事实上，传染病模型也是一个研究集体行动的模型。在传染病模型中，患有传染病的人数、易感染人数和曾被感染（不具备传染能力的个体）是关注重点。而感染率与免疫率是关键变量，即易感染者与已感染者接触后感染机会的大小以及感染者死亡或恢复健康或被隔离的机会的大小。因为传染病的传播存在"免灾效应"，最终会因为不再有被感染者而使病毒失去传染源，无法继续传播，所以该系统不会出现单向倾斜至所有人都被感染的结果。如图 2 所示，系统轨迹曲线（随箭头所示方向由左向右变化）最后会与 x 轴相交，回到初始没有人被感染的状态（郭爱民，2015：25~26）。由此我们认为，由于免疫率的存在，传染病传播与"故事"传播在这方面是存在区别的。

下面我们讨论和传染病模型有联系的恐慌扩散模型（郭爱民，2015：20~23）。这个模型描述的是单向倾斜系统中，行动者之间存在相互影响，行为具有"传染性"的集体行动扩散过程，过程轨迹如图 3 所示。

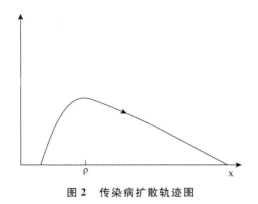

图2 传染病扩散轨迹图

这里假设行动者有"不行动和行动"两种状态，转变是单向的，且可能的转变方向一致。有以下公式：

$$p(t) = 1 - e - (\alpha + i\beta)_t$$

其中 p（t）表示 t 时刻行动者改变行动状态的可能性。i 为 t 时刻已采取行动（即已经转变行动状态）的行动者数量。α、β 为正常数。β 刻画的是行动在人群中传播的强度。其中（α + iβ）表示不行动者转变为行动者的加速度，它随着已转变人数的增加而增大，因此这里采用了表示正相关的简单的线性函数形式。

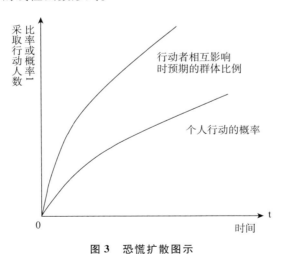

图3 恐慌扩散图示

在这个模型中，传播强度类似于传染病模型中的感染率。β 值越大，传播速度越快。该模型多见于对恐慌、信心等易"传染"情绪或易"传染"行为本身引起的集体行动现象的描述，这里潜在的逻辑是，以信息的类型入手对传播强度进行考虑，哪类信息是易于传播的，是具有代表性的。我们可以看到，通过"故事"传播扩散的集体行动过程符合这个模型所描述的特征，"故事"在其中是通过对传播强度产生影响，进而影响集体行动的扩展速率。"故事"代表的是一类信息载体，它不同于信息内容和信息渠道等关于信息的划分。信息载体的不同，也可能会对传播强度带来不同的影响。

（四）"故事"与信息质量差异：集体行动中的异质性

在前述的基本模型中，都是假设集体行动的参与者是同质的，但现实情况往往并非如此。在有关克服集体行动中搭便车困境的一些研究中，人的异质性问题已经被提出来（奥尔森，1995）。有一些研究显示，人们的不同特性，在先导行为和跟随行为的关系方面，即先导行为出现后跟随行为是否发生以及如何扩展方面起着重要作用（刘世定，2011：91）。林南在社会网研究中曾指出，个体社会网络的异质性、网络成员的社会地位、个体与网络成员的关系力量决定着个体所拥有的社会资源的数量和质量（林南，2005）。在这里，我们将集体行动中参与者的异质性引入，并结合"故事"变量加以讨论。

格兰诺维特在"门槛"理论中曾谈到，使个人的行动得以发生的其他人的最少人数（或比例）就是所谓的个人行动的"门槛"。他从引入社会结构影响因素的角度进行了讨论，认为相互关系不同的人员结构团体，对行动结果有着重要的不同影响，会改变集体行动的均衡（格兰诺维特，2007：38~66）。我们如果从异质性的角度来理解，则是在分析一个人参与集体行动的"门槛"时，不仅假定人们受参与者的数量的影响，而且受参与者的差异性的影响。由此可以得出的推论是：在以"故事"为信息载体的传播过程中，谁的故事，何人讲述的故事，其传播作用以及对集体行动"门槛"的影响是不同的。

除了行动者的异质性外，还可以从信息载体的异质性角度来进行讨论。格兰诺维特曾谈到获取信息渠道与信息质量之间的关系，强调通过人际关系比通过正规机构渠道获取的信息更丰富、详细和精确（格兰诺维特，2008：198）。但他没有涉及在给定渠道下，信息载体差异的影响。"故事"作为一种特殊的信息载体，与其他类型的信息载体——如统计数据、学术论文、政策文件等——在信息质量方面有不同特征，对个人行为乃至集体行动会产生不同影响。这是"故事"影响集体行动的又一种机制。

上述诸理论及模型虽然关注的重点和阐释的思路各不相同，但将"故事"引入其中进行讨论时，"故事"发生作用的一个关键环节均是人们短时乃至瞬时的情境定义。"故事"在人们决定是否参与集体行动前，对既定环境及将面临的境况的主观解释和判断产生影响，进而影响人自身的行动决策及集体行动的状态。

四　"故事"作为形塑社会规范的载体

上一节从集体行动的角度研究"故事"的作用时，是将其作为影响行动者的情境定义和瞬时决策的因素来处理的。这也是阿克洛夫和席勒在《动物精神》讨论中所关注的。然而，在文化人类学和文化社会学的阐述中，在非正式规则乃至正式规则的形成和延续的研究中，在对人的内化偏好和规范的研究中，我们不时也可以窥见"故事"的影子。在这里，故事发挥着另一种作用，即作为形塑长期存在的社会规范的承载体。本节将从这一角度加以考察。

（一）渗透社会规范的"故事"：文化人类学和文化社会学的关注

人类学家普理查德在对尼罗河畔努尔人的研究中曾描述和讨论过部落的世仇制度。他注意到，在努尔人部落内部各个地方性社区之间存在长期相互敌对的状态，也就是存在"世仇"，世仇常常表现为一种宗族关系，这里杀人的罪责和实施复仇的责任会直接落到杀人者和被杀者的父系近亲身上。普理查德发现，世仇不仅是一个部落组织中的现象，而且，它被部落中人所认可，为部落中通行的价值观所决定，构成了一种部落制度。部落内不同地方性社区之间的结构关系是通过世仇来维持的（普理查德，2002：165~219）

普理查德并没有详细列举使部落内地方性社区之间世仇发生的具体冲突事件，但世仇源于冲突事件则是不争的逻辑事实。普理查德也没有叙述引发世仇的冲突事件的信息是如何世代相传的，但事件转化为"故事"相传而形成世仇记忆则并非奇想。因此，在普理查德的记述中，存在着"故事"形塑制度的隐含逻辑。这一隐含逻辑的明确陈述是：世仇的延续需要以"故事"为载体进行代际传递，包含着冲突信息和与此相联系的行为规范的"故事"使一次冲突事件成为多次冲突的世仇规则。

换言之，"故事"在世仇这一种部落制度延续中发挥形塑作用。

如果说在普理查德对努尔人的民族志描写中有着"故事"形塑制度的隐含逻辑，那么在马凌诺斯基描述记录土著人生活的民族志著作《西太平洋的航海者》中，则不仅描述了内含规范的"故事"，而且还指出了"故事"的结构。他记述了土著人中有关沉船的故事，指出，有关沉船的观念和信仰是"言之有据的事实与天马行空的迷信的奇异组合"，是基于实际经验的习惯、行为准则和神话般的虚构情节相结合而形成的一种体系架构和材料组织方式（马凌诺斯基，2002：208～209）。

文化人类学者不仅关注了人—神"故事"，而且还关注蕴含着人类社会关系的动物"故事"。布朗曾谈到，他在不同地区发现并收集了几十种关于楔尾雕和乌鸦，或其他鸟类、其他动物类似的传说故事，这些故事都是将人类的社会关系通过动物的生活世界而表现出来（布朗，2002：108～110）。

克利福德对民族志写作的概括更凸显了"故事"在其中扮演的重要角色。他将"民族志本身当成一种由有影响力的故事设计出情节的表演"。这里的"有影响力的故事"，是符合日常情理而又神奇的，为社会过程提供修辞和情节设计的模式，还提供某种"意义"。同时他也指出，这些故事在记录和描述真实事件的同时，也加入了反映作者价值倾向的态度于其中（克利福德，2006：98）。

在中国社会中，关公故事的广泛传播和相应的关公崇拜，引起了一些学者的关注。例如，费孝通教授曾指出这是一个非常值得注意的现象。胡小伟先生积多年之功，搜集大量的资料，将其"关公"的研究集成了多卷本著作，而拥有文化社会学意涵的部分在其研究中占有重要的地位。他关注如何将各个不同时代的关羽形象恰如其分地放置在具体生成的背景之中，凸显其变化的因果联系，以及与同时代其他宗教、社会、民俗、政治、经济等多种因素的互动影响，然后又如何展现在文学艺术之中（胡小伟，2005：4）。他着力于关公崇拜中的价值体系研究，也选取社会规范变迁的演化视角。他谈到，如果以三国史籍立论，后世有关关羽的种种传说故事，自然是赝品，不劳分证。但"关羽崇拜"正是在这种情势下历代相沿，积微见著，蔚成大观的（胡小伟，2005：3）。可以说，他所关注的，远不是作为自然人的关羽，而是作为社会现象的关羽，或者说作为社会价值的人格化的关羽。在研究中可见，不同时期的关羽形象往往是以"故事"为依据的，通过有关"故事"的历代相传，对社会规范的演化变迁发挥影响。

如果说，胡小伟的关公故事研究涉及的主要是中国社会中超越血缘联系的社会规范"义"，那么历史学者邓小南则考察了中国社会中最正统的"祖宗之法"的建立、演变和"故事"的关系。她指出，这里存在着"择取'祖宗故事可行者'予以认定"，"不断修正，不断解释，不断更新再造"的过程和机制（邓小南，2006）。

上述研究，都体现出"故事"在研究社会规范形成和持续中的重要性。这些研究未必有意识地将"故事"作为分析性的理论范畴纳入社会规范分析，但是将它们作为这一研究路径的先驱性探讨是有根据的。

（二）"故事"与自发秩序与建构的秩序：哈耶克等人的社会秩序理论

哈耶克在其社会秩序理论中，对社会秩序形成做出分类，包括主观建构和自发演化的秩序。主观建构是指人为理性设计秩序的过程，是采用强制力设定和推行的制度和规范；而自发演化则强调自生和渐进的过程方式。这种分类的思想为社会规范的形成做出了粗线条的设定。

哈耶克认为，社会的整个秩序，包括道德、宗教、法律、市场等，都是自发的社会秩序（Hayek，1973：10）。自发的社会规则体系是经过一个缓慢演化的过程而形成的，在这个过程中，不断有更多的经验和知识被纳入其中（Hayek，1967：92），因此，规则系统中存在"累积性的知识储存"（Hayek，1960：27）。而自发规则体系所反映的社会世界的知识，与科学理论有所不同，它不具有明确的形式，在很大程度上也不是"因果的知识"（Hayek，1978：10）。在社会演化的任何一个阶段，人们生而便面对那些演化过程中已形成的价值体系和规则，他们必须始终在这个并非亲手建构的价值框架和制度框架内进行有目的活动（哈耶克，1997：73~64）。哈耶克还指出，社会秩序生成和变化的这个缓慢进化过程，离不开适应性的进化，这其中最具有决定意义的因素是学习和模仿并传播延续下来的整个文化遗产（哈耶克，1997：67~68）。

从文化人类学和文化社会学的研究中我们已经看到，社会自发秩序形成的过程中，与科学理论形式不同的"故事"往往会成为累积性的知识和经验的载体。通过"故事"在关系密切的人与人间的传播，是对社会文化遗产进行学习、模仿和延续的便利有效的途径。而我们生而面对的价值体系框架，往往也通过代际间传递的"故事"不断向我们提供着我们须为之服务的责任。由此我们认为，故事在社会规范制度的演化中能够发挥不可忽视的作用。

另一方面，哈耶克的主张并不是要废弃人的主观理性，而是要合理地利用理性，明确理性能够得到适当控制的领域和范围。在推动社会发展的每个阶段，都要运用既有的历史资料，进行局部和细节上的建设和改善，而不是进行全盘整体的设计（哈耶克，1997：81～82）。例如，虽然哈耶克认为法律也属于自发的社会秩序，它和道德、宗教等其他秩序的生成过程极其相似，但哈耶克实际上把演化论观点同建构主义—立宪主义观点结合了起来，这种立场使得他同更容易被归类为建构主义者的人的观点相符合（布坎南，1989：85、117）。对此我们可以理解为，哈耶克认为法律等正式社会规范里含有的基本规范理念是自发演化而来的，但在完善和成典的过程中同样需要在演化的基础上进行人为的建构。这样来看，在对公众规范的主观建构中也有"故事"发挥作用的空间。在这个过程中可通过故事形式的"历史资料"来进行规范建设。

此外，政治学上有称为"现状的统治"的例子。这个例子说明废除业已生效多年的社会规范和其他公共政策是一件困难的事情。因为无论是从中受益的人还是从中受损的人，都已经为遵守这些政策而调整了他们的习惯和态度，经过一段时间后，他们都会认为遵守这些政策是天经地义的事（贝克尔，2000：10）。我们由此可推断，即使是借助强制力建构而塑造的规范，除了威慑而形成的外在约束外，也能够逐渐形成习惯并内化为人的价值观。再结合前述"故事"的心理学特征，我们可以假设与"故事"相结合而建构或演化形成的规范，其"固化"特征可能相对较强，具有较强的稳定性。

诺斯有关制度的思想和哈耶克有类似之处，都强调演化过程，但诺斯是从正规和非正规约束的角度来进行划分和讨论的。诺斯在《制度、制度变迁与经济绩效》中谈到，在社会中，正规规范只是决定选择的总约束中的一小部分；我们日常的社会行为，主要是受行为规范、行为准则、习俗等非正规规则来控制的。非正规约束来源于社会所流传下来的信息以及我们称之为文化的部分遗产。文化可以定义为"一代一代的遗承，或者通过对知识、价值和其他要素的教诲与模仿来影响行为"，它提供了一个以语言为基础的概念框架，用以破译与解释呈现到大脑中的与态度、道理、行为等有关的或感性或客观的信息。同时，诺斯还强调了文化的连续性的渗透方式（诺斯，1994：49～51）。由此可见，"故事"

中世代流传的信息属于文化遗产，包含知识、价值观等信息的"故事"，以及通过"故事"的传播对态度、价值观的模仿从而影响行为的现象，属于"文化"范畴。用"故事"和讲"故事"的方式来传播和传承的文化信息，是社会非正规约束的来源之一。同时故事还是一种很重要的文化渗透方式，以代际相传的形式提供了连续性。因此"故事"在社会非正规规范的形成中发挥作用。事实上，诺斯有关非正规约束的讨论，吸取了文化人类学的研究成果。我们已经指出，在文化人类学中，有一些关于非正式规范形成的研究是与"故事"存在关联的。

规范的形成与演化和宗教信仰往往存在密切的关系。斯达克和芬克在《信仰的法则——解释宗教之人的方面》中对宗教信仰的形成进行了相关讨论，他们提出一个命题（命题 25），即"对于宗教解释的信心会随着归功于宗教的神迹而增强"（斯达克、芬克，2004：135）与本文的讨论有关。他们对神迹的定义是，"相信由神干预世俗事物所引起的合意的效果"。神迹的范围有很大不同，从个人的局部经历到宏大的自然现象，但相当多的所谓神迹是和"故事"相联系的。

（三）"故事"与价值形成中的未来想象力：微观研究

杨小凯在《经济学原理》中曾谈到，一些高深的经济学思想，因为很难变成数学而至今仍大多是没有数学模型的思想。哈耶克自发秩序的思想就是这样。这种高深的思想要用到复杂而难以处理的手段才能变成数学模型（杨小凯，1998：10）。虽然如此，我们也注意到，对自发秩序形成的某些环节，特别是个人价值规范形成和变化的微观环节，确实有一些研究者建构了并不太复杂的模型予以阐述。下面我们对若干已有的理论研究结合"故事"进行进一步讨论。

在传统经济学中，含有价值规范内容的偏好往往是作为外生变量来考虑，是给定的外在条件。而贝克尔将内生性偏好纳入效用最大化的讨论并加以扩充，此时内化的规范被处理为受一系列因素影响的一种偏好。在贝克尔提出的扩展的效用函数中，引入了个人资本和社会资本这两个重要变量（贝克尔，2000：5～6），并假定个人的具体偏好会受这两个因素的影响。个人资本主要指个人积累的经历，它会影响当前和将来的效用；而社会资本则是指和个人有关联的社会网、他人状态和社会力量，它们也对个人效用及偏好变化产生影响。这里的理论假设是，人是"理性"且具有前瞻性的，会尽自己最大可能去预测自己行动所产生的不确定后果（贝克尔，2000：180）。

贝克尔对个人资本的形成进行了一些阐述，其中耐人回味的是，他指出人们会通过花费时间和其他资源去生产个人资本的一个子类，即"想象力资本"，从而使他们可以更好地鉴赏未来的效用。这意味着，个人可以通过提高想象力资本在一定程度上选择自身未来的价值规范。他注意到教育是提高"想象力资本"的重要途径（贝克尔，2000：13～14），但并没有进一步对影响想象力资本的因素展开讨论。不过，结合前面的心理学讨论和贝克尔的阐述，不难认识到，"故事"可以通过形象地展示其他人具有的某种价值规范和其行为后果的联系，对个人想象力资本的形成产生影响，并进而影响价值规范的内化。

贝克尔的想象力资本概念，涉及个人为自己选择价值规范，而阿克洛夫则讨论了父母为子女在一定程度上选择价值规范的可能。在阿克洛夫看来，人们的价值观（包括忠诚理念）会随着经历发生变化，这些经历包括被他人施加影响的经历。具体而言，他通过建构的忠诚过滤器理论模型，探讨了父母如何超越自身目前的经济社会地位通过教育为子女选择价值观（阿克洛夫，2006：193）。在模型中，并没有涉及父母在向子女输出价值观时可采取什么样的手段和方式，不同的手段和方式对结果会有何种不同的影响。不过和上述对贝克尔的想象力资本的讨论类似，对阿克洛夫的模型做某种适当的扩充，是可以将"故事"的影响镶嵌于其中的。

在此节将有关社会规范与"故事"相联系的讨论中，"故事"发挥作用的一个重要环节是集体记忆。在一个长期的时间维度中，"故事"能够对特定社会群体共同记忆的建构、传承延续与发展变化产生影响，作用于共同规范的形成和演化，从而在一定程度上成为社会公众规范的载体。当然，这并不意味着任何在社会规范中发挥作用的集体记忆都将以"故事"为载体。何种集体记忆依托于"故事"，在怎样的条件下依托于"故事"；何种集体记忆并不依托于"故事"，在怎样的条件下不依托于"故事"，这恰恰是将"故事"纳入社会规范分析时需要研究的。

五 短时段"故事"与长时段"故事"

前面我们讨论了集体行动中的"故事"和作为公众规范载体的"故事"。我们指出，集体行动中"故事"发生作用的关键环节是情境定义，而作为公众规范载体的"故事"发生作用的关键环节是集体记忆。这种特征可对应于布罗代尔在历史分析中的历史时段思想。布罗代尔认为，不同的时间跨度对历史进程具有不同的作用，其中的"短时段"和"长时段"分别对应的历史事物是"事件"和"结构"（布罗代尔，1997）。借用这种划分，我们也可以将短时段、长时段概念纳入"故事"范畴的分析，将"故事"分为短时段"故事"和长时段"故事"。

集体行动中的"故事"是短时段"故事"，通过情境定义在社会事件中发挥作用。短时段故事承载的信息主要是具体的行动路线，通过影响个体参与集体行动的决策，对社会经济的短期波动产生影响。而作为社会规范载体的"故事"是长时段"故事"，在"社会结构"中产生影响。长时段"故事"承载的信息是价值观，对群体的集体记忆的形成产生作用，从而影响社会长期规范的形成。

无疑，短时段"故事"和长时段"故事"具有各自的研究范畴，但二者也存在一些转化的可能。一方面，若类似的集体行动反复出现，那么短时段"故事"发挥作用的相关情境定义会被多次唤醒，情境定义则可能转化为集体记忆，并成为公众行动规范，于是短时段"故事"转化为长时段"故事"。另一方面，长时段"故事"通过价值观影响集体记忆的形成，集体记忆的主观意涵如果渗透到集体行动的情境定义中，则可能影响情境定义，于是长时段"故事"转化为短时段"故事"。

六　结论与讨论

本文是受近年来日益受到关注的行为研究的启发，结合对社会学和人类学相关文献的梳理和挖掘，将"故事"范畴引入社会分析进行的一项探讨。我们关注的不是在经验研究中将故事作为搜集资料的一个方面，而是将"故事"作为一个分析性的概念工具纳入理论分析。为此，我们尝试对"故事"和"故事"引导的行动加以理论界定，探讨"故事"在现有集体行动理论模型中、在社会规范的形成和演化理论中可能的位置。

本文仅仅是依托已有的社会理论尝试将"故事"做嵌入性探讨，而不是直接建构内含"故事"范畴的理论。我们意识到，本文已做的工作有很大的局限性，而后一项工作是更有理论价值的，将留待日后努力为之。

"故事"要成为一个有价值的分析性概念，仅有纯理论的研究是不够的，还特别需要系统的经验研究的支撑。在这里，有"故事"参与和没有"故事"参与的社会过程之比较研究具有特别重要的意义。而在有"故事"参与的社会过程中，详细分析社会结构、文化心理、时局特征、文学特性等因素如何影响"故事"的扩散，又进而如何影响社会运行，都是推动与"故事"有关的理论发展所需要的。

本文只讨论了"故事"对行动的影响，但"抽象的理论"也会对行动产生影响作用。"故事"和"理论"这二者在发挥作用的机制上存在一定层次上的关联。"理论"有可能直接影响一小部分人的行动，也可能通过"故事化"的过程对很多人产生影响。这其中的作用机制可留待以后的研究再展开讨论。

我们不能不注意到，在当前信息技术革命的影响下，人们的信息获取方式、信息传递方式、集体行动的特征等，都发生了一些重要的变化。在这样的条件下，"故事"在社会过程中的作用会有怎样的特点，还有待于观察和研究。

既然"故事"影响着集体行动、社会规范的形成和演化等社会过程，那么对于和这些社会过程有关的政策来说，故事的研究也就具有潜在的政策实施含义。"故事"在政策实施中的意义，是一个可以进行专门研究的领域。其中至少包括这样一些问题：在怎样的条件下，对于怎样的政策目标，怎样的"故事"载体能发挥互补作用，怎样的"故事"载体会产生干扰？在怎样的条件下，伴随"故事"载体的政策实施是有效的，在怎样的条件下会失灵？作为政策实施的有效载体，长时段"故事"和短时段"故事"的特征存在怎样的差别？不过，对这些问题的探讨，已经不是本文的任务了。

参考文献

埃文斯·普理查德，2002，《努尔人——对尼罗河畔一个人群的生活方式和政治制度的描述》，褚建芳、阎书昌、赵旭东译，华夏出版社。

丹尼尔·卡尼曼、保罗·斯洛维奇、阿莫斯·特沃斯基，2008，《不确定状况下的判断：启发式和偏差》，方文、吴新利、张擘等译，中国人民大学出版社。

道格拉斯·C.诺斯，1994，《制度、制度变迁与经济绩效》，刘守英译，上海三联书店。

邓小南，2006，《祖宗之法：北宋前期政治述略》，生活·读书·新知三联书店。

费尔南·布罗代尔，1997，《资本主义论丛》，顾良、张慧君译，中央编译出版社。

冯·诺依曼、奥斯卡·摩根斯特恩，2004，《博弈论与经济行为》，王文玉、王宇译，生活·读书·新知三联书店。

弗里德利希·冯·哈耶克，1997，《自由秩序原理》，邓正来译，生活·读书·新知三联书店。

郭爱民，2015，《社会倾斜系统的数学描述和临界值作用》，载刘世定、李国武、张翔编《经济社会学研究》（第二辑）：18 – 42。

胡小伟，2005，《中国文化研究·关公信仰研究系列（第一卷）·佛道两教与关羽崇拜·伽蓝天尊》，科华图书出版公司。

加里·贝克尔，2000，《口味的经济学分析》，李杰、王晓刚译，首都经济贸易大学出版社。

马克·格兰诺维特，2007，《镶嵌：社会网与经济行动》，罗家德译，社会科学文献出版社。

——，2008，《找工作：关系人与职业生涯的研究》，张文宏等译，上海人民出版社。

马克斯·韦伯，2011，《社会学的基本概念》，顾忠华译，广西师范大学出版社。

马凌诺斯基，2002，《西太平洋的航海者》，梁永佳、李绍明译，华夏出版社。

曼瑟尔·奥尔森，1995，《集体行动的逻辑》，陈郁、郭宇峰、李崇新译，上海三联书店。

拉德克利夫·布朗，2002，《社会人类学方法》，夏建中译，华夏出版社。

林南，2005，《社会资本——关于社会结构与行动的理论》，张磊译，上海人民出版社。

刘慧国，2015，《社会预言的自我实现：借助模型的初步分析》，载刘世定、李国武、张翔编《经济社会学研究》（第二辑）：46 – 65。

刘世定，2011，《经济社会学》，北京大学出版社。

罗伯特·K. 默顿，2001，《社会研究与社会政策》，林聚任等译，生活·读书·新知三联书店。

罗德尼·斯达克、罗杰尔·芬克，2004，《信仰的法则——解释宗教之人的方面》，中国人民大学出版社。

乔治·阿克洛夫，2006，《一位经济理论家讲述的故事——关于经济理论新假设有趣结果的论文集》，胡怀国译，首都经济贸易大学出版社。

——，罗伯特·席勒，2016，《动物精神》，黄志强、徐卫宇、金岚译，中信出版社。

藤田昌久、保罗·克鲁格曼、安东尼·J. 维纳布尔斯，2005，《空间经济学——城市、区域与国际贸易》，梁琦译，中国人民大学出版社。

托马斯·C. 谢林，2005，《微观动机与宏观行为》，谢静、邓子梁、李天有译，中国人民大学出版社。

杨小凯，1998，《经济学原理》，中国社会科学出版社。

叶启政，2016，《社会学家作为说故事者》，《社会》第 2 期：77 – 98。

约瑟夫·熊彼特，1991，《经济分析史》，朱泱、孙鸿敞、李宏、陈锡龄译，商务印书馆。

詹姆斯·布坎南，1989，《自由、市场与国家》，平新乔等译，上海三联书店。

詹姆斯·克利福德、乔治·E. 马库斯编，2006，《写文化——民族志的诗学与政治学》，高丙中、吴晓黎、李霞等译，商务印书馆：136 – 162。

张樹沁、宋庆宇，2017，《动物精神的社会学逻辑——〈动物精神〉一书引发的社会学思考》，《社会发展研究》第 1 期：28 – 41。

Hayek，Friedrich A. 1960. *The Constitution of Liberty*. Chicago：the University of Chicago Press.

——. 1967. *Studies in Philosophy*，*Politics and Economics*. London：Routledge & Kegan Paul

——. 1973. *Law*，*Legislation and Liberty*：*Rules and Order*（VO. I）. Chicago：the University of Chicago Press.

——. 1978. *New Studies in Philosophy*，*Politics*，*Economics and the History of Ideas*. Chicago：the University of Chicago Press.

Rogers，Everett M. 1995. *Diffusion of Innovations*. New York：the Free Press.

Shiller，Robert J. 1981. "Do Stock Prices Move Too Much to be Justified by Subsequent Changes in Dividends?" *American Economic Review* 71（3）：421 – 436.

——. 1984. "Stock Prices and Social Dynamics." *Brookings Papers on Economic Activity* 1984（2）：457 – 510.

社会研究中对"故事"进行分析的几种可能

——评刘幼迟《社会分析中的"故事"范畴
——对文献的一个挖掘式梳理与探讨》

汪琳岚[*]

故事是社会生活和文化传播中的一个常见要素，然而将故事作为分析性的理论范畴予以研究尚不多见。刘幼迟在《社会分析中的"故事"范畴——对文献的一个挖掘式梳理与探讨》一文中提出了对故事进行分析性探讨的几种可能的议题，包括故事与集体行动、故事作为社会规范的载体等，具有很强的开创意义。本文试图继续沿着这几个议题进行讨论，思考在社会学研究中如何将"故事"纳入分析。

故事的定义和特质

刘幼迟在开头讲明写作意图，将"故事"作为分析性概念引入社会学研究，接着给出了对故事的定义：故事是"包含着他人的行动方式、观点、态度、后果等信息的具象载体。在这个定义中，有着他人行动的内容是一个关键因素"。作者在后文也提到，这个定义并不接受故事的泛化，例如不将抽象的理论陈述也视为一种故事。

这一定义涉及故事的两个关键特征。第一个特征是按时间顺序讲述观点、行动和后果，符合通用的故事定义。"在一个故事里，相关的事件才被讲出来，后来的事件被认为是解释了前面的事件，事件之间的因果联系不是基于形式逻辑或者概率，而是基于情节。情节是故事的结构。"（Polletta et al.，2011）叙事通过安排事件与事件的先后顺序展开解释，

---

　*　汪琳岚，北京市社会科学院社会学所助理研究员。

与之相对照，逻辑—科学的认知方式"把事件当作一般规律的例证或某一类别中的附属品"（查尔尼娅维斯卡，2010：10）。第二个关键特征是故事关涉他人，这一特征与"受他人影响的社会行动"这个基础假定产生关联，这就把故事分析和基础理论关联起来。

故事与集体行动

（一）以他人的集体行动为关键内容的故事

文章在"集体行动中的'故事'"这一部分"重点讨论'故事'通过传播，使众人形成行动路线上的模仿，每个个体的行动效应叠加，最终对整体的经济、社会变化造成影响的过程机制"。文章结合集体行动的既有模型，分析了故事在集体行动中的四种作用机制。第一种机制是，在信息不确定时，"如果出现了某种集体行动正在扩展的'故事'"，潜在参与者可能会高估参与者人数，从而使集体行动持续下去。第二种机制是，故事提高人们对不确定、不完全的信息的相信程度，集体行动规模扩大，故事的可信度进一步提高，这也是一种自我实现预言的模型。第三种机制是，故事"对传播强度发生影响，进而影响集体行动的扩展速率"。第四种机制则强调集体行动中的异质性，即有关不同人的故事、不同讲述者讲述的故事，对人们决定是否要参与集体行动的影响并不相同。

以上这四种机制涉及的故事是一种以他人集体行动为关键内容的故事。文章在分析故事影响集体行动时讨论的故事可视为第二阶段的故事，这类故事的共同元素是，他人参与了集体行动。此时的故事不是最初引发初始群体采取行动的故事，而是以参与者的集体参与本身为核心元素的故事。可将他人采取了集体行动这一关键内容概括为，个体 B_1 到 B_n 均采取 X 行动。在几种可能的机制下，对他人参与的了解使更多的潜在参与者 B_m 受到影响，参与到集体行动 X 当中。

以他人集体行动为核心要件的故事引起潜在参与者采取模仿行为，从而形成更大规模的集体行动，在经济活动中表现尤为明显，例如挤兑、抢购等。有时，此类事件还会引起系统性后果，例如引发公共安全事件、触发系统性金融风险等，因此，很有必要对此类事件进行细致的研究。

在他人集体行动成为第二阶段故事的关键内容之前，可能有初始故事元素，这使得一个故事与其他事件结合起来，形成多重故事。例如，A

事件出现，此后 B_1 到 B_n 均采取 X 行动。这对潜在参与者 B_m 来说构成一个嵌套的故事。A 事件发生以后，他思考如何应对，在观察到 B_1 到 B_n 采取 X 行动之后，他便模仿 B 群体采取同样的行动。另外一种可能是，A 事件出现，B_1 到 B_n 采取 X 行动，C_1 到 C_n 采取 Y 行动，潜在的参与者 M_1 面对 A 事件的冲击，需要在 B 群体和 C 群体、X 行动和 Y 行动中选择一种去模仿和行动。

更复杂的一种嵌套故事是异质性的讲述者和后续行动者的混合。例如，D_1 讲述一个自身受到不公正待遇的故事，E_1 讲述一个相对于 D 群体受到优待的反思故事，D_1 和 E_1 的讲述共同使既有的对 D 群体的成见重新得到讨论。在 D_1 的故事感召下，D 群体共同发声，希望打破对自身群体的成见；E_1 讲述的故事则触动 E 群体，唤起 E 群体内多人的同情和反思；与 D 群体和 E 群体并不直接相关的 F 群体中的 F_1 讲述 D_1 和 E_1 给出的不同侧面的故事对自身带来的冲击。以上为不同个体的讲述及其所在群体内引起其他成员的共振。在讲述之后，D 群体、E 群体和 F 群体分别采取 X 行动、Y 行动和 Z 行动，各自吸引群体内其他成员参与其中，接着，D 群体、E 群体和 F 群体相互之间施加影响，修正原有的 X 行动、Y 行动和 Z 行动，并合作采取 O 行动，共同推动对 D 群体成见的打破。在行动的推进中，D_1、E_1、F_1 重新润色原有的故事版本，选择适当的时机和场合继续讲述。以上是故事讲述与社会行动的复杂关联的一种可能，对其他的可能此处不一一讨论。

（二）故事传播作为一种集体行动

本文认为，除了从故事到行动再到更大规模的集体行动以外，个体接收信息并传播信息，以及个体传播符合既有认知框架的信息，也构成一种集体行动。在《谣言：世界最古老的传媒》一书中，作者梳理了与谣言传播有关的各种议题（卡普费雷，2008）。作者将谣言定义为"一个非官方的信息在社会中流传"（卡普费雷，2008：10），谣言与闲话、传闻的区别在于，它迅速蔓延，扩散幅度很大（卡普费雷，2008：18），是一种值得注意的集体行动。

谣言能获得快速传播，跟谣言的双重特质有关。一方面，谣言与人们的既有关注点有关，"它满足人们或是盼望或是恐惧的心理，或符合人们多多少少已意识到的预感"（卡普费雷，2008：54）。另一方面，谣言包含着新鲜而重要的信息，"又必须是出乎意料之外的，会带来直接重大后果的"（卡普费雷，2008：54）。

人们参与对谣言的传播，至少有以下几种原因。首先，通过传递谣言获得社会承认。谣言往往是通过非正式渠道传播的，因此谣言信息带有传播者的人格化特质，听众相信信息等同于相信传播者本人（卡普费雷，2008：58）。通过传播谣言，个体获得了与他人交换的资本，甚至还赢得某种尊重（卡普费雷，2008：59）。其次，个体通过传播谣言和他人进行情感交流和道德探讨，并能创造一种更密切的关系（卡普费雷，2008：63）。

不同行动者在面对一则谣言时的行为差异，也是很值得注意的研究议题。相对而言，研究谣言在一个特定社区内的传播，更容易发现这种差异。可以看到舆论引导者、普及者、不相信但玩赏谣言者、四处打听核实者、抵抗和反击谣言者等多重角色（卡普费雷，2008：106）。并且，个体的应对方式与他在社区中的角色与地位和身份有关联（卡普费雷，2008：107）。

（三）心理和认知过程作为从接触故事到采取行动的关键环节

刘幼迟在文章中讨论故事特征时，引述了阿克洛夫和席勒的观点以及卡尼曼的研究，分析了故事对人产生影响的心理和思维基础。阿克洛夫和席勒提出，人类的心智倾向于将一系列具有内在逻辑和动态变化的事件看作一个整体。卡尼曼则提出，人们在面对不确定性时，倾向于受到"便利性"的影响，对容易想起的事情的概率估计更高，此外人的决策过程具备"框架效应"特征，即对问题的描述方式影响决策判断。这两个特征均可用于解释故事为何容易被人们接受。

本文认为，在将来的进一步研究中，可分析人们从接触故事到采取社会行动的心理和认知过程差异如何与故事特征差异、传播的群体范围差异产生关联。可依据内容的复杂程度将故事分为三种，一则简短的故事、围绕特定事件的系列故事和多重故事的复杂组合这三类，故事的传播范围则可分为小群体和大群体两种。本文提出以下猜想，留待检验。

第一，一则简短的故事对人们在心理和认知上的影响方式主要是提供信息、激发情感上的反应。在小群体内传播时，人们借助这一则故事进行信息和情感交流，对故事涉及的第三方进行评价；而在大群体范围内传播时，简短故事提供的信息和情感刺激可能会引发情感上的认同或反对，也可能引发情绪的传导从而促成模仿行为的出现。

第二，比一则简短的故事更复杂的是围绕特定事件的系列故事，这类故事在传播之后，同样会引起情感上的反应，但因为包含的信息更复杂，可能会引起认知上的冲击和探讨。在小群体范围内传播时，人们会借助这一系列故事进行情感交流和认知上的探讨；在大群体范围传播时，可能带来情感上的认同和反对，情绪传导方向可能更为多元，还可能成为公共说理的一个重要素材。

第三，更加复杂的故事是多重故事的复杂组合，可以一部经典小说为例。一部经典小说以个人视角展开讲述，对人的境遇的复杂呈现既能够带来情感共鸣、提升对他人的同情和理解能力，"一种想象过另一个人的生活的能力"（努斯鲍姆，2010：16），能激发读者情感和想象上的活跃（努斯鲍姆，2010：17）。一部经典小说提供了无数丰富复杂的情境，讲述了数个人物的个人选择及结果，"文本与它想象读者之间的互动结构本身让读者看到，社会与环境特征的易变性如何影响我们实现共同的希望与期待"（努斯鲍姆，2010：19），因此可以提升人的认知，同时，具体情境和普遍观念之间的往复，也是公共推理中的一种重要形式（努斯鲍姆，2010：21）。此外由于经典小说蕴含着较高的艺术创作水准，能够跨越时间和空间得以传播，沟通不同世代和地区的人，激发创造和审美能力。广义地看，数量庞大的读者和作者借助一部经典小说进行沟通以及读者与读者之间进行沟通，也可用集体行动的视角进行分析。

故事与规范

文章在第四部分"'故事'作为形塑社会规范的载体"中讨论了故事作为社会规范的载体应如何分析。首先，有人类学和社会学研究讨论了"故事"如何承载和传递社会规范，例如世仇故事、神话故事、民间信仰故事等。第二，在社会演化过程中会出现自发秩序，与此相关的知识和经验的载体往往是故事。第三，故事对个体的想象力资本的形成产生影响，进而影响规范的内化。前两个方面侧重于讨论在较长的历史时段内，故事如何发挥规范传递和规范习得的作用，第三个方面侧重于从个体的心理和认知机制的角度讨论故事对规范内化的影响。

故事和规范之间存在叙述与说理、个体选择与群体规范等张力，是一个很值得深入分析的议题。从刘幼迟的分析可见，以往的人类学、社会学研究多是从宏观的社会化机制的角度切入，强调故事对规范的承载，强调借助故事传播能够传承规范。此外，还可从其他角度探讨故事与规范的议题。在以往的研究中，有一类文献从法律案件或法律说理角度切入，分析了故事和规范的关系问题，值得借鉴。这里选取两个分析角度予以简单介绍。

首先，考察私人生活的纠纷解决过程可以看到，对私人故事的不同讲述关联着不同的规范，对讲述的竞争背后是对适用规范的竞争。研究发生在亲密关系双方之间的财产纠纷案件可以清楚地看到这种竞争。泽利泽在《亲密关系的购买》一书搜集了两性关系、看护关系、家庭内部交易等领域的法律案件，分析了亲密关系的当事人如何通过对双方互动历程的讲述界定双方的关系，而对关系的不同界定与不同的经济交易方式相匹配，分属不同的规范（泽利泽，2009）。可以看到，当事人之间的争议实际上就是各自讲述的故事版本背后的规范与规范之间的竞争。

也有法律学者讨论了故事对规范的作用边界。波斯纳认可文学对法律学者和从业者的价值，但不同意将法律学术的重点从分析转为叙事和比喻（波斯纳，2002：7）。第一，法律裁定的关键是依据证据进行推断，嫌疑人讲童年的悲剧故事，避开了关键的从证据到犯罪行为的因果关系，也避开了个人责任（波斯纳，2002：466）。第二，当事人和证人讲述的故事中有时带有虚构元素，"它们能够出现在上诉法院的意见当中是因为它们被轻信的陪审员接受，或者出于程序或权宜原因而没有受到质疑。法律在事实上而不是在虚构上存在不足"（波斯纳，2002：469～470）。第三，故事带来的情感影响有时会对理性推断有所补充，但是有时也会阻碍理性发挥作用，例如陪审团有时候因为情绪被激怒而将特定证据排除（波斯纳，2002：471）。

其他可能的研究议题：与故事相关的组织和制度分析

除上文讨论的几个议题以外，还可以挖掘其他与故事相关的分析视角。例如可以讨论故事传播及应对的组织和制度问题，"故事的力量是社会的组织起来的，也是不均衡的分配的"（Polletta et al.，2011）。

可从这一视角解读《叫魂》一书。该书通过分析民间流传的妖术恐惧事件的信息传播、界定、应对来看官僚君主制度的运作，尤其是看君主和官僚之间的关系。乾隆皇帝采用的和官员沟通的文案报告制度，也就是信息沟通渠道有两种，一种是常规渠道，处理"税收报表、刑事审判、公共工程和日常人事调动等常规事务"，一种是机要渠道，"即皇帝和各省长官之间直接的个人通讯热线",处理"包括谋反在内的紧急机密的非常情况",通过私人文件的形式进行沟通（孔飞力，2014：162）。与之相关联的是两套不同的权力运作方式——常规方式和专制方式。对叫魂事件的应对凸显了机要渠道的作用，皇帝借此了解紧急信息，界定事件的关键要素，提出处理意见，并表达对官僚群体迟滞反应的不满。在事件发生时，官员的应对选择则受到上下两方面压力的影响，并未及时上报的原因包括，官僚程序影响了及时回应的速度、轻视、害怕影响仕途、避免诬告和无辜迫害（孔飞力，2014：265）。然而，官员的选择范围是有限度的（孔飞力，2014：274）。

《叫魂》一书在两个不同层次上处理了叫魂事件。一是初始的巫术恐慌事件，引起了皇帝和官僚群体的差异化界定和反应。二是在应对初始事件的过程中，皇帝和官僚群体在常规渠道和非常规渠道的互动本身构成了新的事件，使得地方性事件"变成推动整个政治制度运作的燃料"（孔飞力，2014：232）。

总之，刘幼迟在文章中提出了一个很重要的研究领域，也阐述了故事与集体行动、故事与规范这些重要议题，很有开创性。期待学界共同推进对"故事"的研究，期待更多的系统性经验研究和更加深入的理论建构问世。

参考文献

芭芭拉·查尔尼娅维斯卡，2010，《社会科学研究中的叙事》，鞠玉翠等译，北京师范大学出版社。

孔飞力，2014，《叫魂：1768 年中国妖术大恐慌》，陈兼、刘昶译，上海三联书店。

理查德·A. 波斯纳，2002，《法律与文学》，李国庆译，中国政法大学出版社。

玛莎·努斯鲍姆，2010，《诗性正义：文学想象与公共生活》，丁晓东译，北京大学出版社。

让－诺埃尔·卡普费雷，2008，《谣言：世界最古老的传媒》，郑若麟译，上海人民出版社。

薇薇安娜·A. 泽利泽，2009，《亲密关系的购买》，姚伟、刘永强译，上海人民出版社。

Polletta, Francesca, Chen, Pang Ching Bobby, Gardner, Beth Gharrity, and Motes, Alice. 2011. "The Sociology of Storytelling." *Annual Review of Sociology* 37：109－130.

经济社会学研究　第六辑
第 162 ~ 193 页
© SSAP, 2019

强弱关系，还是关系人的特征同质性[*]

邱泽奇　乔天宇[**]

摘　要：梳理社会网络和社会资本研究领域涉及弱关系与强关系命题的争论发现，尽管各自阵营的讨论都可以逻辑自洽，可本文的探讨说明，以找工作讨论为例，强、弱关系或许只是表象，让强、弱关系发生作用的不是关系强、弱本身，而是关系人在社会特征属性上的同质性。运用 DAS 数据和 CGSS 数据的分析表明，无论在美国还是中国，曾经被解释为在找工作中发生影响的弱关系或强关系，在更本质的意义上是关系人的特征同质性，关系强弱在多大程度上发挥影响，取决于关系人在社会特征属性上的同质性程度。

关键词：弱关系　强关系　同质性　找工作

一　在找工作中，关系强弱真的重要吗？

我（A）和中国现任总理李克强（B）在北京大学是同学，从社会关系上，既是格兰诺维特的弱关系，也是边燕杰意义上的强关系，A 还占据着伯特意义上的结构洞位置；假设 A 请 B 帮忙，B 也有能力帮助 A，B

---

[*] 本文曾发表于《社会学评论》2018 年第 1 期。
[**] 邱泽奇，北京大学社会学系、北京大学中国社会与发展研究中心教授；乔天宇，北京大学社会学系博士研究生。

会帮 A 吗？这个例子告诉我们，A—B 之间边（关系）的强弱是重要的；更加重要的，或许是 A、B 两个关系人（本文指有关系的人，在网络科学中则指有边连接的"节点"）之间社会特征的同质性或异质性[①]。

在怀特（White，1970）之后，格兰诺维特的"弱关系的力量"和"找工作"研究（Granovetter，1973；1974）开启了一个新的研究领域：社会关系网络研究。在过去的 40 年里，在弱关系命题不断得到拓展和应用（Lin，Ensel，and Vaughn，1981；Burt，1992；Montgomery，1992，1994；Lai，Lin，and Leung，1998；Levin and Cross，2004；Patacchini and Zenou，2008；Huberman，Romero，and Wu，2008）的同时，也不断有人试图提出挑战，边燕杰的"找回强关系"（Bian，1997）就是典型的例子。

在既有的研究中，关系人之间关系的强、弱几乎构成了一对替代性而非竞争性命题。弱关系命题认为，在劳动力市场中，弱关系能向求助者提供另一个社会关系网络的职位信息，让求助者更容易找到工作。强关系命题认为，弱关系命题强调了信息的传播，忽略了人情在运用信息中发挥的重要影响。

如果你在找工作，是你的亲友帮你更有用呢？还是你曾经认识的、平时也没什么来往的人帮你更有用呢？基于美国的经验，格兰诺维特说，后者更有用；基于中国社会的经验，边燕杰说前者更有用。也许两者都有用，也有经验研究分别证实两种理论的预测（Deborah and Konrad，2001）。也许两者都没多大用，这是人们在日常生活中最突出的感受和体验。既然如此，强、弱关系理论，可能忽略了在帮助活动中发挥作用的、更加本质的属性。

本文试图探讨在社会关系网络中，在类似找工作的情景下，发挥作用的到底是关系人之间关系的强或弱，还是另有因素。如果另有影响因素，是什么？与关系强弱之间又是什么关系？为了回答这些问题，本文提出了关系人"特征同质性"这一核心概念。我们认为，在类似于找工作的情景中，关系人之间关系强弱的影响或许只是表象，对找工作真正发挥影响的、更加本质的是关系人在特征属性上的同质性。"特征同质性"这里用来描述节点与节点之间在社会特征属性上具有的相似性、匹

[①]　图论对网络要素的定义已经扩散到相关的学科，英文对相关概念的定义几乎没有歧义。中文对概念的翻译在不同学科有较大差异。文章使用了图论和网络科学对网络要素的翻译，把 nodes 翻译为"节点"，把 edges、tie 翻译为"边"，对应于社会情境中的社会行动者（actor）和他们之间的关联（relationship）。

配性、一致性。简单地说，关系强度描述了"边"的特征，强、弱关系命题试图讨论"关系"的影响，我们则试图探讨关系人，即"节点"特征的影响。

在社会关系网络研究中，人们很容易把科学研究中的强弱关系与现实生活相关联。为了便于后面的讨论，文章的第二部分将对强弱关系研究进行回顾，以明确科学研究中强弱关系的概念与命题，以及既有研究的问题；第三部分将详细阐述我们提出的特征同质性概念；并用中、美两国的数据检验"特征同质性"假设。本文结论试图说明的是，在类似于找工作的情境中，边的桥或捷径性质是关键，"特征同质性"是让关系发挥影响的本质，与关系（边）的强弱属性无关。

二 关系强弱之争

（一）弱关系：桥、捷径与结构洞

格兰诺维特认为，在信息的传播中，弱关系发挥着重要的作用，甚至比强关系更有优势。为了证明这个观点，他引入了"桥"（bridge）概念。桥是指网络中两个节点之间的唯一路径，在图1（a）中，A—B边是连接A和B两个节点的唯一路径；A节点所在的关系网络如果希望与B节点所在的关系网络相连，就必须经过由节点A和B连接的边；反之亦然。

显然，"桥"是一种理想情景。米尔格拉姆等人对"小世界现象"（Milgram，1967；Travers and Milgram，1969）的研究证明，在社会关系网络中，存在大量的短路径（Korte and Milgram，1970；Watts and Strogatz，1998；Albert，Jeong，and Barabasi，1999；Kleinberg，2000；Dodds，Muhamad，and Watts，2003；Liben-Nowell et al.，2005），即类似于桥的社会关系。

为了方便经验验证，格兰诺维特又引入了"捷径"（local bridge）[①]概念，如果用n表示A—B之间的最短路径（除A—B边本身之外），若n＞2，就称A—B是跨度为n的捷径，图1（b）中，A—B是一条跨度为3的捷径。

---

① 对于这个概念，也有文献将其译为"局部桥"。

　　图 1 说明，无论是桥还是捷径，都连接了两个相互之间几乎没有重合的子网络。想象一下，图 1 展示的就是你的社交圈，在图 1a 中，如果删除 A—B 边，节点 A 和 B 就分属于两个不同的圈子（连通分量）。在图 1（b）中，如果删除 A—B 边，则从 A 到 B 的最短路径至少等于 3。

　　两个圈子内部成员之间联系紧密且交流频繁，信息会在这两个圈子内部得到迅速的传播，这使得 A 与 C、D、E 和 F 在更大程度上可能分享着相类似的信息［图 1（b）］，但作为桥或捷径的 A—B 边却可以使得 A 有机会接触到来自另外一个群体的完全不同的信息；另外，格氏认为，大多数的桥和捷径都会是弱关系，仍然以图 1（b）为例，如果 A—B 边是强关系，A—I 或者 B—D 再连为一条边的可能性很大①，这样 A—B 边就不再满足为桥或捷径的条件了。大体来说，格兰诺维特是基于以上这两点认为弱关系在信息的传播中发挥着重要的作用，因为"弱关系的消失对于信息传递可能性造成的损失，比起一般强关系的消失会更大"，而

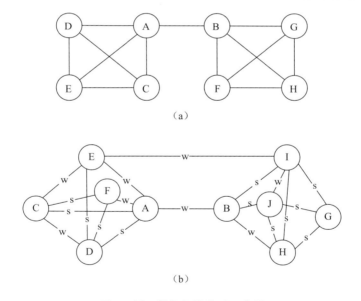

（a）

（b）

图 1　桥、捷径与弱关系示意图

说明：（a）图源自伊斯利、克莱因伯格（2011），并根据原图重新做了编辑。

（b）图源自《弱关系的力量》一文，其中标注了 w 的边代表弱关系，标注了 s 的边代表强关系。

---

①　这种情况被称为三元闭包原则，在一个社交圈内，若两个人有一个共同的朋友，则这两人在未来成为朋友的可能性就会提高（伊斯利、克莱因伯格，2011）。

且"弱关系传递信息时，不管传递什么都会触及更多的人，以及会穿过更长的社会距离"（Granovetter，1973）。

如此，关系强度就成为格兰诺维特在"找工作"讨论中的重要概念。对格兰诺维特而言，关系强度是 4 个要素（很有可能是线性）的组合：交往频率、情感强度、紧密程度和互惠程度，并认为这 4 个要素是相互独立的（Granovetter，1973）。值得注意的是，在定义关系强度时，他并没能给出一个基于这 4 个要素的测量方案，"关于操作性测量以及如何为这 4 个要素分配权数，留待今后的经验研究中再进行讨论"。可能是其他因素抑或是数据的影响，致使他在后来的一系列研究中（Granovetter，1973），将关系强度等同于交往频率或由交往频率表现的紧密程度①。

从网络结构入手分析，伯特（Burt，1992）提出了结构洞概念（Structure Hole）。结构洞指的是在社会网络结构中某个节点位置的结构特征属性，用来描述"两个被求助者之间的非重复关系"。如图 2 所示，节点 E 即处在了结构洞位置。伯特认为，弱关系和结构洞描述的是同一种现象，并用图 2 解释了弱关系理论与结构洞理论之间的联系。

假设，一些节点（可以是任何社会行动者）分属于 3 个社会圈子，如果删除 E—A 边和 E—B 边，则节点 E、A 和 B 就分属 3 个连通分量。如果圈子内部的节点之间是强关系，则属于 2 个不同圈子的节点之间就是弱关系（如 E 与 A，E 与 B 之间）。对 E 而言，有 2 个弱关系连接到了另外的 2 个圈子。进而，一个节点位置（E），存在着 3 种结构洞：（1）A 所在圈子的节点与 E 所在圈子的节点之间，如 A 与 C 之间；（2）B 所在的圈子的节点与 E 所在圈子的节点之间，如 B 与 D 之间；（3）A 与 B 之间的结构洞。如此，E 不仅拥有最多的弱关系，也拥有最多的结构洞，也是获取信息的最佳位置。

既然伯特认为结构洞与弱关系描述的是同样一种现象，为什么还要发展结构洞理论呢？这是因为，在伯特看来，结构洞理论更利于道破关

---

① 这一点明显地体现在了格兰诺维特的好几处论述中，如其关于"找工作"的研究，"我用如下的分类代表交往频率：经常＝一周至少两次；偶尔＝一年多于一次但是一周少于两次；很少＝一年一次或者更少。对于那些通过关系找工作的人来说，16.7% 的人报告说他们经常见他们的被求助者，55.6% 的人说偶尔，27.8% 的人很少。这明显向弱关系一端倾斜，表明结构之于动机的重要性"。再如，"在很多个案中，（找工作中用到的）被求助者只是处在（求助者的）关系网络的边缘，例如大学时代的老同学，或者之前的同事或雇主，求助者和这些人只是保持着偶发的联系。通常这些关系并不十分强了"。

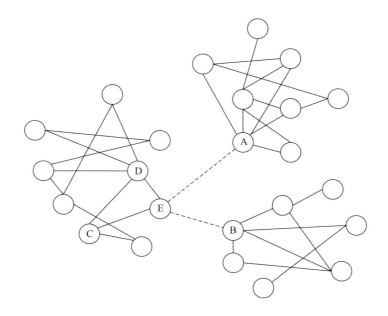

图 2　结构洞与弱关系（Burt，1992）

说明：图中实线代表强关系，虚线代表弱关系。

系的本质，"直接抓住了动因"，弱关系命题强调的关系强度并不是真正
的原因；本质是，只有当桥连接结构洞位置时，作为桥的弱关系才能在
信息传播中发挥更大影响。

伯特质疑的是弱关系发生影响的关键不在于关系的强弱，而在于表
现为弱关系的"边"连接了结构洞位置的节点。格兰诺维特之所以强调
弱关系，是因为弱关系成为桥或捷径的可能性比强关系要大得多。

其实格兰诺维特和伯特各自强调的是一个现象的两面，格兰诺维特
强调了跨网络"连接边"的重要性；伯特则强调了跨网络"连接节点位
置"的重要性。两者都是网络结构中连通性（connectivity）要素（节点
和边）的连接属性（邱泽奇、范志英、张樹沁，2015）。

问题是，连通性为什么重要呢？甚至，两个节点之间怎么就会产生
连通性呢？对前一个问题，格兰诺维特和伯特都强调了信息传递的影响，
对后一个问题则没有涉及。由此，我们对关系节点特征属性的影响产生
了兴趣，这也是本研究的起点。

（二）　强关系：中国事实？

在对弱关系理论的质疑中，边燕杰利用中国事实提出的挑战尤显得突出。与伯特对边重要性的质疑不同，边燕杰没有质疑边的重要性，而是对边的强弱属性提出了质疑。如前所述，在格兰诺维特看来，网络结构中的弱关系边成为桥或捷径的概率要远高于强关系（Granovetter，1973）；边燕杰则认为，强关系也可能成为桥，并给出了经验证据（Bian，1997）。

除此以外，在找工作情景中，边燕杰还认为强关系甚至会发挥更大影响，因为强关系具有熟悉、紧密、可信赖性、互惠、义务等（杨美惠，2009）特征，在信息传递之外，还有人情交换（Hwang，1987），并认为强关系的影响在中国社会表现得更为突出；最后，边燕杰还试图将强关系的作用放入具体制度—文化背景下进行阐述，在他看来，一方面，中国社会有强调关系的文化传统，人际关系一直是调节中国人社会行为的关键机制（边燕杰，2010）；另一方面，中国的再分配经济体制①也让强关系具有发挥作用的空间（Bian，1997）。

如果单独阅读格兰诺维特、伯特、边燕杰的相关论著，他们的论述各自都能自圆其说。对类似于找一份工作的帮助行为而言，弱关系的确具有传递信息的作用，结构洞的确是让信息发生影响的节点位置，人情交换的强关系对找工作也有重要影响。

既如此，问题便接踵而至，如果强弱关系都有影响，那么，对强弱关系的区分不就没意义了？比较格兰诺维特的弱关系和边燕杰的强关系也不难发现，两者对强弱关系内涵的理解并不完全相同。边燕杰的强弱关系更侧重于边的社会属性，他"试图用'熟、亲、信'三个维度来勾画中国人关系网络的结构特征"（边燕杰，2010），在他的经验研究中，直接将诸如家人和亲属关系界定为了强关系（Bian，1997）；格兰诺维特的研究，更强调的是交往频率或由交往频率表现的紧密程度。

简单地说，平时交往较多或关系密切的人之间会存在信息冗余，活动在不同圈子的人会带来差异性信息，弱关系（交往频率较低、紧密程度较低的关系）帮助求助者找到工作的关键是其成为桥的可能性更大；

---

①　边燕杰的调查进行于 1988 年，当时的天津市，多数仍然是再分配体制，详情可参见（Bian，1994）。

在结构上，这种特征对获得差异性信息更有帮助。边燕杰则认为，信息或许很重要，但更重要的是手握差异性信息的人是不是肯帮助。影响人们是不是愿意帮忙的是二者之间的关系强不强，如果关系强，对方肯帮忙，如果关系不强，对方就不一定肯帮忙。这里的强，指的显然是关系的社会特征。

这足以让我们理解为什么强弱关系理论听上去似乎都有道理。对于网络结构中具有桥或捷径性质的关系（边），格兰诺维特将其视为了弱关系，边燕杰将其视为了强关系，且各自发展了相应的解释。

不过，我们认为关系强度刻画是关系（边）的属性，却忽略了一条边两端节点的社会特征属性。节点的属性对边是否发挥作用，可能会有着更加重要的影响。伯特强调了节点的网络结构特征属性的影响，只限于结构的讨论。我们要强调的是，一条边两端节点的社会特征属性对边发挥作用的影响。

在既往的研究中，弱关系理论的影响已经非常彰显；同样，强关系理论也影响了一系列的经验研究（桂勇、顾东辉、朱国宏，2002；赵延东，2003；周玉，2005；张文宏，2006；赵延东，2006；周玉，2006；张顺、郭小弦，2012；王文彬、赵延东，2012）。不过，这些研究从来没有质疑过强弱关系理论的内在逻辑。我们的研究就从对强弱关系理论内在逻辑的质疑开始。

（三）被忽略的：关系人的社会特征属性

对于一个社会网络的图来说，节点和边是构成它的基本要素。在分析图时，通常会使用概念对边或节点特征进行描述。关系强度、结构洞、特征同质性等都是用于描述网络中边或者节点特征的概念（见下图3）。

关系强度是最为常见的刻画边特征的概念。根据格兰诺维特的定义，关系强度越大表示彼此之间越亲密，互动越频繁。关系的正负属性是另外一种对关系边特征进行描述的方式，正关系通常表示友好关系，负关系通常表示敌对关系，社会心理学家会用其刻画平衡结构（Heider，1958）。另外，边也具有结构特征属性，例如边的介数（Betweenness）可以通过定义其承载信息流的总量用来刻画边在网络结构中的重要性（Girvan and Newman，2002）。

图论和社会网络分析中也发展了一系列工具来描述网络中节点的特征，如结构洞，社会网络分析中更常用的是刻画节点重要性程度的各类中心性测量（Jackson，2010），以及互联网搜索领域中发展的、在科学文献评价中也广泛使用的 PageRank 指标（Page et al.，1999）等。除了结构特征之外，节点还都会携带各自的社会特征属性，比如性别、年龄、家庭、地域、社会经济地位、兴趣与态度价值观等，涉的内容更加丰富。拉扎斯菲尔德和默顿最早将其带入结构视角的分析之中（弗里曼，2008；Lazarsfeld and Merton，1954）。不过，在此后较长的一段时期中，被结构视角主导的网络研究范式所忽视。[①]

回到关系发挥作用的问题上来，格兰诺维特的弱关系命题和边燕杰的强关系命题都专注于关系（边），纠结在边的强弱属性上；伯特注意到节点，强调节点结构位置的重要性，仍限于结构上的讨论，强调节点的结构特征属性的影响，没有讨论节点的社会特征属性。

显然，一条边两端的节点，在网络中的位置是重要的。如果节点没有占据伯特意义上的结构洞位置或具有相似意义的位置，那么连接节点的就不会是格兰诺维特意义上的弱关系边，也就不具备可传递的异质性信息。同样重要的是，即便某条边是格兰诺维特意义上的弱关系边，对于想要找工作的人来说，弱关系边另一端的节点（关系人）如果不愿意帮忙，关系的优势也就没能发挥出来。因此，仅从节点的结构位置出发，只能说明节点是否有能力，不能说明是否有意愿，伯特的解释显然是不够的。我们想要说明的，更本质的是关系人（节点）的社会特征属性，正是它对关系（边）是否发挥作用产生着影响。

通俗地说，在网络中，如果拥有桥或捷径性质的边，那么，边两端的节点（关系人）之间具有怎样的社会特征属性时，关系人才会提供帮助，让关系发挥作用呢？用格兰诺维特的弱关系、边燕杰的强关系、伯特的结构洞都无法完全解释。

回到开篇的例子，强弱关系不能解释 B（李克强）是否以及为什么会不会帮助 A（邱泽奇）。问题不在于 A—B 之间关系的强弱，甚至也不在于 A 是不是占据结构洞位置，而在于两者各自的社会特征属性是不是促使 B 帮 A，让 A—B 之间的边发挥作用。

---

① 近些年来，随着一些用于分析网络图的统计模型的发展，将节点的结构属性和社会特征属性同时纳入分析成为可能（Robins et al.，2007），对节点社会特征属性的讨论开始逐渐得到关注。

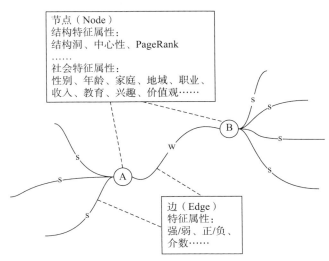

图3　网络图中的基本元素：节点与边及各自的特征

三　回到同质性

（一）同质性现象

　　中国古谚有，"物以类聚，人以群分"；西方也有相类似的谚语，*Birds of a feather flock together*（同色鸟同林）；亚里士多德在论述友谊时也曾说"我们爱的是与自己相似的朋友"（亚里士多德，2003），这就是一般意义上的同质性。同质性在自然界和人类社会普遍存在，社会学对此也有不少实证研究（Lazarsfeld and Merton，1954；Verbrugge，1977；Shrum，Cheek，and Hunter，1988；Heider，1958）。

　　前面的讨论已经说明，要解释边是如何发挥作用的，就不能离开关系人（节点）的社会特征属性。三元闭包原理（Rapoport，1953）告诉我们，闭包的基本动力来自两个关系人（节点）社会特征属性的相似性，"在一个社交圈内，如果两个人有一个共同的朋友，则这两个人成为朋友的可能性就会提高"。朋友，意味着社会意义上的相似、同质，无论来自地缘（如邻居、同乡）、血缘（如家庭、家族），还是来自社会组织（如同学、同事、同社团），甚至来自某些非正式的特征或网络（如相同的态度或行为）（McPherson，Smith-Lovin，and Cook，2001）。

当然，在社会生活中，除了基于个体自愿建立的关系以外，还有众多如因工作建立的关系。人们的日常生活体验是，遇到一个"脾气相投"的同事，是一种福气；不幸的是，在很多情况下，则不得不"与狼共舞"。故两个关系人的社会特征属性，不仅是建立社会关系（边）的重要条件；在有社会关系也有资源的前提下，也是预估 B 是否帮助 A 的重要条件。

这就意味着，仅仅讨论承载关系强弱的边，或仅讨论节点在网络中的结构特征属性，而不讨论边两端节点（关系人）的社会特征属性，是无法解释 B 是否愿意以及为什么会帮助 A 的。即便 A—B 边在网络结构中具有桥或捷径性质，B 是否会帮助 A，可能取决于 B 与 A 社会特征的同质性，而不是关系强弱。

对同质性关系（边）形成的机制，过往的文献做了较充分的讨论。拉扎斯菲尔德和默顿提出了同质性关系的社会选择理论（Lazarsfeld and Merton，1954），并区分了地位同质性和价值同质性，证明了地位相近或价值观相似的节点之间，更有可能形成边，这就是"物以类聚，人以群分"；坎德尔（Kandel，1978）则提出了同质性关系形成的社会影响理论，认为由同一条边连接的两个节点的交往和互动（比如同事、兴趣团体成员之间）会产生相互影响，让两个节点在某些属性或特征上呈现趋同，这就是"近朱者赤，近墨者黑"。此外，麦克弗森等（McPherson，Smith-Lovin，and Cook，2001）对同质性关系形成的机制在理论上进行了归纳，并试图将社会影响机制细化和拓展。

毛特德（Mouw，2003）从论证方法的角度对找工作模型提出了质疑，关注社会资本的内生性问题，认为"汇聚社会资本的变量，如网络成员的教育、职业地位，对收入没有直接影响"，认为关系之所以看起来有用，并非来自关系的社会资源（Lin，Vaughn，and Ensel，1981）。他关注到了节点间同质性可能产生的影响，认为"既有文献认为的社会资本效应，反应的只是相似的人变为朋友的趋势，而不是朋友特征在劳动力市场上的产出"。此外，还有一些研究者也进行过类似的研究（林南、敖丹，2010；Page et al.，1999）。不过，他们探讨的是边（关系）的工具性（Mouw，2006），而没有从节点（关系人）有怎样的社会特征属性的角度，对边的强弱属性发挥作用的命题从内在逻辑上提出质疑。

这恰是本文的焦点：系统地梳理和探讨在一个社会网络中，假设 B

帮助了 A，可能不是由于 A—B 之间是强关系或弱关系，可能都源于 A 和 B 具有某种相同或相似的社会特征属性，即节点社会特征属性的同质性。进一步地，A—B 之间关系强度所表现出来的作用，是以节点社会特征属性的同质性为前提的。

（二）关系人的特征同质性与研究假设

为方便后面讨论，需要对两个基本概念（特征同质性、关系强度）进行说明。

本文提出关系人特征同质性概念的起点还是拉扎斯菲尔德和默顿的同质性概念。在早期，拉扎斯菲尔德和默顿（Lazarsfeld and Merton，1954）区分了两种同质性：地位同质性与价值同质性。地位同质性指人们在社会结构中的特征相似性，如社会和人口特征（种族、性别、年龄、受教育程度、职业和生活方式）；价值同质性则是指人们在价值观念、态度和信仰等特征上的相似性。拉扎斯菲尔德和默顿对友谊形成过程的探讨侧重于价值同质性（Lazarsfeld and Merton，1954；McPherson，Smith-Lovin，and Cook，2001）。本文的目的，并不试图区分同质性的类型，而只聚焦于检验被格兰诺维特称之为弱关系，又被边燕杰称之为强关系的边两端的节点，其是否具有某些相类似的社会特征属性，本文称之为"特征同质性"。

需要注意的是，本文的同质性概念与既有研究的指称是有区别的，为了避免混淆，这里略做说明。

第一，描述网络结构特征的同质性。伯特和马斯顿（Burt，1984；Marsden，1987）曾提供了个体网同质性的测量方法，后成为社会资本测量的主要工具之一（边燕杰，2004；张文宏，2005；王卫东，2006）。他们指称的同质性侧重于由相似节点组成网络而表现出来的整体特征，是对网络结构特征的描述，而不是对两个节点特征属性的比较。

第二，描述信息或资源的同质性。格兰诺维特和林南等学者用于解释弱关系命题的概念。他们认为交往频率较低的弱关系边更容易作为捷径连接不同的圈子，进而获得差异性的信息或接触到差异性的社会资源，这些差异性的信息或资源相较于从同一个社会圈子中获得的信息或资源对其找到工作则更加有用。

这一概念也不同于我们强调的节点（关系人）在社会特征属性上的同质性：首先，无论边上流动的是同质性的还是异质性的信息或资源，都是从边（关系）视角出发的，忽视了节点的社会特征属性；其次，我们认为具有特征同质性的两个节点，完全可以处在不同的网络结构（即"圈子"）中，连接它们的边依然也可成为桥或者捷径，也就是说，具有特征同质性的节点之间，其边上流动着的也可能是异质的信息和资源。

第三，描述一对关系中节点相似的同质性。这是本文使用的同质性概念。麦克弗森等人（McPherson，Smith-Lovin，and Cook，2001）认为，一对关系的相似性，可以作为一个社会过程的来源或结果。不过他们的研究并未把这个思路纳入研究实践。本文正希望把 B 帮助 A 的影响因素看作是一个社会过程的来源。

既然对关系同质性的界定依赖于节点的社会特征属性，那么对其测量也始于节点的社会特征属性。在这里，社会特征属性包括了先赋的自然属性和某些自致的建构属性。最为典型的先赋自然属性的相似性如血缘关系，自致的建构属性如地缘的同乡关系、业缘上的同事关系、同学关系，以及诸如社会经济地位、兴趣爱好、价值观等。

本文把诸如此类的节点在社会特征属性上的相似性都视为关系人的特征同质性。对不同类型的关系人来说，其特征同质性的程度有理由认为是不同的。我们可以做一个合理的假定，如果两个节点之间在更多维度的社会特征属性上具有相似性（Kossinets et al.，2009），则可以认为这两个节点之间的特征同质性较高。

基于此，我们对给定的几种关系类型的同质性程度排序做一个简单的分析：首先，家人和亲属关系在先赋的血缘属性上无疑具有同质性，其中家人关系在血缘上的同质性程度要高于其他亲属关系；其次，在由地缘关系带来的生活环境、社会经济地位以及价值观等方面，家人与亲属较其他类型的社会关系而言，在这些属性上具有相似性的概率也会更大；再次，本文假定朋友之间的特征同质性程度也要高于其他类型的社会关系，这是因为特征同质性在朋友关系形成过程中已经发挥了作用，朋友关系本身就是在一些特征属性上同类选择的后果，最典型的如社会经济地位和价值观，"人以群分"以及"不是一家人，不进一家门"等类似的俗语都说明两者具有了相当程度的相似性，但另一方面，家人关系在血缘这一先赋特征属性上的同质性则又是朋友关系不具备的；最后，其他诸如同学、同乡、同事等关系类型，仅在某一社会特征属性上具有相似性。

基于这样的假定和分析，我们对给定关系人的特征同质性程度做如下排序：血缘关系的特征同质性程度最高，其中家人关系的又高于其他亲属关系；朋友之间的特征同质性高于同学、同事和同乡等关系（费孝通，2007），而同学、同事和同乡之间的特征同质性比一般熟人和其他的高。

对关系强度的界定，延续了格兰诺维特的传统，不过，没有纳入其原始界定的 4 个要素[①]，而与格兰诺维特后来的研究一样，仅用了交往频率。

有鉴于此，本文认为：第一，无论是格兰诺维特意义上的弱关系，还是边燕杰意义上的强关系，本质上都是关系人的社会特征同质性关系。由此推论，无论是美国社会还是中国社会，寻求帮助的关系人（节点）在寻求帮助过程中使用的是同质性关系，这是本文的第一个假设。

第二，特征同质性的本质，是关系人在社会特征属性上的相似性。正是这种相似性影响了两节点间关系的建立，进而也影响着帮助的过程和结果。故假设，两节点之间的同质性程度是讨论关系强度的前提条件，也就是说 B 与 A 的社会特征属性的相似，影响了 B 是否帮助 A 以及 B 帮助 A 的有效性：A 与 B 的特征同质性越高，B 帮助 A 的概率则会越大，即便平时不怎么交往和互动（格兰诺维特意义上的弱关系），偶发的一次互动也会触发 B 将其掌握的有用信息传递给 A；反过来，如果 A 与 B 之间的特征同质性程度低，如果平时交往频率也很低，则没有理由认为两个节点之间的关系在信息传递中发挥多大作用，因为 B 没有动机向与自己关系不大（与自己不是一路人）的 A 传递信息；如果两个节点之间的特征同质性程度低，即便是交往非常频繁，则交往的对 B 是否帮助 A 的影响也可能有限。

举例来说，我（A）在外求学工作多年，与家乡的亲戚们疏于交往。某天我的一个表兄弟（B）突然联系我，说要在北京找份工作，请我为他提供就业信息或帮忙联系。显然，A 与 B 之间的边属于交往频率较低意义上的弱关系边，然而遇到这种情况，很多人都会像我一样欣然应允，同时会积极地为他提供相关的工作信息或介绍合适的工作岗位。

[①]　格氏对关系强度所界定的四个方面的要素，他自己在《找工作》的研究中也并没有完全实现，对于这一点前文中有所提及和说明，在对弱关系力量命题的理论讨论和实际的实证研究之中，可以看出格氏几乎将关系强度等同于了交往频率。

另外还以本文开篇所举的例子来说明，李克强总理（B）是否帮助我（A），不在于我是否认识他（格兰诺维特意义上的弱关系），也不在于我是不是他的同学（边燕杰意义上的强关系），甚至不在于A是不是占据着结构洞位置，以上关于强弱关系和结构洞的讨论，都可以认为是关系发挥作用的必要条件，但是不充分。我们这里认为，充分条件在于B与A之间在社会特征属性上是否具有同质性，即他们之间是不是一路人。

基于此，第二个假设为：节点社会特征属性的同质性是关系（边）发挥作用的关键条件。

在检验假设之前，本文还将描述求助者是通过什么样的关系找到工作的，以检验格兰诺维特和边燕杰的结论。

（三）数据、变量与分析方法

如前所述，拉扎斯菲尔德和默顿曾区分了两种同质性，且侧重于探讨价值同质性对友谊形成的影响（Lazarsfeld and Merton，1954），简单地说，就是两个人之间的关系是如何建立起来的。本文不打算跟随他们的讨论，而是聚焦于在两个人有关系的前提下，探讨关系人社会特征属性的同质性。在这里，"有关系"指的既是格兰诺维特指称的弱关系，也是边燕杰指称的强关系。

为了检验强、弱关系，还由于需要运用求职相关的变量，本文运用了与格兰诺维特和边燕杰曾经使用过的类似数据：1970年的美国底特律地区调查（DAS 1970）、2008年的中国综合社会调查（CGSS 2008）。

底特律地区调查（Detroit Area Survey）始于1951年，是由密西根大学设计并执行的年度社会调查项目，调查样本对底特律地区的居民具有概率代表性。1970年的调查以底特律地区的工作和职业模式为主题，调查了638位16岁及以上的男性在职工作者，包括职业史以及求职相关的内容，时间上与格兰诺维特的调查基本无异。此外，也有学者使用该数据做过相关主题的研究（Mouw，2003）。

中国综合社会调查（CGSS）是2003年中国人民大学社会学系与香港科技大学社会科学部联合发起的调查项目，是中国截面调查的范例。2008年的调查覆盖了28个省市自治区，6000份居民调查问卷中包含了职业史和社会交往与求职的模块（中国综合社会调查项目，2009）。与边燕杰的研究虽然在时间上有了距离，但就找工作的社会情景而言，并无太大差异。

　　需要说明的是，受调查数据的约束，对特征同质性的测量只能依据现有数据进行特征类型的划分和赋值。在 CGSS 2008 – A 卷 E 部分，访题 E12b 询问了受访者（也就是求助者）与帮助者之间的社会特征类型，问卷提供的备选项有家人、亲属、朋友、同学和战友、同事、同乡、熟人和其他等。DAS 1970 问卷中 C19a 和 C20，询问了求助者使用了哪种类型的个人关系以及求助者是怎么认识被求助者的。根据这些信息，我们也将被求助者归入上述几种类型。

　　在分析中，本文将特征同质性程度作为前置的条件变量，为检验当两节点在社会特征属性上具有不同程度同质性时关系强度是否会发挥不同的影响，需要依据同质性程度进行分组。根据上文对特征同质性程度的排序，在分析中，将样本分为三组：家人关系为高同质性组，亲属和朋友关系为同质性较高组，同学、战友、同事、邻居、同乡和熟人以及其他关系组统统归入同质性一般及较低组，以期观察到在不同的关系人特征同质性的条件下，关系强度发挥了什么作用，验证本文提出的第二个研究假设。

　　表 1 给出了求助者使用各类关系的频率分布。对于中国样本，使用同质性高或较高的求助者比例为 82.7%，占求助者的绝大多数，而使用同质性一般或较低的求助者仅占 17.3%；对于美国样本，使用同质性高或者较高的求助者虽不及中国那么多，却也占到近 50%，另外，美国样本中有 26.9% 的求助者在利用同事关系；无论在中国样本还是美国样本中，求助者使用同质性较低的比例均较低，分别仅占 10.1% 和 14.4%。

　　结果说明，以找工作为例，多数求助者使用了具有特征同质性的关系人，验证了本文的第一个研究假设。

表 1　特征同质性的分组及求助者使用各类特征关系人的频率分布

关系同质性分组	关系人特征类型	中国（CGSS 2008）	美国（DAS 1970）
高	家人	35.1（472）	19.3（66）
较高	亲属、老师	17.7（238）	18.4（63）
	朋友	29.9（402）	10.5（36）
一般	同学、战友	2.8（37）	0.9（3）
	同事	0.8（11）	26.9（92）
	邻居	—	9.6（33）
	同乡	3.6（48）	—

关系同质性分组	关系人特征类型	中国（CGSS 2008）	美国（DAS 1970）
较低	熟人	8.8（119）	9.4（32）
	其他	1.3（19）	5.0（17）
合　计		100（1346）	100（342）

注：（1）括号内为使用该类关系求助者的频数。

（2）样本中仅包含在寻找当前这份工作（或退休前最后一份工作）时使用了关系的求助者。

其次，还要检验特征同质性是否是关系强度发挥影响的条件（第二个假设）。如前所述，本文的分析策略是，针对（1）特征同质性高，（2）特征同质性较高和（3）特征同质性一般或较低三组样本①，分别进行分析和检验，考察求助者是否与其获得的工作相匹配。

鉴于数据的局限性，在分析中，选取了求助者是否获得满意的工作（二分变量）来测量工作匹配状态。在 CGSS 2008 和 DAS 1970 中，都询问了受访者对目前工作的满意程度，本文将工作满意度重新编码，将"满意"和"非常满意"重新编码为 1（表示满意），将"不满意"和"非常不满意"重新编码为 0（表示不满意）。

根据重新编码后得到的因变量，选择二分 Logit 模型（Binary Logit Model）拟合观测数据，采用最大似然估计方法估计模型参数，以检验此前的理论假设：

$$\text{Logit } p = \alpha + \beta x_i + \gamma Z_i$$

模型中，p 表示求助者获得满意工作的概率，x_i 表示求助者与被求助者之间的关系强度，用交往频率、紧密程度变量进行操作化测量，Z_i 表示控制变量，包括求助者的个人特征（性别②、年龄、受教育程度、党员身份、种族③），求助者获得工作的社会经济地位，以及被求助者的社会

①　如前所述，本文认为关系强度和关系人的特征同质性反映的是两种不同的网络特征：关系强度描述的是边的属性，而关系人特征同质性是对节点属性的刻画。需要说明的是，我们这里构建的节点之间特征同质性程度的变量与基于交往频率和紧密程度测量的关系强度变量之间存在一定程度上的相关性。根据计算，在美国，二者之间的相关系数为 0.25，呈弱相关性，这说明特征同质性与关系强度还是相对独立的两个维度。而在中国，这二者之间的相关系数为 0.54，相对于美国较高。

②　由于 DAS 1970 只访问了男性受访者，因此在对美国调查数据分析时并没有在统计模型中纳入性别变量。

③　在中国社会过去 60 多年中，党员身份对于职业获得来说都是一个重要的影响因素；而种族对于美国社会来说则极为重要，分别加以考虑。

经济地位等。表 2 是对变量的描述统计分析以及相关的操作化说明。

表 2　检验假设 2 时所使用变量的描述统计及相关操作化说明①

	中国 （CGSS 2008） N = 1088	美国 （DAS 1970） N = 331	理论含义、变量取值情况
因变量			
获得满意工作	0.499 （0.623）	0.806 （0.396）	测量求助者的工作匹配情况，满意 = 1，不满意 = 0
自变量			
关系强度	3.285 （0.804）	3.129 （0.953）	中国数据使用求助者与被求助者的紧密程度测量，美国数据使用二者的交往频率测量，最大值 = 4，最小值 = 1[1]
控制变量			
性别	0.490 （0.500）	—	男 = 1，女 = 0
年龄	38.452 （12.721）	37.855 （11.372）	中国数据，最大值 = 82，最小值 = 18 美国数据，最大值 = 60，最小值 = 17
初中	0.332 （0.471）	—	
高中	0.289 （0.453）	—	中国数据中用于测量受教育程度，参照组为小学及以下
大专及以上	0.193 （0.395）	—	
接受过 13 年及以上的教育	—	0.306 （0.462）	美国数据中用于测量受教育程度
党员身份	0.108 （0.311）	—	党员 = 1，非党员 = 0
种族	—	0.841 （0.366）	白人 = 1，其他 = 0
所获得职业的社会经济地位	42.415 （16.187）	405.500 （125.977）	中国数据使用国际标准社会经济地位指数（ISEI）测量，最大值 = 88，最小值 = 19；美国数据使用 Paul Siegel 指数测量，最大值 = 757，最小值 = 124

---

①　笔者使用均值插补和回归插补等方法，先对求助者获得的职业地位、被求助者的社会经济地位和求助者与被求助者之间的地位同质性等变量的缺失信息进行了补值，然后针对其他变量的缺失值进行了列删处理。

续表

	中国 （CGSS 2008） N = 1088	美国 （DAS 1970） N = 331	理论含义、变量取值情况
被求助者的 社会经济地位	5.409 （2.360）	430.889 （120.720）	中国数据使用笔者根据被求助者单位信息和行政级别信息对其社会经济地位的重新编码[2]，最大值 = 10，最小值 = 2；美国数据同上，最大值 = 815，最小值 = 161
求助者与 被求助者社会 经济地位之差[3]	2.269 （1.868）	54.615 （129.574）	测量求助者与被求助者之间的地位同质性，中国数据最大值 = 8，最小值 = 0；美国数据，最大值 = 537，最小值 = 0

说明：括号内为标准差。

注：［1］对于关系强度变量，在纳入回归模型中进行分析时近似处理为了连续变量，但中国数据和美国数据在这两个变量上的原始取值范围是不同的，DAS 1970 调查中，交往频率变量的原始编码为"1. 几乎每天，2. 一周至少一次，3. 一个月几次，4. 一个月差不多一次，5. 一年至少一次，6. 还要少"，本文在分析时将其取值范围调整为了［1，4］，以保证该变量在度量上与中国数据的一致性，重新编码的规则为：1. 几乎每天（ = 1），2. 一周至少一次（ = 1.6），3. 一个月几次（ = 2.2），4. 一个月差不多一次（ = 2.8），5. 一年至少一次（ = 3.4），6. 还要少（ = 4）。

［2］由于 CGSS 2008 调查中并没有详细地询问被求助者的具体职业，因此发布的调查数据中就并没有给出被求助者的国际标准社会经济地位指数。笔者根据已知的被求助者单位类型和其行政级别，对被求助者的社会经济地位进行了编码与赋值，这里囿于篇幅所限不能详细列出，感兴趣的读者可以联系笔者索取。

［3］用于测量求助者与被求助者之间的地位同质性，其等于求助者的社会经济地位与被求助者社会经济地位之差的绝对值。具体来说，如果求助者为初次进入劳动力市场，他个人的社会经济地位使用其父亲的职业地位进行测量，如果求助者并非初次找工作，他个人的社会经济地位则使用他自己上一份工作的职业地位进行测量。中国数据由于被求助者的职业信息缺失，故仍不能使用成熟的社会经济地位指数，依旧采取笔者根据单位类型和行政级别所做的赋值。

四　特征同质性与关系强度

（一）来自中国调查数据的证据

表 3 是根据前述模型设定进行参数估计的结果。

根据研究假设以及按特征同质性程度分组的设计，表 3 的模型给出了在求助者与被求助者之间有不同程度特征同质性的条件下，对关系强度效应大小进行估计的结果。

首先，从模型Ⅰa 到模型Ⅰc 可以发现，在求助者与被求助者之间特征同质性程度高和较高的条件下（模型Ⅰa和模型Ⅰb），关系强度与工作满意度之间都表现出显著的正向关系（显著性水平分别为 0.1 和 0.05），求助者获得满意工作（匹配的工作）的概率（odds）分别平均会增加 53.7%［= exp（0.430）－1］和 72.3%［= exp（0.544）－1］。这时，求助者使用强关系更有利于找到一个与其相匹配的工作；在求助者与被求助者之间的特征同质性程度一般或较低的条件下（模型Ⅰc），关系强度与获得满意工作之间的关系不显著。

其次，比较模型Ⅰa和模型Ⅰb的结果可以发现，在特征同质性程度较高的条件下，关系强度对获得满意工作概率的影响最大，大于高同质性组；反过来说，对高特征同质性组，强关系表现出来的优势相较于同质性较高的更弱。

最后，从模型Ⅱa到模型Ⅱc，同时控制了求助者与被求助者的社会经济地位之差[①]后的分析结果，在这 3 个模型中，关系强度效应的大小与之前 3 个基本一致，没有发生大的改变，说明分析结果具有稳健性。

以上结果至少说明，在中国，特征同质性是关系强度发挥影响的前置，也是关键的条件。在求助者与被求助者之间特征同质性程度不同的条件下，关系强度发挥的影响也不尽相同，在二者的特征同质性程度不最高也不最低的条件下，关系强度对工作匹配发挥了最大的影响。

在方法上，近来有研究表明，对不同子样本之间的 Logit 模型参数估计结果进行直接比较存在一定的风险[②]，并提供了一些替代策略（洪岩璧，2015）。本文也尝试运用替代方法对上述分析结果进行稳健性检验：首先，利用线性概率模型（Linear Probability Model）重新分析数据。传统上，使用线性概率模型分析二分因变量的方法饱受争议，但在数据分析实践中，尤其是在对回归系数进行比较上，线性概率模型却有相对优势（伍尔德里奇，2007）。为了解决利用线性概率模型分析二分因变量时可能会导致的违背线性回归的方差齐性假定的问题，我们采用了稳健标准误。其次，在完成 Logit 模型估计之后，计算自变量对因变量发生概率影响的平均偏效应（Average Partial Effects），然后对根据不同子样本计算

---

① 参见表 2，用于测量求助者与被求助者之间的地位同质性。

② 本文采用的是一种通常的做法，即对不同样本组进行分别的估计，然后对参数估计结果进行 Wald 检验，采取这种做法的好处是可以直观地比较 Logit 模型的回归系数。然而需要指出的是，这里三组关系强度效应相互之间的差异在 0.05 的显著性水平下均未能通过 Wald 检验，因此只能够说这里得到的是一组关于研究假设的弱证据。

得到的平均偏效应参数进行比较。以上两种稳健性检验的结果（详见表5）均得到了和 Logit 模型分析相类似的结果，说明基于 Logit 模型得出的分析结论具有稳健性。

（二）关系人的特征同质性假设在美国社会同样有效吗？

采用同样的分析策略，使用 1970 年美国底特律地区调查的数据，对本文的第二个研究假设进行检验。在检验中，将个人社会特征的党员身份变量换成种族。表 4 报告的是参数估计结果。从表中可以看出，在不同程度的特征同质性条件下，得到的关系强度效应与使用中国数据的结果有一定的区别。

从模型Ⅲa 到模型Ⅲc 的结果显示，在求助者与被求助者之间特征同质性高的条件下，关系强度与工作满意之间呈负相关关系（模型Ⅲa 中关系强度的回归系数为 -0.149，也就是说，关系强度每增加一个单位，求助者获得满意工作的概率会平均减少 13.8%）。虽然这个参数在 0.05 的显著性水平下没有通过统计检验，不能够推论至总体，但对样本数据而言，却是客观存在的。

若从格兰诺维特弱关系力量的逻辑加以解释，比较容易。本文此处的分析结果不过是更加明确了弱关系力量命题得以成立的可能条件；其次，在求助者与被求助者之间特征同质性程度较高的条件下，关系强度与求助者获得满意工作之间呈正相关关系：关系强度每增加一个单位，求助者获得满意工作的概率会平均增加 38.5%①；再次，当求助者与被求助者之间的特征同质性一般或较低时，关系强度对获得满意工作的影响几乎不存在 [由该组样本估计得到的关系强度的回归系数很小，在模型Ⅳc 中，该系数几乎等于零（0.007）]；而其他两组关系强度变量的回归系数却没有发生太大的变化，说明对于另外两组而言，与之前的分析结果是一致的。另外，我们也对这些结果做了类似前文的稳健性检验，结果见表 5。与中国数据的检验类似，各组效应之间相对大小的分析结果是稳健的。

---

① 模型Ⅲb 中关系强度的回归系数在 0.05 的显著性水平下同样没有通过统计检验，但由于该组供分析使用的样本量过小，统计检验不显著一方面可以认为是统计力度（Statistic Power）不够造成的；另一方面，与对待模型Ⅲa 估计结果的态度一样，即便不能够得到有效推断总体的结论，至少可以针对样本反映出来的关系得到一些启示。

表 3　特征同质性、关系强度与获得满意工作之间关系的 Logit 模型：2008 年中国综合社会调查

因变量： 获得满意工作	模型 Ⅰa	模型 Ⅰb	模型 Ⅰc	模型 Ⅱa	模型 Ⅱb	模型 Ⅱc
自变量	同质性高	同质性 较高	同质性 一般或较低	同质性高	同质性 较高	同质性 一般或较低
关系强度	0.430 +	0.544 ***	0.291	0.483 *	0.553 ***	0.286
	(0.237)	(0.129)	(0.186)	(0.240)	(0.130)	(0.186)
性别（男 = 1）	− 0.151	− 0.141	− 0.326	− 0.112	− 0.176	− 0.312
	(0.213)	(0.189)	(0.315)	(0.215)	(0.191)	(0.316)
年龄	− 0.006	0.013	0.005	− 0.006	0.012	0.005
	(0.010)	(0.009)	(0.013)	(0.010)	(0.009)	(0.013)
受教育程度（参照组：小学及以下）						
初中	− 0.091	− 0.062	0.117	− 0.114	− 0.113	0.102
	(0.360)	(0.264)	(0.422)	(0.363)	(0.265)	(0.423)
高中	0.037	− 0.122	0.433	0.042	− 0.177	0.409
	(0.366)	(0.294)	(0.496)	(0.369)	(0.295)	(0.499)
大专及以上	− 0.007	− 0.003	0.274	0.014	− 0.052	0.256
	(0.453)	(0.365)	(0.619)	(0.455)	(0.368)	(0.621)
党员身份	− 0.009	0.468	− 0.021	− 0.021	0.475	− 0.045
	(0.336)	(0.343)	(0.572)	(0.338)	(0.346)	(0.576)
职业的社会经济地位	0.005	0.019 **	0.004	0.005	0.019 **	0.006
	(0.007)	(0.007)	(0.012)	(0.007)	(0.007)	(0.012)
被求助者的 社会经济地位	0.116 *	0.024	0.126 +	0.104 +	0.064	0.153 *
	(0.054)	(0.040)	(0.068)	(0.054)	(0.044)	(0.075)
求助者与被求助者 社会经济地位之差	−	−	−	0.115	− 0.117 *	− 0.080
	−	−	−	(0.070)	(0.051)	(0.090)
截距	− 1.988 +	− 3.215 ***	− 2.212 *	− 2.358 *	− 3.102 ***	− 2.234 *
	(1.125)	(0.602)	(0.970)	(1.154)	(0.606)	(0.969)
N	388	513	187	388	513	187
df	378	503	177	377	502	176
Log Likelihood	− 262.7	− 332.6	− 121.6	− 261.3	− 330.0	− 121.2

$^{+}p < 0.1, ^{*}p < 0.05, ^{**}p < 0.01, ^{***}p < 0.001$。

表 4 特征同质性、关系强度与获得满意工作之间关系的 Logit 模型：
1970 年底特律地区调查

因变量：获得满意工作	模型Ⅲa	模型Ⅲb	模型Ⅲc	模型Ⅳa	模型Ⅳb	模型Ⅳc
自变量	同质性高	同质性较高	同质性一般或较低	同质性高	同质性较高	同质性一般或较低
关系强度	− 0.149	0.326	0.031	− 0.157	0.338	0.007
	(0.482)	(0.340)	(0.208)	(0.495)	(0.353)	(0.208)
种族（白人 = 1）	1.959 *	− 0.462	1.013 *	1.693	− 0.862	1.321 *
	(0.989)	(0.818)	(0.477)	(1.049)	(0.865)	(0.520)
受教育程度（13 年及以上 = 1）	− 0.053	− 0.620	0.448	− 0.092	− 1.212	0.863
	(0.864)	(0.698)	(0.575)	(0.853)	(0.779)	(0.630)
年龄	0.016	− 0.027	0.031 +	0.019	− 0.036	0.030
	(0.030)	(0.026)	(0.019)	(0.031)	(0.028)	(0.019)
职业的社会经济地位	0.002	0.007 *	0.005 *	0.002	0.008 *	0.006 **
	(0.004)	(0.003)	(0.002)	(0.004)	(0.003)	(0.002)
被求助者的社会经济地位	− 0.001	0.008 **	− 0.002	0.000	0.016 **	− 0.005 *
	(0.003)	(0.003)	(0.002)	(0.004)	(0.005)	(0.003)
求助者与被求助者社会经济地位之差	–	–	–	− 0.003	− 0.007 *	0.004 +
	–	–	–	(0.004)	(0.003)	(0.002)
截距	− 1.044	− 3.956 +	− 1.476	− 1.093	− 6.185 *	− 0.753
	(2.734)	(2.139)	(1.317)	(2.767)	(2.632)	(1.351)
N	64	93	174	64	93	174
df	57	86	167	56	85	166
Log Likelihood	− 31.68	− 39.14	− 71.31	− 31.41	− 36.56	− 69.28

+ $p < 0.1$, * $p < 0.05$, ** $p < 0.01$, *** $p < 0.001$。

表 5 特征同质性、关系强度与获得满意工作之间关系的线性概率模型和
Logit 模型的平均偏效应估计结果

关系强度效应	同质性高		同质性较高		同质性一般或较低	
	LPM	APE	LPM	APE	LPM	APE
CGSS 2008	0.109	0.109	0.123	0.126	0.066	0.065
	0.057	0.057	0.026	0.027	0.043	0.041

续表

关系强度效应	同质性高		同质性较高		同质性一般或较低	
	LPM	APE	LPM	APE	LPM	APE
DAS 1970	− 0. 019	− 0. 025	0. 044	0. 043	0. 004	0. 001
	0. 065	0. 078	0. 052	0. 044	0. 029	0. 026

五　结论

以格兰诺维特的"弱关系的力量"和边燕杰的"找回'强关系'"等几篇关系研究的经典文献为代表，以往在社会网络（社会资本）理论框架下讨论找工作时，对关系作用的分析过多地纠结于关系强度，并产生了诸多争论，且试图证明弱关系能够发挥作用，还是强关系更具有优势。

本文对概念的梳理表明，二者在理论解释上虽各有逻辑自洽，他们之间的争论尽管让这个领域的讨论非常热烈，但也似乎由此导致了对更为本质事实的忽略。关系强度，在格兰诺维特那里指的是节点之间互动的频率，是对"边"特征的描述。格氏认为在网络中，传递有用信息的边，通常在网络结构上是弱关系边，但他并没有讨论节点的社会属性特征。边燕杰试图讨论相互依赖信任及彼此有互惠义务等社会特征的影响，但他使用关系强度概念与格兰诺维特的命题对话，事实上，把关系节点之间的特征属性转化为了边的属性，讨论的还是"边"，即关系。本文试图说明，以往对强弱关系的讨论主要集中在描述"边"的强弱特征，忽略了"节点"，即关系两端的关系人的社会特征属性。尽管伯特关注到节点（关系人）的特征属性，不过他关注的是节点在网络结构中的结构特征属性。为了破解强弱关系命题的争论，本文引入了关系人的特征同质性概念来描述两节点在社会特征属性上的相似性，以及特征同质性程度的影响。

把针对强弱关系的争论放回到找工作的社会事实中，对争议点的分析进一步说明，关系人在社会特征属性上的同质性是强弱关系背后更为本质的、影响找工作和工作满意度的因素。关系之所以发挥作用，并非因为其是强关系或弱关系，本质上是因为"关系"连接的两个关系人在社会特征属性上具有同质性。通俗地说，不是关系强不强的问题，而是人对付不对付的问题。关系人在社会特征属性上的同质性所构建的特征同质性程度，才是使关系发挥作用的关键条件。

运用 DAS 和 CGSS 数据的分析表明：第一，在运用关系找到工作的求助者中，大多数人运用的是由具有特征同质性的关系人建立的关系，无论在中国社会还是在美国社会。第二，在以特征同质性衡量两节点间相似性程度的前提下，对数据的分析表明，不同程度的特征同质性，其关系强度发挥影响的性质与程度有区别。因此，可以认为关系人的特征同质性是关系强度发挥作用的关键条件。当求助者与被求助者之间的特征同质性较高时，强关系最有可能发挥影响；如果求助者与被求助者之间的特征同质性比较低，即便是强关系，二者平时的交往频率再高，也不一定让关系发生有效的影响。

需要特别说明的是，本文的分析框架和结论绝不止于找工作情景。

由于数据的局限，本文对某些变量没能（完全地）客观测量。例如特征同质性中的地位同质性，中国的数据中没有被求助者的社会经济地位变量，本文只能根据其职业的行政级别和单位类型做了事后编码与赋值。另外，本文也没能实现对拉扎斯菲尔德等倡导的价值同质性进行测量，也是因为缺乏数据。

参考文献

边燕杰，2004，《城市居民社会资本的来源及作用：网络观点与调查发现》，《中国社会科学》第 3 期。

——，2010，《关系社会学及其学科地位》，《西安交通大学学报》（社会科学版）第3 期。

费孝通，2007，《乡土中国》，上海人民出版社。

桂勇、顾东辉、朱国宏，2002，《社会关系网络对搜寻工作的影响——以上海市下岗职工为例的实证研究》，《世界经济文汇》第 3 期。

洪岩璧，2015，《Logistic 模型的系数比较问题及解决策略：一个综述》，《社会》第4 期。

林南、敖丹，2010，《社会资本之长臂：日常交流获取工作信息对地位获得的影响》，《西安交通大学学报》（社会科学版）第 6 期。

邱泽奇、范志英、张樹沁，2015，《回到连通性——社会网络研究的历史转向》，《社会发展研究》第 3 期。

王卫东，2006，《中国城市居民的社会网络资本与个人资本》，《社会学研究》第 3 期。

王文彬、赵延东，2012，《自雇过程的社会网络分析》，《社会》第 3 期。

伍尔德里奇，2007，《计量经济学导论：现代观点》，费剑平、林相森译，中国人民大学出版社。

亚里士多德，2003，《尼各马可伦理学》，廖申白译，商务印书馆。

杨美惠，2009，《礼物、关系学与国家：中国人际关系与主体性建构》，江苏人民出版社。

伊斯利、克莱因伯格，2011，《网络、群体与市场：揭示高度互联世界的行为原理与效应机制》，李晓明等译，清华大学出版社。

张顺、郭小弦，2012，《求职过程的微观分析：结构特征模型》，《社会》第 3 期。

张文宏，2005，《城市居民社会网络资本的阶层差异》，《社会学研究》第 4 期。

——，2006，《社会网络资源在职业配置中的作用》，《社会》第 6 期。

赵延东，2003，《求职者的社会网络与就业保留工资——以下岗职工再就业过程为例》，《社会学研究》第 4 期。

——，2006，《再就业中社会资本的使用——以武汉市下岗职工为例》，《学习与探索》第 2 期。

中国综合社会调查项目，2009，《中国综合社会调查报告 2003 - 2008》，中国社会出版社。

周玉，2005，《干部：职业地位获得的社会资本分析》，社会科学文献出版社。

——，2006，《社会网络资本与干部职业地位获得》，《社会》第 1 期。

弗里曼，林顿·C.，2008，《社会网络分析发展史：一项科学社会学的研究》，中国人民大学出版社。

Albert, Reka, Hawoong Jeong, and Albert-Laszlo Barabasi. 1999. "Diameter of the World-Wide Web." *Nature*: 130.

Bian, Yanjie. 1994. "Guanxi and the Allocation of Urban Jobs in China." *The China Quarterly* (140): 971 – 999.

——. 1997. "Bringing Strong Ties Back in: Indirect Ties, Network Bridges, and Job Searches in China." *American Sociological Review* 62 (3): 366 – 385.

Burt, Ronald S. 1984. "Network Items and the General Social Survey." *Social Networks* 6 (4): 293 – 339.

——. 1992. *Structural Holes: The Social Structure of Competition*. Cambridge, Mass.: Harvard University Press.

Deborah, Wright Brown, and Alison M Konrad. 2001. "Granovetter Was Right: The Importance of Weak Ties to a Contemporary Job Search." *Group & Organization Management* 26 (4): 434 – 462.

Dodds, Peter Sheridan, Roby Muhamad, and Duncan J. Watts. 2003. "An Experimental Study of Search in Global Social Networks." *Science* 301 (5634): 827 – 829.

Girvan, Michelle, and Mark EJ Newman. 2002. "Community Structure in Social and Biological Networks. " *Proceedings of the National Academy of Sciences* 99 （12）: 7821 – 7826.

Granovetter, Mark S. 1973. "The Strength of Weak Ties. " *American Journal of Sociology* 78 （6）: 1360 – 1380.

——. 1974. *Getting a Job: A Study of Contacts and Careers*. Cambridge, Mass: Harvard U-niversity Press.

Heider, Fritz. 1958. *The Psychology of Interpersonal Relations*. Hillsdale, New Jersey: Law-rence Erlbaum Associates.

Huberman, Bernardo A. , Daniel M. Romero, and Fang Wu. 2008. "Social Networks That Matter: Twitter under the Microscope. " *Social Science Electronic Publishing*, 14 （1）: 2009.

Hwang, Kwang-kuo. 1987. "Face and Favor: The Chinese Power Game. " *The American Journal of Sociology* 92 （4）: 944 – 974.

Jackson, Matthew. O. 2010. *Social and Economic Networks*. Princeton University Press.

Kandel, Denise B. 1978. "Homophily, Selection, and Socialization in Adolescent Friend-ships. " *American Journal of Sociology* 84 （2）: 427 – 436.

Kleinberg, Jon M. 2000. "Navigation in a Small World. " *Nature* 406 （6798）: 845 – 845.

Korte, Charles, and Stanley Milgram. 1970. "Acquaintance Networks between Racial Groups: Application of the Small World Method. " *Journal of Personality and Social Psychology* 15 （2）: 101 – 108.

Kossinets, Gueorgi, Duncan Watts, xa, and J. 2009. "Origins of Homophily in an Evolving Social Network. " *American Journal of Sociology* 115 （2）: 405 – 450.

Lai, Gina, Nan Lin, and Shu-Yin Leung. 1998. "Network Resources, Contact Resources, and Status Attainment. " *Social Networks* 20 （2）: 159 – 178.

Lazarsfeld, Paul, and Robert K. Merton. 1954. "Friendship as a Social Process: A Substan-tive and Methodological Analysis. " *Freedom and Control in Modern Society*, edited by Morroe Berger, Theodore Abel, and Charles H. : 18 – 66.

Levin, Daniel Z. , and Rob Cross. 2004. "The Strength of Weak Ties You Can Trust: The Mediating Role of Trust in Effective Knowledge Transfer. " *Management Science* 50 （11）: 1477 – 1490.

Liben-Nowell, David, Jasmine Novak, Ravi Kumar, Prabhakar Raghavan, Andrew Tomkins, and Ronald L. Graham. 2005. "Geographic Routing in Social Networks. " *Proceedings of the National Academy of Sciences of the United States of America* 102 （33）: 11623 – 11628.

Lin, Nan, Walter M. Ensel, and John C. Vaughn. 1981. "Social Resources and Strength of Ties: Structural Factors in Occupational Status Attainment. " *American Sociological Re-view* 46 （4）: 393 – 405.

Lin, Nan, John C. Vaughn, and Walter M. Ensel. 1981. "Social Resources and Occupational Status Attainment." *Social Forces* 59 (4): 1163 – 1181.

Marsden, Peter V. 1987. "Core Discussion Networks of Americans." *American Sociological Review* 52 (1): 122 – 131.

McPherson, Miller, Lynn Smith-Lovin, and James M. Cook. 2001. "Birds of a Feather: Homophily in Social Networks." *Annual Review of Sociology* 27: 415 – 444.

Milgram, Stanley. 1967. "The Small-World Problem." *Psychology Today*. Washington D. C. : American Psychological Association 1 (1): 61 – 67.

Montgomery, James D. 1992. "Job Search and Network Composition: Implications of the Strength-Of-Weak-Ties Hypothesis." *American Sociological Review* 57 (5): 586 – 596.

——. 1994. "Weak Ties, Employment, and Inequality: An Equilibrium Analysis." *American Journal of Sociology* 99 (5): 1212 – 1236.

Mouw, Ted. 2003. "Social Capital and Finding a Job: Do Contacts Matter?" *American Sociological Review* 68 (6): 868 – 898.

——. 2006. "Estimating the Causal Effect of Social Capital: A Review of Recent Research." *Annual Review of Sociology* 32: 79 – 102.

Page, Lawrence, Sergey Brin, Rajeev Motwani, and Terry Winograd. 1999. "The Page Rank Citation Ranking: Bringing Order to the Web." Stanford InfoLab.

Patacchini, Eleonora, and Yves Zenou. 2008. "The Strength of Weak Ties in Crime." *European Economic Review* 52 (2): 209 – 236.

Rapoport, Anatol. 1953. "Spread of Information through a Population with Socio-structural Bias: I. Assumption of Transitivity." *The Bulletin of Mathematical Biophysics* 15 (4): 523 – 533.

Robins, Garry, Pip Pattison, Yuval Kalish, and Dean Lusher. 2007. "An Introduction to Exponential Random Graph (p ∗) Models for Social Networks." *Social Networks* 29 (2): 173 – 191.

Shrum, Wesley, Neil H. Cheek, Jr. , and Saundra MacD Hunter. 1988. "Friendship in School: Gender and Racial Homophily." *Sociology of Education* 61 (4): 227 – 239.

Travers, Jeffrey, and Stanley Milgram. 1969. "An Experimental Study of the Small World Problem." *Sociometry* 32 (4): 425 – 443.

Verbrugge, Lois M. 1977. "The Structure of Adult Friendship Choices." *Social Forces* 56 (2): 576 – 597.

Watts, Duncan J. , and Steven H. Strogatz. 1998. "Collective Dynamics of ' Small-world ' Networks." *Nature* 393 (6684): 440 – 442.

White, Harrison C. 1970. *Chains of Opportunity: System Models of Mobility in Organizations.* Cambridge Mass: Harvard University Press.

节点特征与边特征的关系

——对邱泽奇、乔天宇论文的评论

刘世定[*]

邱泽奇、乔天宇的论文《强弱关系，还是关系人的特征同质性?》（以下在提到这篇文章时简称"特征同质性"）辨析了社会学者有关强关系抑或是弱关系的作用的讨论，特别是格兰诺维特提出，继而边燕杰挑战的在找工作中的强弱关系效应的论辩，跳出原来的研究路径，提出了以节点特征为核心的新的研究路径。该路径对原路径具有强烈的竞争性或替代性，研究经济社会学的人不可不予以关注。本文不拟对邱、乔文已经详细阐述的部分再做评论，而想指出，该文引出了一个有待开拓和深化的问题域，即节点特征与边特征的关系。下面对与这一问题域有关的概念及可能的研究角度做初步讨论。

节点特征集与相似性

讨论节点特征与边特征的关系，首先要说明节点特征概念。而概念的说明要与拟展开的讨论相结合。因此遵循"特征同质性"一文的基本视角，我们在说明节点特征概念时也同时讨论节点相似性概念。

节点特征可以用特征集合表示。设节点 A 的社会特征集合为 Ac，节点 B 的社会特征集合为 Bc，Ac 和 Bc 都是有限集。Ac 和 Bc 的交集 Ac∩Bc 是两节点特征中的相同部分。社会特征交集中的元素越多，表示 A 和 B 的社会相似处越多。我们可以将这种相似称为元素相似性。

---

[*] 刘世定，北京大学中国社会与发展研究中心研究员，北京大学社会学系教授，浙江大学社会学系兼任教授。

　　如果我们仅仅考虑特征集中元素的数量，那么对节点 A 和 B 来说，其交集中的元素数量与其自身特征集中的元素数量都存在比例。即存在 card（Ac∩Bc）/card（A）和 card（Ac∩Bc）/card（B）。前者是节点 A 和 B 的交集中元素数量与节点 A 集合中元素数量之比，后者是节点 A 和 B 的交集中元素数量与节点 B 集合中元素数量之比。两个比例越接近，即二者之差的绝对值越接近于 0，则 A 和 B 越相似。我们可以将这种相似性称为结构相似性。

　　进一步看，假定个人对社会特征集中的诸元素的意义有不同的重要性估量，即它们之间存在排序关系。从这个角度看，粗略地说，若 A 和 B 对社会特征交集中元素的排序越接近，则它们的相似度越高。我们可以将这种相似性称为序相似性。但需要注意，这里存在一些不同的形态，有的还比较复杂。下面试举两种形态。

　　（1）纯交集元素排序，这是指没有非交集元素加入的排序。一种极端而简单的形态是，A 和 B 在交集中的元素排序完全相同。但也可能出现排序不同甚至很不相同的情况。对于排序不同时如何确定相似度的高低，涉及一些复杂问题，不在此处讨论。

　　（2）混合排序，即交集元素和非交集元素混在一起的排序。由于有非交集元素加入，因此，即使 A 和 B 的交集元素在剔除非交集元素后的排序一致，也可能在混合排序中的位置不一致。对这种排序如何确定相似度高低也涉及一些复杂问题，容以后再论。

　　特征集元素排序中隐含着节点行动者的价值观。因此，不仅纯交集元素排序影响 A 和 B 的相似性，而且在混合排序中那些非交集元素的位置也不容忽视。而且，A 和 B 的非交集元素是否存在互斥性（如敌对党派、排他性的信仰）会成为十分重要的问题。

边特征

　　A 和 B 边特征可以用边特征集合 TcA—B 表示。

　　如果要分析节点特征对边特征的影响，那么，对于边特征集合中包含着怎样一些要素就需要认真考虑。

　　格兰诺维特考察过一类边特征要素，即交往频次。交往频次可以说是边特征集合的一个子集，其要素包括非负自然数。

　　我在《经济社会学》中曾谈到关系人之间积极回应概率，这也是一类边特征要素，可以作为边特征集合的另一个子集。其要素为 0 ~ 1 之间的概率值。

我们还可以设想其他一些边特征，例如互惠交易频次、纠纷频次等。关注怎样的边特征，要依研究问题而定。

节点特征与边特征的关系

从上面有关节点社会特征集与边特征集的初步界定中可以看到，如果要讨论两个集之间的关系，将涉及两个集之间若干变量的关系，所以，我们说，这里存在着一个有待开拓和深化的问题域。具体些说，节点特征中的元素相似性、结构相似性、序相似性与某种边特征之间的关系，有可能是很不同的，需要分别处理。

在讨论节点特征与边特征关系的时候，条件因素非常重要。例如，若要研究某种节点特征和交往频次的关系，就需要给定空间条件，因为空间条件在很大程度上决定着人们之间是被动交往还是主动交往，而这两种交往和节点特征的关系可能是非常不同的。将它们不加区分地混在一起得出的研究结论会具有误导性。又如，如果要研究某种节点特征和一方有要求后另一方积极回应的概率之间的关系，那就需要给定要求的性质、数量等条件因素，离开了这些因素，回应概率就不能说明问题。

在条件因素中，节点在网络结构中的位置是一个非常重要的需要给定的参数。某一节点可以在不同的结构位置中和其他节点发生联系，即使节点特征相同，因位置不同，边特征也可能不同。因此，在理论思考上，有必要将节点特征的影响和网络结构位置的影响区分开来。也许有的研究者认为不妨把网络结构位置特征归入节点特征，但这样处理会降低研究的清晰度。当然，我们并不否认，节点在网络结构中的位置在一定条件下可以影响节点的社会特征。

顺便指出，A 和 B 的边特征是以他们已经成为关系人为前提的。当 A 和 B 尚未成为关系人时，他们的节点特征对他们成为关系人的影响，不属于节点特征与边特征关系研究范围。

内生的变化

在研究节点特征和边特征的关系时，通常是将节点特征作为自变量，而将边特征作为因变量。然而不应忽视的是，在节点通过边特征的互动中，节点的特征也可能发生变化，这种变化又可能影响边特征，这里存在一种循环累积效应。换言之，不论节点特征还是边特征，都可能发生内生的变化。这也是值得研究的议题之一。

认知的节点相似性与不对称性

在上面对节点社会特征相似性的讨论中，我们为简单起见，是以研究者的眼光来设想节点 A 和 B 的特征集当中的相似性的。然而不可忽视的是，节点的相似性，特别是影响到边特征的节点相似性和当事者的认知有关。局外人看到的相似性和当事者认定的相似性，常常存在差异。

回到我们前面设定的几种相似性。即使假定元素相似性、结构相似性、序相似性都有现实意义，但当事人究竟看重哪种相似性，在什么情况下看重这种相似性，在什么情况下看重那种相似性，在经验研究中不应该先验确定。也许，当事者还有其他的认定方式。

认知受情境的影响。在某种情境下，当事者会突出这种相似元素，在另一种情境下，当事者可能突出另一种相似元素，这将导致序相似性依情境而不稳定。这对边特征会产生何种影响，可以研究。

引入当事者的认知，在节点相似性上会出现一个有趣的特点，即认知的不对称。所谓认知的不对称是指，节点 A 认定的与 B 的相似性，和 B 认定的与 A 的相似性不相同。这会产生一些怎样的后果，值得在节点特征与边特征的研究中考虑。

以上是在读了邱泽奇、乔天宇的"特征同质性"一文后的提纲式的思考，写出来期待与有兴趣者讨论。

经济社会学研究 第六辑
第 194~218 页
© SSAP, 2019

科层体系的镶嵌式博弈模型[*]

王水雄[**]

摘 要： 现代科层体系无处不在。人们在科层体系中协调其行为、实现合作的过程直接关系到效率和公平问题，这不仅涉及技术问题，也涉及行为者冲突与合作的框架、规则和方式问题。以"双重赌局"的镶嵌式博弈表述为基准，有助于人们看到科层体系的不同层级之间，乃至于同一层级内部的"共同知识难题"。而以"大梁分配案例"为基础展开的探讨则表明，只有注意到博弈参与人的社会地位差异问题，特别是当不同参与人身处科层体系或"委托—代理"关系的不同位置时，考察"共同知识难题"及其对博弈结果在"公平"与"效率"上的影响，才尤其具有重大意义。当博弈镶嵌在上下级关系之中时，上级的"类型"会成为影响博弈结果的重要因素。如果上级不为下级所了解，同时又拥有庞大的"事后追溯"或者说"秋后算账"的权力，那么，就几乎可以肯定，下级在行为取向上会有所变化，甚至不惜以牺牲整体效率为代价。当博弈镶嵌在科层体系之中时，问题会变得更为复杂。这一探讨能为科层体系的变革与治理提供一些有价值的见解和建议。

关键词： 镶嵌式博弈 科层体系 上下级关系 公平 效率

---

[*] 本文写作时，引用了本人由格致出版社、上海人民出版社于 2009 年出版的《镶嵌式博弈：对转型社会市场秩序的剖析》一书中的一些材料和文字。特此致谢。

[**] 王水雄，中国人民大学社会学理论与方法研究中心教授。

对于科层体系的研究，社会学已经有了不少成果。从韦伯到默顿、布劳、梅耶再到克罗齐埃的学术脉络，是一个从理想类型迈向社会现实的过程。人们在科层体系中协调其行为、实现合作的过程直接关系到效率和公平问题，这不仅涉及技术问题，也涉及行为者冲突与合作的框架、规则和方式问题。

显然，博弈论是把握这一过程的非常恰当的方法。

一方面，科层体系在理想类型的层次上被认为是相对于"家族制"更有效率的；另一方面，它在实践中也被认为会因为个人间、团体间的钩心斗角而带来巨大的对效率的威胁。本文尝试提供一个镶嵌式博弈模型，将这些看似矛盾的表述厘清，以便助推科层体系的变革与治理，进而为社会治理能力的现代化助一臂之力。

需要提前说明的是，提到科层体系，除企业的管理体制之外，笔者脑海里所直接想到的是中央、省、市、县、乡镇、村这样的中国行政管理乃至政治治理体系。

一　镶嵌式博弈：基准模型

我们从一个明显的博弈镶嵌的例子出发，这是一个广为流传的故事，这个故事能够一目了然地揭示博弈镶嵌的形式。

> 话说韦小宝（姑且借用一下这个名字）去一个公司求职，被公司的人力资源部经理单独面试。问到他有什么特长时，韦小宝说自己擅长与人打赌。经理就问一般是怎么个打赌法，韦小宝说："这很简单，比如我可以跟你打赌，赌你屁股上有没有黑痣。如果我输了给你 5 万元，如果你输了给我 2 万元。规则由你定！"
>
> 经理觉得这人赌性也太重了，想要教训教训他，而且自己屁股上有没有黑痣，自己还是照过镜子，有过了解的，就说："好，我就跟你赌一把，如果我屁股没有黑痣，我输给你 2 万元钱；如果有，你得给我 5 万元！"韦小宝含笑同意。经理便解开裤带，露出屁股，上面有一颗挺大的黑痣。韦小宝愿赌服输，给了经理 5 万元钱。
>
> 回头韦小宝却从他的朋友索额图（同样是借用一下名字）那里赢得了 10 万元。因为韦小宝在去面试之前，跟索额图打了 10 万元的赌说，能够在第一次见到该公司的人力资源部经理，就让其当着他

的面脱裤子。

从上面的这个故事，可以一目了然地看到，韦小宝与经理的赌局是镶嵌在他与索额图的赌局之中的。如果把一个赌局看作是一个博弈，显然，韦小宝与经理的博弈是镶嵌在他与索额图的博弈之中的。

在这里，博弈的镶嵌是通过行为意义的多维性达成的：经理在积极地证明自己屁股上有痣，以便很好地赢得5万元钱，进而惩罚韦小宝的好赌之心时，万万没有想到韦小宝不过是希望他脱裤子而已，"屁股有没有痣"的赌局一定程度上屏蔽掉了经理对"脱裤子"本身的反思力，经理很"合作"，脱裤子本身成了另一个赌局的一个"卖点"或"设赌点"。

可以尝试着用形式化的博弈语言对上文的故事进行模型化表述，请看表1。

表 1　双重赌局的博弈镶嵌式表述

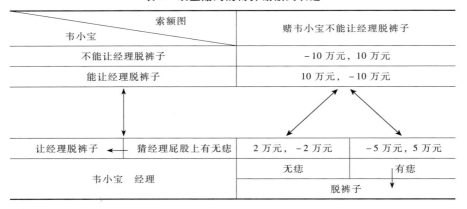

表1可以分为上下两个部分来看。下部分表格所表述的博弈是镶嵌在上部分表格所表述的博弈之中的。无论是在上部分表格还是在下部分表格之中，博弈参与人其他没有什么意义的策略组合都省略了。比如说在上面的表格中，索额图可以认为韦小宝有能力让经理脱裤子，从而回避掉赌博；而在下面的表格中，经理也可以对韦小宝的打赌说法不置可否，从而避免脱裤子。韦小宝给出的打赌条件其实是向经理一边倒的，他所要的就是用一个局来让经理"屏蔽"对当着韦小宝的面脱裤子是否妥当的考虑，而采取让韦小宝称心如意的合作行为。

这个"经理—韦小宝—索额图"博弈模型是有一般性意义的。

一种一般化方式是，可以将索额图设想为是科层体系的高层，韦小宝为中层，经理为底层。从信息稀缺或关键信息不对称这个角度来讲，这样一种一般化设想是合理的。

因为在有些情况下，中层能够有更多机会接触底层，所以有时甚至能够获得相对于高层而言的、一定程度的信息优势。索额图作为高层，能够提供 10 万元的资金给中层，前提是中层能让作为底层的经理有特定的表现，但这一信息并不为经理所知；韦小宝作为中层向高层承诺，如果他不能让底层有特定的表现，他愿意认罚 10 万元；但他又并不是真的直接拿出 10 万元去动员经理做出特定的表现，而是只花了 5 万元，这只是高层向中层承诺提供资金（10 万元）的一半。显然，韦小宝作为中层，实现了一定程度的经济收益。

在这个情形中，科层体系中的具有一定信息优势的"中层"让"底层"获得了一定的好处，但是，其好处不足以覆盖顶层能提供的所有好处。这一情形具有一定程度的普遍性，它意味着中层"瞒下欺上"：一方面对"下"隐瞒全局情况，设置博弈让底层做出特定的表现；另一方面，在高层面前以某种方式呈现底层"特定的表现"，获取高层承诺提供的资金。

现实生活中，不难看到类似这样的情况。比如说，科层体系时常能够见到的"面子工程"。底层行为者做出某种行为，但这种行为也许只是源于中层的"忽悠"，对于底层行为者来说有些违背初衷，而高层也只是要底层行为者有"某种行为"这种"面子"即可，并不关注其成因或其他可能的"里子"问题。

另外一种一般化方式是，可以将索额图设想为是科层体系的底层，韦小宝为中层，经理为高层。它同样具有普遍性，意味着中层的"瞒上欺下"；对应着"底层托中层办事，实现让上层对某领域有所表态或表现"之类的情形。上层被蒙在鼓里，或者是在另一个"局"中，不明所以地（至少对下层来说"不明所以"）有所表态或表现，中层据此（可能有"拿着鸡毛当令箭"的意味）从下层手里要到了特定的好处。

从这样的基准模型出发，增加科层体系中不同层级的人数，比如设高层为 1 人、中层为 3 人、底层为 9 人，而且，设同一层级内部也存在博弈，这样，理论模型能更为贴近现实，能够帮助我们解释科层体系导致的效率缺失和公平偏差问题；就是说，科层体系中的"无效率"、"不公平"问题会变得一目了然。当然，这样一来也会让模型变得更为复杂。

"经理—韦小宝—索额图"这一简单的基准模型的好处是，能让我们直白地看到，在科层体系的不同层级之间，乃至于同一层级内部，形成

"共同知识"是并不容易的。也就是说，"共同知识难题"在科层体系中是客观存在的。

需要注意的是，"效率或无效率"、"公平或不公平"问题指向的是科层体系可能导致的结果；"共同知识难题"指向的则是科层体系的内部机制和原理。

下文先对科层体系与"共同知识难题"的关系展开探讨，然后再进一步展开分析科层体系后果中的"效率"与"公平"问题。

二　共同知识难题与科层体系

"经理—韦小宝—索额图"的博弈，已经足以让我们感受到在科层体系中存在"共同知识难题"。就是说，无论是由于客观条件、认知能力差异还是人为的信息控制，要让所有博弈参与人对博弈的基本收益信息，甚至是博弈有哪些参与人（姑且不论他们的策略和行为顺序），形成共同的理解和一致的知识，通常是颇为困难的。

事实上，这样一种"共同知识难题"，在现实的博弈活动中是普遍存在的，它甚至存在于一定程度上彼此较为熟悉的人与人之间。下面这个实际案例可以很好地表明这一点。

> 个案发生在约 1980 年，社区分队实行家庭联产承办责任制的时候，队里的财产要分到各家各户。金花婆的男人在外面打工，谢逊是金花婆男人的堂兄，金花婆、谢逊二人代表家庭抓阄。两家抓阄抓到一根木头大梁（作价 60 元），金花婆是 2 号，谢逊是 3 号；两家只能有一家要大梁，要的一家给对方 30 元的补助。这个时候，谢逊扛起大梁就回家了，后来给了金花婆 30 元钱。
>
> 很多年后，金花婆对此事还耿耿于怀，很不舒服，她说："谢逊应该'让让'我，不该一声不吭就把大梁扛回家。本来大梁对我家而言也没有什么用途，我也扛不动，但是，怎么说，他也该让让我。他'不懂事'，看不起人。"
>
> 访谈中问她："如果让你首先选择你会怎么办？"她说："我也会让他把大梁扛走，我拿它没有什么用途。"这和谢逊一声不吭把大梁扛走是同样的结果，只是少了"让让"这一步，怎么会有如此不同的情况呢？（张百庆，2002：31 - 32。引用时在不影响原文意思的情

况下，对人名、文字有所改动）

为什么谢逊需要推让呢？从制度安排的角度看是因为：抓阄的结果赋予了金花婆一份优先选择的权力。对于金花婆的这份优先权，谢逊抢先一步"一声不吭""扛走"的行为显得有些冒犯、不够尊重，金花婆有意见是合乎情理的。

但是，如果用经典博弈论语言将前述大梁分配案例形式化，似乎就看不到金花婆"耿耿于怀"的"意义"了。

不过，仍有必要从经典博弈论的表述切入。下文的探讨，将有助于我们分析经典博弈论的"共同知识假设"难题，及其在对现实模型化的过程中存在的困难。以这样的两个普通人的博弈为起点，也就能更好地理解科层体系中的"共同知识难题"。

上述大梁分配案例，可以用经典博弈论语言进行如下完全信息动态博弈的表述（根据是否假定博弈参与人知道其他参与人的收益函数，以及是否考虑博弈步骤、考虑博弈步骤的情况下是否假定参与人知道自己行动之前博弈本身进行的整个过程，经济学经常运用的非合作博弈可以分为完全信息静态博弈、完全信息动态博弈、不完全信息静态博弈、不完全信息动态博弈四种。而完全信息动态博弈是指在考虑博弈参与人行动步骤的情况下，假定参与人知道其他参与人的收益函数，并且自己这一步行动之前博弈进行的整个过程）：

  1. 谢逊从可行集 A_1 中选择一个行动 a_1，

  2. 金花婆观察到 a_1，之后从可行集 A_2 中选择一个行动 a_2，

  3. 两人的收益分别为 $u_{谢逊}$（a_1，a_2）和 $u_{金花婆}$（a_1，a_2）。

  由于博弈双方有不同的认知、知识和思维倾向，该博弈在不同的人看来是不一样的。

（一）谢逊眼中的博弈

从谢逊的角度理解，这一博弈甚至可以简化为完全信息静态博弈。这一博弈的标准式表述[①]，可以在表 2 中看到（｛"一声不吭扛走"，"让让"｝

[①] 标准式表述和扩展式表述是非合作博弈（本文所谓经典博弈论多指非合作博弈）的两种不同表述形式。标准式表述的抽象程度更高，只是清楚地给出了不同行动组合与收益之间的关系，而不能很好地呈现一个动态博弈的行动步骤。

为谢逊可能的行动集合；｛"让"，"要"｝为金花婆可能的行动集合。在收益区，逗号之前为谢逊的收益，逗号之后为金花婆的收益。下同）。

表 2　大梁分配博弈的标准式表述

谢逊＼金花婆	让	要
一声不响扛走	大梁 - 30 元，30 元	大梁 - 30 元，30 元
让让	大梁 - 30 元，30 元	30 元，大梁 - 30 元

在这里如果谢逊对"大梁 - 30 元"的评价高于"30 元"，那么"一声不吭扛走"就是谢逊的优势策略：不管金花婆怎么选择，谢逊都会选择"一声不吭扛走"。(一声不吭扛走，｛让，要｝) 构成纳什均衡（所谓纳什均衡是这样一个［些］策略组合，其中任一参与人选择的策略是针对其他参与人所选策略的最优反应，以此为基础，没有参与人愿意独自离弃他所选策略的那样一个［些］策略组合构成的状态）。

当然更合理的抽象应该是（降低模型的抽象程度，增加行动顺序这一重要因素）：从谢逊的角度看，这是一场完全的信息动态博弈，它以图 1 所示的扩展式表述出现（收益一栏中，上行是谢逊的收益，下行是金花婆的收益。下同）：

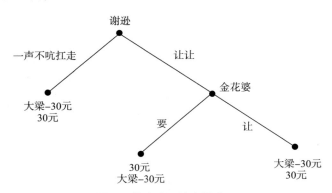

图 1　谢逊眼里的大梁分配

显然，在谢逊看来大梁的价值（给自己带来的效用）是超过 60 元的。如果自己在博弈的第一阶段不选择"一声不吭扛走"，而选择"让让"；博弈就会进入到第二阶段，由金花婆来选择；假定在谢逊看来，金花婆是理性的，对"大梁 - 30 元"和"30 元钱"的评价与谢逊一样是前者大于后者，那么，她就会（被预期）选择"要"而不是"让"。预期到金花婆会这样做，谢逊在第一阶段的最优选择是"一声不吭扛走"，博弈在这里结束。

显然，谢逊的现实选择（"一声不吭扛走"）正是子博弈精炼纳什均衡中他的策略。在这里我们可以将子博弈精炼纳什均衡理解为不包含不可置信承诺或者威胁的纳什均衡。案例中，金花婆如果做出"在博弈第二阶段我会选择让"的口头承诺，是未必能够获得谢逊置信的。

（二）金花婆眼中的博弈

可以非常清楚地发现，上一模型化表述仅仅给出了非常表层的东西，是单单从谢逊的角度出发的，没有挖掘其中的细微之处，也没有注意金花婆的感受。根据金花婆事后对故事的陈述，这场博弈的赋值却有所不同，因为金花婆认为行为是有意义的——"一声不吭扛走"是"不懂事"的表现，"让让"则是"懂事"的表现。考虑到这一点，从金花婆的角度看，博弈的收益就完全是另外一种情形了——虽然这仍然可以是一个完全信息动态博弈。

谢逊在两个行动中进行选择——"一声不吭扛走"、"让让"。如果谢逊选择"一声不吭扛走"，不等金花婆行动，博弈就结束了，谢逊的"收益"将是"不懂事"，金花婆无法表明自己懂事与否，收益为0。如果谢逊选择了"让让"，则谢逊的收益是"懂事"的。博弈进入下一步，金花婆在"让"和"要"两个行动中进行选择，如果金花婆要表明自己是"懂事"的——根据她的事后表述这一点对她来说非常重要，她就需要选择"让"；否则她就"不懂事"。博弈随之结束。"收益"情况由下面博弈的扩展式表述给出。

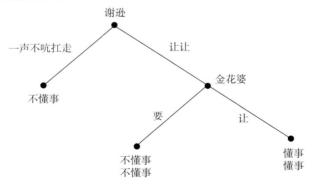

图2　金花婆眼里的大梁分配

此处实际上是根据金花婆的表述假定，这一场景中的大梁分配，相对于"大梁"、"30元钱"所对应的物质利益，"懂事"、"不懂事"对应的道德伦理对金花婆而言具有更强的地位，是互动中双方应该考虑的唯一因素。显然，根据这一表述，纳什均衡点应该是（让让，让）。在这个地方，谢逊得到的收益是"懂事"，而金花婆得到的也是"懂事"。

以上模拟（模型化）的谢逊眼中的博弈与金花婆眼中的博弈，单独来看实际都假定了参与人以自己的认知和效用取向为共同知识——所谓"共同知识"也就是，你知道我知道你知道我知道……（如此以至无穷）的知识。

从以上分析可见无论"参与人是理性的"是共同知识，还是"参与人是讲究道德伦理的"是共同知识，都好办。不好办的情况是，两个参与人一个是理性的，另一个是讲究道德伦理的，并且全都以自己的认知来揣测对方。

（三）经典博弈论者眼中的博弈

设定以上扩展式表述的博弈进入到了第二阶段，博弈的均衡结果依赖于金花婆在"要"与"让"之间进行的选择，这又依赖于在金花婆眼里是否真的道德伦理比物质利益具有更强的地位。

对于一个经典博弈论者而言，考虑该问题（将问题模型化从而让其有解或均衡）的关键是非常强制性地把道德伦理与物质利益谁更重要的问题转化为金花婆是否认为"懂事"相较于"不懂事" ＞ "大梁 – 60元"（"大梁 – 30元" – "30元"）这样一个问题[①]（在金花婆脑海中"道德伦理与物质利益谁更重要"的问题可能根本就不存在，而后面这种"懂事" – "不懂事" ＞ "大梁 – 60元"的比较则可能更是从未想过）。也就是说，是否存在表明自己懂事而不是不懂事，对金花婆来说，超过大梁与60元钱之间的差价（"大梁 – 30元" – "30元"）。

---

① 这似乎也能说明在理论家的眼里道德伦理越来越不值钱了（这当然也左右了社会风气）——严格地说应该是讲道德伦理所需付出的代价越来越小。因为原来在这样的场景中讲道德伦理可能是应该将大梁完全地让出，根本不用再考虑收回30元钱的问题；可是现在讲道德伦理只不过贡献一个差价（甚至从当事人的主观认知来看，这个差价为0）。——难怪人们不怎么讲道德伦理了，因为随着计量技术的发展，人际交换的许多内容都越来越可以用一定的方式计量，等价的交换越发容易，道德伦理体现其价值的许多空间都被等价交换填满了。此时此刻，小人因为舍不得那点利润，而不讲道德；君子则觉得讲究道德伦理显得虚伪，没有多大意义。

在经典博弈论者眼中，上述图1和图2中表述情况被认为有些偏激，他们一般用更为基本、更加客观、比博弈参与人知道得更多的方式来模型化或表述这个博弈活动（这有点事后诸葛亮，而且还越俎代庖，不过的确能够让人们比较清楚地看到其中的道理——有时候是"奇怪的道理"）。这实际上是假定博弈中参与人拥有更多的共同知识，有着与博弈理论研究者相同的对问题思考的空间。事实上理论家们比较"谨慎"地相信，在一些特定的局势中对博弈结果进行预测"要求博弈理论研究者对于博弈的结果知道得比参与者知道得更多。这也就是博弈论的绝大多数经济应用将注意力集中在纳什均衡上的原因"（弗登博格、梯若尔，1991/2002：11）。而我认为这也完全可能成为经典博弈论者陷于"数学求解"泥塘的重要原因。

回到案例，现在，经典博弈论者为了建模，抽象地假设谢逊与金花婆同时考虑物质层面和道德层面的效用。这个博弈可以进一步引申成图3所示博弈树的样子。

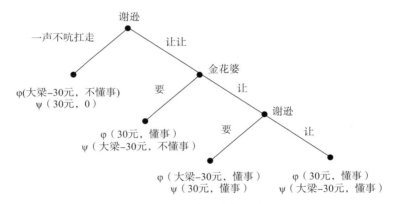

图3　经典博弈论的大梁分配

可以用逆向归纳法（逆向归纳法在一个有限的博弈模型中是指，从博弈树中最后一个参与人采取决策的时点开始往回倒推，每一步剔除在该时点上参与人的劣选择）来理解这个博弈树。先看收益的比较，这里设定在谢逊那里自身收益的相对比较是这样的：φ（大梁 - 30 元，懂事）> φ（大梁 - 30 元，不懂事）> φ（30 元，懂事）；而在金花婆那里则存在两种情况：

（1）ψ（大梁 - 30 元，懂事）> ψ（30 元，懂事）> ψ（大梁 - 30 元，不懂事）> ψ（30 元，0）；

（2）ψ（大梁 - 30 元，懂事） > ψ（大梁 - 30 元，不懂事） > ψ（30 元，懂事） > ψ（30 元，0）。

两种情况中，经典博弈论都假定金花婆能够同时考虑物质利益与道德伦理，在情况 2 中金花婆看来更"理性"（看重物质利益甚于道德伦理），跟谢逊一样。

从金花婆的第一种效用函数情况出发，用逆向归纳法求解博弈。求解从第三阶段开始（即谢逊的第二次行动开始），在这里，对谢逊来说，"要" > "让"，选择"要"是最优的。那么在第二阶段，金花婆预测到博弈通过自己选择"让"进入第三阶段，谢逊会选择"要"，那时自己的收益为 ψ（30 元，懂事）；而金花婆在第二阶段的另一选择"要"可以给自己带来的收益为 ψ（大梁 - 30 元，不懂事），它小于"让"的收益，于是金花婆在第二阶段选择"让"是最优的。这样在第一阶段，谢逊预测到如果博弈进入第二阶段，金花婆将选择"让"，使自己的收益为 φ（大梁 - 30 元，懂事），从而他在第一阶段的最优选择是"让让"，而不是"一声不吭扛走"［收益为 φ（大梁 - 30 元，不懂事）］。这种情况求出博弈的逆向归纳解为博弈一直进行到第三阶段直到谢逊在第三阶段选择"要"，结束博弈。

但是金花婆的效用函数如果是第二种情况，则博弈的逆向归纳解就发生了变化：在这里第三阶段与第一种情况是一样的，最关键是第二阶段，由于金花婆在这一阶段选择"要"［收益为 ψ（大梁 - 30 元，不懂事）］与"让"［收益为 ψ（30 元，懂事）］的衡量中，倾向于"要"，即选择"要"是最优的。这样，在第一阶段，谢逊预测到如果博弈进入第二阶段，金花婆将选择"要"，使自己（谢逊）的收益为 φ（30 元，懂事），从而他在第一阶段的最优选择是"一声不吭扛走"［其收益为 φ（大梁 - 30 元，不懂事）］，而不是"让让"［其收益为 φ（30 元，懂事）］图一个虚名。因为对谢逊来说：φ（大梁 - 30 元，不懂事） > φ（30 元，懂事）。[①]

第一种情况与第二种情况的差异其实主要是由金花婆对 ψ（大梁 - 30 元，不懂事）和 ψ（30 元，懂事）的评价差异引起的。这里，设定以上

[①] 在这个地方，经典博弈论有点同义反复的味道：为什么谢逊"一声不吭扛走"呢？因为对他来说，"φ（大梁 - 30 元，不懂事） > φ（30 元，懂事）"，为什么对他来说"φ（大梁 - 30 元，不懂事） > φ（30 元，懂事）"呢？因为他选择了"一声不吭扛走"。

条件成立，谢逊对金花婆到底是哪一种情况的估计决定了博弈的逆向归纳解，以及博弈最后能够进行到哪一步。这个博弈之所以在生活中发展成为案例里面的那个样子，根据经典博弈论（有点同义反复）的分析，大概是因为谢逊对金花婆的估计是认为对金花婆来说，ψ（大梁 - 30 元，不懂事）$>\psi$（30 元，懂事）；而不是相反。

这在偏好真的是 ψ（30 元，懂事）$>\psi$（大梁 - 30 元，不懂事）、看重伦理道德甚于物质利益的金花婆（上文案例中金花婆说："本来大梁对我家而言也没有什么用途，我也扛不动"）看来，非常明显：谢逊出错了，他的表现说明他"不懂事"。不过谢逊的选择却的确是一个非常切合经典博弈理论的均衡解，在谢逊自己看来，如前文所示，当然就更是如此了。

这样一来，经典博弈论的模型化方法会更进一步将这个故事转变为信号发送博弈，即假设金花婆有两种类型 t_1 和 t_2，t_1 更看重伦理道德，t_2 更看重物质利益。金花婆向谢逊发送某种信号 m_1 或 m_2，谢逊观察到这一信号，并随后做出反应。

将"故事"精细化为信号发送博弈，的确有助于我们看到"共同知识难题"的一种解决方式——"信号发送"，以及信息的重要性。但一方面，这毕竟已经不再是"故事"本身；另一方面，"信号发送"是一个社会过程而信息也充满了社会属性。

（四）上下级的共同知识难题

上文大梁分配的案例解析表明，根据金花婆事后的表述来看，哪怕是平辈、熟人，谢逊与金花婆之间也真的没有对彼此收益、策略空间和"参与人双方的类型"形成充分的共同知识。从参与人各自的立场看，谢逊是"理性的"出乎金花婆的预料，金花婆如此看重"伦理道德"可能也同样出乎谢逊的预料。而从经典博弈论的分析来看，谢逊第一阶段选择"一声不吭扛走"，应该说是做了理性人该做的事，是均衡策略组合中的策略，因为这样做避免了节外生枝，避免了不确定性——如上所述，没有真实的信号呈现，天知道金花婆究竟是哪种效用类型，而且谢逊似乎也有理由不去理会这一点。

但是，如果我们将金花婆和谢逊设想为是上下级关系或者是委托代理关系，情形会怎样呢？谢逊还会显得那么"莽撞"吗？

共同知识难题实际上在博弈论文献中有颇多涉及，例子不计其数，但似乎很少注意到博弈参与人的社会地位差异问题。事实上，这其中当不同参与人身处科层体系或委托代理的不同位置时，"共同知识难题"的考察尤其具有重大意义。

我们知道，"官大一级压死人"的俗语，也知道官员常常能将自己微不足道的权力放大到极限，给不听话的下属以"穿小鞋"的感觉，来让博弈对象俯首帖耳、谨小慎微。

弗登博格和梯若尔（2002）为了强调收益、策略空间和"理性"作为共同知识的重要性，他们举出了如表3所示的博弈。笔者以为，这其实适用于上下级关系中上述"上级能够给下级穿小鞋"的情形。

表3　适用于上下级关系一种情形的博弈模型

杰克 ＼ 露丝	L	R
U	8，10	—100，9
D	7，6	6，5

弗登博格和梯若尔基于这个博弈模型，问自己的学生，如果扮演杰克的角色，在这个博弈中他们将如何选择。"大约半数会选择D，即便重复优势导致（U，L）是唯一的解"（同上：页7）。这里的原因在于，尽管在露丝肯定不会使用劣势策略R时，对于杰克来说U策略比D策略要好，可是只要存在1%的机会露丝就会选择R策略，那么对于杰克而言D策略就比U策略好，是风险占优的，也就是说D策略在规避风险方面比U策略要好。弗登博格和梯若尔强调，这意味着，"参与人是理性的"这样一个共同知识要在杰克与露丝之间达成，并不是一件容易的事。

将该模型用于上下级关系（以及委托代理关系），对于增进我们的理解是颇有帮助的。只要露丝有1%的可能性是个昏聩的上级（或委托人）或者小肚鸡肠、容易被情绪所左右，作为下级（或代理人）的杰克为稳妥起见，就不会采取对他而言最优的策略，从而也就不可能让双方（进而也是科层体系或整个委托代理事项）达成（U，L）这个最优的均衡结果。这一推论与泰勒的观察（泰勒，2016）相契合。

如果作为上级（或委托人）的金花婆能够像上述博弈模型中的露丝那样，针对作为自己下级（或代理人）的博弈对象的某种行为（比如说谢逊"一声不吭扛走大梁"的行为），在事后给该博弈对象带来比较大的侵害，那么，谢逊还会出现"一声不吭扛走大梁"的行为吗？极有可能不会！

相反，甚至可能会出现这样的情形：作为下级（或代理人）的谢逊明明知道上级金花婆用不上大梁，而大梁对自己极有用处，却仍然不理会金花婆的"推让"姿态（因为对金花婆具体是何种类型心里没有底），会将大梁"扛"到金花婆的家里去给作为上级（或委托人）的金花婆。

三　科层体系的效率和公平

从大梁分配案例不难看出，如果博弈是发生在平级之间，一方对另一方不能带来太大"侵害"的情况下，"共同知识难题"可能会导致公平感知上的差异问题，却不一定会影响总体效率，就是说，通过他们带有自利动机的博弈，对双方而言有效率的结果是可以达成的，哪怕是存在不可避免的"共同知识难题"。

但是，如果是博弈镶嵌在科层体系之中，情况会变得复杂起来。只要一方对另一方有着较大的"侵害"和惩罚能力，哪怕博弈是发生在相邻的上下级之间，博弈行为者一方（通常是上级）乃至双方的"类型"就会成为影响博弈结果的关键性因素，这通常会带来某种特定的行为取向，可能过于保守也可能过于激进，导致博弈的无效率和结果的不公平。

（一）　相对平等背景下的博弈

在初始的相对平等的博弈场景中，谢逊和金花婆之间的整个博弈并不是在大梁分配事件完了之后就结束了。事实上，在金花婆对故事记录者张百庆诉说"他（谢逊）不'懂事'，看不起人"的时候，这一行为应该被视作前一博弈行为（大梁分配案例）的连带部分。

此时此刻，金花婆通过向一个第三者斥责谢逊的不懂事，来表明自己的"懂事"，试图通过这样的表述来告诉他人自己所失落的那部分"利润"或"权利"的意义和潜在的价值，并企图影响博弈的后果（效用），这是一个个人效用调节的过程。

当然，如果金花婆的诉说对象不限于张百庆这样的"外来者"，而是包含村落中的其他人，甚至是能充当"仲裁者"角色的第三人，金花婆的诉说也就会是一个社区文化实践或建构的过程。

请注意，谢逊和金花婆是在村落之中进行博弈的，"村落"意味着大家抬头不见低头见。当行为者斥责他人行为不具有"意义"的时候，也就是在赋予自己在当时场景下的行为（当时金花婆的行为可能是惊呆在一旁，来不及作反应，于是导致的情景结果是，在场的"他人"认为金花婆懦弱，是可以欺负的）以"意义"（懂事）。这种意义的赋予，同时也是在村落内部建立了一个符号性的区隔——像谢逊这样的人是不配在村落内部成为自己（也是大家）交往的对象的。

这样，是不是谢逊就被"孤立"了呢？这被孤立的人是不是就活不下去了呢？这却不一定！因为村落中的"他人"对金花婆的陈述并不一定全信，他们会自己形成对谢逊的判断。甚至有人会因为谢逊遭到了金花婆的贬斥，而故意与谢逊交往，以此来获得自己在谢逊心目中的地位，表明自己对谢逊好的看法。

即便是有人讨好谢逊的事实不成立，村落绝大部分人都开始孤立谢逊一家（从现实的场景来看，有些村落的确存在因为户主"不懂事"，而让全家在村落内抬不起头的事情），但只要村落内谢逊这样的家庭一多，那些丧失某种行为"意义"的人通过沟通、联合，或搜寻新的"意义"完全有可能聚合在一起，形成新的团体和互动网络。此外，这些家庭也可能通过与村落之外家庭或人员的互动来赢得声誉和改变形象。

上文的探讨表明，当博弈参与人双方地位相对平等时，尽管"共同知识难题"客观存在，尽管存在后续"诉说"、"谴责"之类的博弈空间，由于当事人有着相对独立性和自主性，由于博弈中的一方对另一方通常难以实施（特别是在事后实施）较大力度的惩罚，有着自利动机的博弈参与人可以在欠缺沟通的情况下，在对"博弈对象的类型"缺乏足够了解的情况下，通过较少顾忌的"利益最大化"的博弈行为，得到（或至少是更有可能得到）有效率的博弈结果。

（二）镶嵌在上下级关系中

只要我们将博弈放在真实的时空背景中去看待，就将发觉（事实上博弈当事人也常常能明确地意识到这一点）：由于时空本身具有的绵延性，一个事件往往成为另一个事件的引子；在这个事件时点或效用空间中被打压下去的欲望，只要被打压者仍然活着，必然在另一个事件时点或效用空间之中展现出来。

当博弈镶嵌在上下级关系之中时，上级的"类型"会成为重要的影响因素。如果上级不为下级所了解，同时又拥有庞大的"事后追溯"或者说"秋后算账"的权力，那么，就几乎可以肯定，下级在行为取向上会有所改变。

在相邻层级中，上级为下级所了解的情况下，又可以区分出不同的情形，而让他们之间的博弈落入不同的局势之中。

类似于谢逊和金花婆的"大梁分配博弈"，我们不妨将上级的可能"取向"通过其效用函数来表示，进而将其效用表述为包含"经济利益"效用（E）和"结构地位"效用（S）两个维度。"经济利益"效用指的是，物质及服务的获取给自己带来的满足感；"结构地位"效用则指的是，当前的权力地位及未来的历史声望给自己带来的满足感。

显然，这两个维度并非是一回事，通常它们正相关，有时负相关，偶尔则无关。在不同的部门之中，对不同的具体个人而言，两个效用维度的权重也可能有所差异。

哪怕在预期获得的"经济利益"（E）相当的情况下，下级的不同行为给上级带来的"结构地位"效用（S）也可能会是有所差异的。有时，上级愿意损失部分乃至较大的"经济利益"效用（有时是通过给下级以及相关当事人以某种"经济利益"的好处）来获致"结构地位"（比如说权力）的不变或增益。同时，需要注意的是，上级"当前"权力地位的增益，也可能带来"事后追溯"或"秋后算账"权力的放大，这会让下级和相关当事人（比如说管理对象）束手束脚，长远来看又会导致下级以及相关当事人乃至整个部门的"经济利益"效用的损失。

下级及相关当事人在部门遭受的"经济利益"损失过大的情况下，可能会有所不满乃至抗议，甚至会带来上级"结构地位"效用乃至"经济利益"效用的危机。上级意识到这一点，可能会暂时有所妥协，表现为对下级及相关当事人突破禁区、增进其"经济利益"效用的行为有所容忍，显得对自身某些"结构地位"效用的损失不太敏感。但是，这样的行为可能只是策略性的，待"危机"一过，曾经"突破禁区"的行为者可能会被视为异己性力量，遭受到抑制乃至打压，这便是所谓的"事后追溯"或者说"秋后算账"。

在这样的博弈框架中，不难发现，上级的"类型"很大程度上取决于他是更重视"经济利益"的，还是更重视"结构地位"的；是更重视部门的总体经济利益，还是自身的经济利益；是更重视当前的权力地位，还是未来的历史声望；是更可能会"秋后算账"（过度集权倾向），还是会明确地通过实际操作自我约束此类行为。

对于上级的"类型",下级是能够通过发生在上级身上的"先例"、"经历"、"故事"等来判定的。不过,鉴于"伴君如伴虎"、"小心驶得万年船"之类俗语和林林总总的历史案例,除非是上级有可置信的任责(谢林,2019),做出承诺自我约束,让下级放开手脚、解放思想、大胆地闯、大胆地干,否则,在行为上保守在上级圈定的范围中总是稳妥的。于是,面对上级时,下级不免在行为上战战兢兢、如履薄冰、循规蹈矩。

现实生活中的科层体系里,有一种做决策的方式叫作"集体领导、民主集中、个别酝酿、会议决定","会议决定"时有一种开会的方式和方法强调主要负责人"末位表态"。但是,在实际操作中,只要主要负责人在自身拥有的权力问题上没有明确的自我约束,比如权限和任期上的自我约束,就不可能指望下级能够"放开手脚、解放思想、大胆地闯、大胆地干"。

(三) 以科层体系为博弈背景

更为严重的是,面对上级时"循规蹈矩",往往同时意味着作为"中层"的行为者,在面对自己的下级乃至其他权力作用对象时会"狐假虎威、狗仗人势",会"变本加厉"、"拿着鸡毛当令箭"。所以,在以科层体系为博弈背景时,如果上级集权明显,下级循规蹈矩、创新不足的行为倾向就有被放大的可能性,极端状态下,甚至可能会出现消极怠工。

下面我们用四方博弈模型来说明这一点。其策略和收益格局如表 4 所示。这里,参与人 1 在行中选择,参与人 2 在列中选择,而参与人 3 和 4 针对不同的矩阵进行选择。这一博弈中有两个纯策略均衡,(U,L,A,Y)和(D,R,B,Z),还有一个混合策略均衡。我们不考虑混合策略,而将注意力集中在纯策略上。可以看到均衡(U,L,A,Y)帕累托优于(D,R,B,Z)。这是否意味着(U,L,A,Y)是明显的聚点?未必!设想这是一个预期的解,参与人 4 对 B 的选择和参与人 3 对 Z 的选择被认为会保持不变,这就形成了参与人 1 和 2 之间的双人博弈。在这一双人博弈中,(D,R)是帕累托优势均衡,该均衡会促使参与人 3 选择 B,而这又将进一步导致参与人 4 选择 Z,最终得出(D,R,B,Z)的结果,这会颠覆"好的"均衡。

表4　科层体系中的博弈

参与人2 / 参与人1	L	R	L	R	
U	-4，-4，0，0	-5，-5，0，0	-4，-4，-1，0	-8，-8，-1，0	Z
D	-5，-5，0，0	-4，-4，-5，0	-3，-3，-1，0	-2，-2，0，4	
U	1，1，1，4	-5，-5，0，0	-2，-2，0，0	-5，-5，0，0	Y
D	-5，-5，0，0	4，4，0，0	-5，-5，0，0	-1，-1，3，0	
参与人1 / 参与人3	A		B		参与人4 / 参与人3

　　如果将上文的参与人 3 看作是参与人 1 和参与人 2 的上级，而参与人 4 又是参与人 3 的上级，那么，要想让（U，L，A，Y）的这个总体上占据优势的均衡稳定下来就是极其困难的。相反，倒是（D，R，B，Z）这个均衡会是一个稳定的结果。因为参与人 3（随后是参与人 4）总是不可避免地会动用手中的权力，对参与人 1 和 2 自认为是最优选择的结果（D，R）形成影响，以便让博弈结果对其最有利。

　　当上级参与人 4 选择了 Z，而"中层"参与人 3 选择了 B 时，作为"下级"，参与人 1 没有偏离选择策略 D 的动力，参与人 2 也没有偏离 R 的动力。

　　如果作为上级，参与人 4 不仅敏感于表 4 中作为"收益"的数字，还敏感于其"收益"与参与人 3 的"收益"的差，并将该差值视作自己相对于作为"中层"的参与人 3"更有权力"的度量。如此一来，作为"中层"的参与人 3 意识到上级的集权倾向（参与人 4 更倾向于选择 Z），也就更倾向于选择和维护 B，让自己在权力上与上级拉开"4"（4 - 0）个数值的距离。

　　更有甚者，为了在"权力"维度上恭维参与人 4，或者表示忠诚和顺从于参与人 4，参与人 3 甚至可能在参与人 4 选择 Z 的情况下，选择策略 A，让自己的收益为 - 5，让自己在权力上与上级拉开 5 [0 - （- 5）] 个数值的距离，尽管这样做会让选择 Z 的参与人 4 也在"经济"、"收益"上受损至少一段时间，但是对"权力"更为看重的参与人 4 会至少在一段时间内维持对 Z 的选择。

　　（D，R，A，Z）比起（D，R，B，Z）在经济"收益"上更不讨好，甚至让大家的"收益"都受损，但是，也能让参与人 1、2、3 联合起来，对参与人 4 选择 Z 策略的行为表示抗议：因为此时只要参与人 4 放下

"权力"的执念，选择 Y，参与人 1、2、3 的"收益"都能变得更好。

可以将参与人 4 和参与人 3 看作是一种科层体系中参与人 1 和 2 无法把握的力量。这会造成一种非常诡异的效果：在（A，Y）所指向的矩阵中博弈的参与人 1 和 2，明明看到自己通过分别选择 D 和 R，能够各自获得 4 单位的收益，这高于他们分别选择 U 和 L（收益为 1）的结果；可是当他们做出这样的选择之后，却发现自己落入了 B 所指向的矩阵之中，他们所获得的收益各为 -1，随后竟然又落入了 Z 指向的矩阵中，他们所获得的收益各为 -2。

这种无法把握的力量是经常存在的，它可能是科层体系综合作用的结果，也可能是因为"上级"群体中某个关键人物对 Z 策略和 Y 策略的行为性质有别样的评价，或者如上所述，对"经济收益"之外的"权力"看得特别重。

古代社会面对这种情况，人们可能归咎于一些神秘物或者自然现象，进而形成宗教等信仰；而现代社会，只要科层体系的层级一多，只要该体系的集权倾向显露出来，特别是它如果能对自己的某类行为提供合法性"说辞"，就总是能够造成当事人巨大的不确定感，对整个系统的效率和公平形成不利的影响。

要想让帕累托占优的均衡结果（U，L，A，Y）稳定下来，就不可避免地会涉及科层体系的变革和治理问题。

四　科层体系的变革与治理

正如马克斯·韦伯所指出的，科层制是"第一秩序的权力工具"。根据彼得·布劳（Peter M. Blau）和马歇尔·梅耶（Marshall W. Meyer）（1987/2001）对马克斯·韦伯科层制理想类型的总结："专业化、权力等级、规章制度和非人格化这四个因素是科层制组织的基本特征。工厂是按科层制度组织起来的，政府机关也一样；假如它们不具备这四个因素，它们就无法十分有效地工作。"（页 7）在社会转型之前我国是计划体制，具有非常明显的科层制特点；而正在转型的中国社会同样是一个科层制社会。

作为基础理论的镶嵌式博弈可以应用到对科层制或科层体系的分析之中来，当然，这样的应用是受到我们经验考察的对象约束的。

"正常情况下，在一个充分发展的科层制度中，掌权的职位总是处在权力金字塔的顶点"（同上：页 10）。从镶嵌式博弈的角度来看，在科层体系的顶层，参与人更容易进行镶嵌式博弈，而这种镶嵌式博弈实际上是权威关系得以达成、科层体系顶层能够获取强制性权力从而持久存在的关键。布劳和梅耶分析了在不平等关系中使权威持续并引发服从意愿的复杂机制：

> 在权威关系中既有个体主义的因素——老板用可触摸的诱因换得下属服从，并用策略性的宽厚发展个体或集体对他们的义务。但也有集体性的因素，包括科层体系可以向自愿服从的下属提供的长期回报，提供经理人员权威的合法性和其他职位的合法性，如警官、父母等。这二种机制并不是相互孤立的。比方说，经理人员除非占据了正式权威的职位，否则就不可能提供换取服从所要的诱因；除非首先具有正式权威，否则正式权威也不可能仅通过策略性宽厚转化为实际权威。因此，科层权威并不是单因塑造的，而是一系列维持现代组织的个体与集体因素相互作用的结果。（同上：页 78）

从镶嵌式博弈来看，所谓个体主义的"可触摸的诱因"和"策略性的宽厚"显然都是通过一些小的标准博弈来维持背后的"不平等关系"的合作。而所谓"集体性的因素"显然是与先例、记忆、仪式、共同知识等历史积淀联系在一起的。正是因为这样，"一种（我们认为更有道理的）观点认为，组织中非正式群体、非正式关系、不现实的神话和意识形态以及无序甚至混乱的决策过程说明，现代科层制结构与假定的韦伯理想类型比较，具有更大的弹性和韧性"（同上：页 60）。① 布劳和梅耶说："科层组织的权力，无论是私有的还是公有的，都对公民控制自己生活的能力构成巨大的威胁。所以科层制几乎是一个必然的魔鬼。"（同上：页 184）

在中国社会这样一种非常典型的科层体系之下，一方面相邻的层级之间可能会因为关系运作而软化，另一方面高层次、制度化的监督机制并未确立，所以所谓经典社会学的难题——科层制管理和民主治道的关系——显得更为突出。也就是说，"一方面，为了保证所有人的民主权利（不包括各种社会的初民），需要有强势的集中管理。另一方面，科层制

---

① 布劳和梅耶认为，这种观点"说明了科层制具有消化多样化的、不确定的因素，并继续发挥作用的能力，它也说明了为什么科层制体制会得到加强"（彼得·布劳、马歇尔·梅耶，2001：60）。

强势又通过把个人置于组织之下而创造了不平等"（同上：页 186）。

从社会心理学的角度也可以发现，人们对权威和科层体系的屈从甚至会导致人们做出在事前和事后都觉得很离谱的行为。但是科层化有其内在的原因（比如说可以看作是集体行为避免搭便车的激励机制），在任何社会几乎都是不可避免的。所以问题的关键不在于拒斥和废弃科层体系，而是如何更好地发挥作为理想类型的科层体系的正功能，这就需要对科层体系进行适当的变革和必要的治理。

就科层体系的变革与治理而言，本文借助镶嵌式博弈模型的分析和探讨，能够提供的启发主要包含如下内容。

第一，用民主化的方式来产生科层体系权力金字塔的顶层人员或曰"领袖"一般来说被看作是科层体系政治组织的变革方向。民主治道显然是最为直接和根本的科层体系治理工具，它可以较好地约束权力金字塔顶层人员的"事后追溯"或"秋后算账"能力，放下对于权力的执念，不再赋予某类策略（或制度安排）以"非法"意义，让其做出"放权"的承诺更为可信，也能让整个体系更为务实，而不是坠入意识形态的复杂性陷阱。当然，也需注意到，民主治道又依赖于科层体系平等地对待公民、主持大规模选举和建构其他民主制度。就我国当前情况来看，要想达到理想的民主治道仍然存在一定的困难。

第二，我们可以在基层民主选举上做文章，做好基层权力的制约与平衡。不过，要想让科层制得到更好的治理，从而获得更好的社会秩序，还必须在注意授权来源变化（上层授权向基层授权过渡）的同时，注意缓解科层制上层对基层的压力。显然，如果在基层之上存在一个庞大的、对基层有着强有力影响的科层制作为组织环境，所谓基层民主选举也就只能是表面文章。

第三，如果基层民主流于形式和表面，鉴于上文所述科层体系中"共同知识难题"，科层体系治理时，还有一种比较好的方式是削减层级数量，让整个科层体系变得更为扁平化。基层之上的科层体系层级数量越少，人们生产生活行为所面临的约束可能性也就越少，为了揣测"上级"的"类型"而需要付出的精力也就越少，对整个体系而言，交易费用也就越少。于是人们也就有更多的权利和勇气致力于创造性活动。

第四，在无法有效削减层级数量时，不妨以各种各样"责任制"的方式，推行简政放权。尽管现代社会一些技术手段对于维持科层体系的作用越来越大，我们却不能过度迷信这类技术手段，因为它们对于克服

"共同知识难题"的作用有限，而且同样会因为"误解"和"不信任"而造成不确定性。改革开放之初"责任制"扮演的重大角色表明，责任制可以比较好地抑制科层体系的负面作用。

第五，科层体系的治理需要在制度设计和推行的时候，在相应的标准博弈中给弱势的博弈方预置合理的退出机制。根据"大梁分配案例"，从镶嵌式博弈的逻辑不难理解，没有较好的退出机制会引发"过度博弈"（过度镶嵌），这会破坏掉更为基础的合作，甚至导致科层体系本身灾难性的后果。

参考文献

彼得·布劳、马歇尔·梅耶，2001，《现代社会中的科层制》，马戎、时宪民、邱泽奇译，学林出版社。

彼德·布劳，1988，《社会生活中的交换与权力》，孙非、张黎勤等译，华夏出版社。

理查德·泰勒，2016，《"错误"的行为：行为经济学关于世界的思考，从个人到商业和社会》，王晋译，中信出版社。

罗伯特·吉本斯，1999，《博弈论基础》，高峰译，中国社会科学出版社。

托马斯·谢林，2019，《冲突的战略（重译版）》，王水雄译，华夏出版社。

王水雄，2009，《镶嵌式博弈：对转型社会市场秩序的剖析》，上海人民出版社。

张百庆，2002，《"为人"与"懂事"——从社区研究看中国法治之"本土资源"》，北京大学博士研究生学位论文。

张维迎，1996，《博弈论与信息经济学》，上海人民出版社。

朱·弗登博格、让·梯若尔，2002，《博弈论》，黄涛等译，中国人民大学出版社。

博弈模型如何进入科层体系研究

——评王水雄的《科层体系的镶嵌式博弈模型》

刘玉照 *

　　从博弈论的视角出发来分析科层体系中的问题，是水雄教授这篇论文非常重要的一个尝试，他通过一个改造的"韦小宝求职中的双重赌局"的例子引出了本文的基准分析模型——"镶嵌式博弈"，然后通过引入"大梁分配案例"讨论了博弈中的"共同知识难题"。在此基础上，文章讨论了科层体系中，博弈参与人的社会地位关系会影响到因"共同知识难题"而导致的博弈结果的"公平"与"效率"，并在此基础上对科层体系的变革与治理提供了一些有价值的意见和建议。文章在讨论中提出了一系列非常有潜力的理论问题，值得进一步思考和讨论，本文将从以下三个方面对本文进行一下评论。

　　第一，博弈模型和科层体系研究相结合，带来了哪些有趣的问题？

　　在这一部分，本文实际上做了两个方面的工作，一方面是把科层体系背景引入博弈模型的讨论，看在科层体系的背景下，博弈均衡的解，以及达成均衡解的过程是否有什么不同；另一方面是把博弈模型引入对科层体系的研究，来寻求影响科层体系运作缺乏效率和公平的原因和机制，并基于对这些原因和机制的分析，提出优化科层体系运作的意见和建议。

　　把科层体系背景纳入博弈模型，本文主要关心两个问题：一是在科层体系中，不同博弈参与者之间不同的社会地位，以及基于这个不同的社会地位而带来的"事后追溯"中上级对下级过于强大的"伤害能力"。

---

　　* 刘玉照，上海大学社会学院教授、副院长。

由于他们之间存在不同的社会地位，以及由这种社会地位差异所带来的过于强大的"伤害能力"，会影响当事者的行为选择，从而使得博弈均衡解产生扭曲。但是这里值得进一步讨论的是：这种扭曲是否仅仅是由于社会地位的引入而带来的支付变动导致的？还是它在改变参与人支付的同时，博弈中的"共同知识"结构也表现出与一般博弈模型不同的特征，从而也影响了博弈均衡的达成？二是在科层体系中，不同参与者的收益类型不同，如本文中所列举的"大梁分配案例"，谢逊和金花婆可能看重的是大梁的经济价值，也可能是"是否懂事"的伦理道德评价，这与经典博弈论只考虑经济收益是不同的。但是，多类型收益问题是经济社会学一个非常经典的问题，利益与价值的双重均衡也已经有了很多讨论（虽然总体成效并不是很大），但是考虑到本文独特的理论问题，把参与者在分层体系中的社会地位引入博弈模型，那么权力关系，以及参与者的相对地位问题是否可以成为本文进一步讨论的核心问题？

在把博弈模型引入科层体系的讨论中，本文主要关心的是博弈双方由于受到不平等社会地位的影响，尤其是受到上级在"事后追溯"中拥有的过于强大的迫害能力的影响，博弈均衡解的扭曲会影响科层组织运行的效率与公平。但是什么是科层体系的效率和公平？或者用本文的话来说，什么是"作为理性类型的科层体系的正功能"呢？对于这一点，文章中并没有给出明确的界定，但是从文章最后"对科层体系进行适当的变革和必要的治理"中罗列的几个方案（民主选举领导人、做好基层权力的制约与平衡、消减层级数量使科层体系扁平化、简政放权、给弱势方预置合理的退出机制）里看，作者关心的核心是削弱科层体系中的不平等地位关系，这虽然是从本文的分析逻辑中可以自然推演出来的结论，但是仅仅从这个维度来理解科层体系运作中的效率与公平，好像过于狭隘了，并且这好像就是文中所反对的"拒斥和废弃科层体系"了。

第二，如何把博弈模型与科层体系研究相结合呢？

在具体的研究和讨论中，如何把与科层体系研究相关的要素纳入博弈模型的讨论中来呢？一种简单的方式是拓展经济学的效用函数，通过改变经典博弈模型的赋值，来把影响博弈参与者行为的制度因素、社会地位、道德观念等纳入到博弈模型中来，但是这种做法能够处理的社会要素往往十分有限，并且还经常遭遇可通约性问题的挑战。第二种方式是水雄教授早期在其硕士学位论文中提出的"结构博弈"的思想，就是把经济学的博弈模型放在特定的结构与制度制约框架下来分析，由于特定的结构和制度制约了参与人的选择范围，从而会改变他们的支付，进一步改变均衡结果。在本文的研究中，水雄教授使用的是他在结构博弈思想基础上进一步提出的"嵌入式博弈"模型，这可看作是可以把与科层体系相关的要素纳入博弈模型的第三种方式。这种方式在一定意义上融合了结构博弈和重复博弈的思想，把一次博弈嵌入到一个更大，或者更高层次的博弈关系当中，在这种情况下，既有的社会结构因素将不再仅仅是一个背景或约束条件，而是以更加综合的方式直接纳入到博弈模型当中来了。应该说，水雄教授在这篇文章中提出的思路和方法，无论对于博弈论的研究，还是对于科层体系问题的研究，都是很有启发的。但是具体到本文的分析，好像第三种分析方式的优势还没有很好的展现出来，目前呈现的结果好像有点类似于第一种方式和第二种方式在一定意义上的结合。

第三，现有文章的讨论该如何进一步改进？

单纯从文章的写作来看，还有几点值得进一步商榷，可以进一步修订和完善。

一是文章的结构，按照目前的布局，文章首先通过一个案例交代了嵌入性博弈模型，然后通过另外一个案例讨论了"共同知识难题"，到引出本文最核心的科层体系中"上下级共同知识难题"，用了整整一半的篇幅，着墨太多，可以适当做一些简化。

二是从文章的论述来看，嵌入于上下级关系中的博弈，虽然也面临着"共同知识难题"，并且"共同知识难题"不解决确实会影响博弈各方的行为及均衡结果的达成，但是产生影响的却更多的是社会地位不平等导致的事后追溯以及一方过于强大的迫害能力，而在"共同知识"这个方面，却没有发现与"相对平等背景下的博弈"有什么根本性的不同，建议文章可以针对这个问题尝试做更为清晰的论述。

三是本文在主体部分所反复强调的"事后追溯"以及博弈一方过于强大的迫害能力（基于科层体系的不平等地位）两个要素，在经典的博弈模型中，通过重复博弈中"倒推"或"贴现"，通过在支付中引入发生概率，好像在一定意义上都可以处理。因此，本文嵌入性博弈模型的优势，可能还需要再做进一步的定位分析。

经济社会学研究　第六辑

第 219～240 页

© SSAP, 2019

经济社会学与行为地理学：亲和性与互补性[*]

刘世定　户雅琦　李贵才[**]

摘　要：本文首先探讨了经济社会学与行为地理学在研究视角上的亲和，然后从两个学科各自的三个基本假定出发，指出两者在目标追求、环境变量对个人效用的影响，以及对个体内化之心智结构的假设方面具有一致性、相似性和同构性。在此基础上结合两个学科的基本效用函数，可以得到社会—地理人效用函数。本文对此函数进行了解释和扩展，探讨了个体以资源约束为前提，是如何在人际关系和环境的二维评价结构下决策，以及他人行为和规范内化对个人效用的影响等内容。最后，文章讨论了经济社会学与行为地理学在空间尺度上的互补性，并对未来的研究提出了展望。

关键词：经济社会学　行为地理学　行为假定　社会—地理人　空间尺度

一　引言

社会学对空间的关注，至少可以追溯到从空间分布研究城市问题生

---

[*] 本文曾发表于《社会学评论》2018 年第 5 期。

[**] 刘世定，北京大学中国社会与发展研究中心研究员，北京大学社会学系教授，浙江大学社会学系兼任教授；户雅琦，中国政法大学刑事司法学院博士研究生；李贵才，北京大学深圳研究生院城市规划与设计学院教授。

成的芝加哥学派。空间在社会生活中的重要性，在学科内是得到普遍认可的，近年来甚至有社会学的空间转向之言论见诸学界（何雪松，2006）。但是，空间因素如何介入社会学研究，特别是如何引入空间因素建构社会学的理论模型，却仍然模糊不清。

从现今围绕空间展开的研究来看，可以发现两条不同取向的路径。一是将空间作为背景或载体。这种处理路径的特点是，研究以特定空间为背景的社会中的现象，但空间因素既不作为解释变量也不作为待解释变量用于分析，对空间的作用机制亦存而不论。例如，在"城市社会学"和"农村社会学"中的某些研究就属这一类。它们考察在"城市"这一空间背景中发生的某些社会现象，把这些研究集成在一起归入"城市社会学"；或考察了发生在农村中的某些社会现象，把这些研究集成在一起归入"农村社会学"。这些研究中虽然涉及了"城市"、"乡村"这些和空间有关的因素，但是空间因素并不作为变量进入分析。另一路径是将空间因素作为分析中的变量。在这种处理方法中，空间变量既可作为外生变量（自变量），也可作为内生变量（因变量）。例如，早期的芝加哥学派倾向于将空间分布作为解释一些城市问题的自变量，而后发展起来的新城市社会学，则倾向于将城市的空间分布作为财富、资本和国际经济秩序等因素影响下的因变量处理（孙秀林，2015）。后一路径无疑在科学研究上展现出更大的吸引力。不过，这方面的研究从建构有前提假设、命题、清晰的逻辑演绎的理论模型的角度看，仍显粗略。①

在本文中，我们将按后一路径对经济社会学与行为地理学的亲和与互补进行研究，并以兼有社会和空间因素的理论模型的建构为潜在目标。我们将首先对经济社会学与行为地理学两个学科在研究视角和行为假定方面的亲和性进行考察，继而探讨两个学科在行为假定上的互补性，进而考察它们在空间研究尺度上的互补性。

二 经济社会学与行为地理学研究视角的亲和性

经济社会学是在经济学和社会学互动中发展的一个领域。鉴于在经济社会学中存在不同的研究主张，因此在讨论经济社会学和行为地理学

---

① 托马斯·谢林的邻里区隔研究应属例外，参见《微观动机与宏观行为》，托马斯·C. 谢林、谢静等译，中国人民大学出版社，2005。

的关系时，首先有必要对本文所说的经济社会学的基本特征有所交代，以避免误解及由此引起的无效争辩。从与本文有关联的角度着眼，概而言之，经济社会学的研究存在两个不同的视角。一个视角是从社会学中的整体性概念——如社会结构、制度环境等——出发，研究、解释经济生活中的一些现象。这种主张并不把行为放到重要位置上。另一个视角则是以有社会性的行为为基础，联系社会环境条件，通过群体行动，理解社会系统现象。本文所说的经济社会学，属于后一个视角下的研究路径。

在较宽泛的意义上，行为地理学属于人文地理学的一个分支或流派。在人文地理学中，虽然存在着排斥将个人行为放到研究基础位置的流派，但是行为地理学却恰恰重视个人行为，将相当多的注意力放在选择何种人类模型并入已有的地理学研究中，特别是对行为决策模型加以吸收和改造，如来自心理学的刺激—反应模型、格式塔心理学，来自经济学的效用（满意）最大化模型、地点效用模型等（沃姆斯利等，1998），都在其中占有一定位置，行为地理学也正因此而得名。当然，作为研究大尺度空间现象的地理学之所以重视个人行为，并非是要将研究目标锁定在微观个人行为上，而是以个人行为为基础，通过若干中间环节，去理解某些地理现象。而对群体行动的解释，则是由个体行为达至大尺度地理现象的不可或缺的中间环节。

可以看到，经济社会学和行为地理学有一个共同的基本研究视角，即从受环境影响的个人行为出发，通过群体行动理解系统现象。在我们看来，正是这个共同的研究视角及与此相联系的研究路径，构成了经济社会学和行为地理学的亲和，并有可能发展出一些互补性的研究。

毋庸置疑，当我们把握经济社会学和行为地理学共同的研究视角时，并没有忽视这两个学科所关注的"环境"存在差异，试图理解的"系统现象"也存在差异，但这并不有碍于我们形成一套结合两个学科方向的分析体系。

三　行为假定的亲和性

在这一共同的研究视角之下，两个学科在研究的行为假定上也存在着亲和之处，本节从两个学科各自的三个基本行为假定出发来讨论这一亲和。

（一）相同假定：效用最大化

效用最大化的行为假定是经济社会学研究中的一个基本假定（刘世定，2011），在这一假定下，效用被定义为个人获得的满足，而各种具体的行为目标均统一于效用最大化目标之下。这一假定来自经济学，并为当代的一些经济社会学者所接受。而这种接受态度的学术渊源，可以追溯到经济社会学的先驱人物马克斯·韦伯，他曾指出，经济行动是被效用牵引的行动。

在行为地理学的讨论中，理性经济人的模型的有效性虽然被不少学者质疑，但是涤去附在理性概念上的诸多歧义后，效用最大化的假定仍旧是处理空间决策问题的一个有效假定之一。以 J. 沃尔波特为代表的研究者在讨论农业活动的迁徙过程中，将地点的价值纳入到了效用分析之中，以此考察农民本地的生产行为（Wolpert，1964：537 – 558），并进一步提出了地点效用（place utility）这一概念来（Wolpert，1965：159 – 169）作为地区迁移讨论的基础。地点效用这一概念可以定义为个人融入空间中某一位置后，获得的净效用的集合①。个人基于当下的环境，结合过去的经历和对未来的预期，形成对当前位置的地点效用判断，因而地点效用既可为正也可为负，表明了个人对特定地点的满意程度。

沃尔伯特所提出的地点效用概念，建立在"意图理性"（intendedly rational）而不是完备理性之上，即人们获取有限信息、仅有有限的计算和预测能力，但对可认知到的效用不平衡状态敏感，会基于此做出反应。虽然沃尔伯特没有在讨论中进一步明晰地点出效用概念的理性基础，但是从已有的论述来看，与经济社会学中对效用最大化的理解是一致的。

（二）相似假定：他人状况直接影响个人效用与空间环境直接影响个人效用

经济社会学的第二个行为假定是，他人状况直接影响个人效用。这是对新古典经济学的效用函数中的扩展，新古典经济学的效用函数仅仅假定，个人效用直接取决于个人拥有的产品或服务。经济社会学扩展后

---

① 原文：Place utility, then, refers to the net composite of utilities which are derived from the individual's integration at some position in space。该段内容是根据沃尔波特的两篇文章整理形成。

的效用函数可以公式化为

$$U_i = U_i(X_i, R) \tag{1}$$

式中，U_i 表示个体 i 的效用函数，X_i 表示 i 的个人拥有的产品和服务，R 是其他社会关联个体的特征，它作为自变量直接进入 i 的效用函数。R 对个人效用的影响，可能为正也可能为负。

这一扩展的效用函数，在思想上来自韦伯的社会行动概念（他把社会行动理解为存在他人指向的行动），其精确表述则由贝克尔在社会互动理论中做出（贝克尔，2000），同时它也包括了美国新经济社会学者使用的"嵌入性"概念中的部分内涵[1]。就该函数中的他人影响而言，不仅关注到了"嵌入性"概念中强调的关系人网络对效用的影响，而且注意到更广泛意义上的社会关联也会对行动者的效用产生影响。[2]

与经济社会学关注由人构成的环境对个人效用的直接影响相对照，行为地理学中的决策模型将许多的注意力放在了由物及其属性构成的环境对人们决策的影响上。沃尔波特的地点效用概念，恰恰就是将地点环境作为直接影响个人效用的因素来处理的。他总结的环境影响的六个维度，即嘈杂—宁静、危险—安全、绿化率高—绿化率低、活跃—沉闷、畅通—拥堵、信息过载—信息匮乏，相当程度上都是直接影响个人效用的因素（Wolpert，1966：92 – 102）。由此来看人们的迁移，在很大程度上也是因环境因素直接影响效用而采取的寻求更大效用的行为。

结合沃尔波特及其后继者的研究思路，我们也从中看到了行为地理学对新古典经济学的效用函数的扩展，基于此，我们可以假定个体 i 的效用受到他所处的特定地点的非社会关系环境的影响。其效用函数可以表述为：

$$U_i = U_i(X_i, P) \tag{2}$$

式中，U_i 表示个体 i 的效用函数，X_i 表示 i 拥有的产品和服务，P 是特定地点的非社会关联的环境（以下简称环境），它作为自变量直接进入 i 的效用函数。

---

[1]　关于"嵌入性"用语中的多种意涵，见刘世定《"'嵌入性'用语中的不同概念、逻辑关系及扩展研究"》，载于刘世定编《经济社会学研究》（第二辑），社会科学文献出版社，2015。

[2]　我们使用社会关联一词以涵盖基于社会网络关系的关联，如亲戚、熟人、朋友和基于其他社会关联而能够直接产生影响的群体，如公众人物、明星等。

和经济社会学中的他人状态对个人效用的影响可为正负一样，特定地点的非社会关系环境对个体效用的影响同样是可为正也可为负的。当个体处在令其感到舒适的环境中时，如"宁可食无肉，不可居无竹"，即使减少特定的个人消费，也可以通过地点效用弥补，此时，特定地点的非社会的关系环境的影响是正向的。反之，当环境不被个体认同时，即使提高了个人消费，个体的效用也不一定会得到改善，此时，特定地点的非社会的关系环境的影响是负向的。对地点效用的影响方向和机制还需要另文分析，限于篇幅，本文不再进一步讨论。

（三）同构假定：有限社会化与景观认同

经济社会学的第三个行为假定是有限社会化假定。经济社会学不仅注意到人的权衡利弊、择优选择特性，并以效用最大化假定概括之，而且关注人是在怎样的价值偏好下、被怎样的社会规范内化的心智结构中选择。人的社会化是社会学的基本假定，不过，因为注意到社会规范的不完全性、人的认知能力的有限性、人的利益追求和社会规范之间的张力等因素，所以经济社会学不接受对人的完全社会化假定，而采用有限社会化假定（刘世定，2011）。

与社会学注意到社会规范对个体的内化作用有异曲同工之处的是，一些行为地理学的研究揭示了个体对景观的认同。杰克逊在对景观的研究中强调："作为景观的一部分，从景观中获取自己的身份认同，是我们存在于世不可或缺的前提。"（杰克逊，2016）如果说，人对社会规范的认同标志着规范的内化，那么，人对景观的认同，则标志着景观的内化。

有趣的是，杰克逊进而将景观分为了政治景观、栖居景观和乡土景观三类，政治景观由政治组织依据特定的标准界定或制造而形成，由国家力量保护；栖居景观则是依照栖居者与栖居环境的关系逐渐演化形成的景观，栖居者是景观的一部分，而不是景观的改造者；乡土景观则是介于两者之间，景观空间几乎未受到政治组织的改造，但空间也标示了社区中的传统人际关系。如果进一步追索，政治景观、乡土景观和栖居景观的认同中不仅涉及自然与物，而且涉及秩序，那么，可以认为景观认同中也包含着社会化的成分。

由此，我们以行动者为中心，形成了一个不同景观的认同集合，在这一景观集合中，有已经被打上政治烙印的政治景观，比如某些地标景观、被赋予特殊意义的人文景观；有被某些群体赋予了特殊意义或反映特定群体关系的景观，比如北京的胡同、江南水乡等；有被行动者自己赋予了不同意义的栖居景观，比如家宅后院的布局、对居住地周围景观日久生情的理解等。

一般而言，这一围绕单一行动者形成的景观认同集合，要远小于周围景观对行动者可能产生的影响。四面八方的景观环境对行动者的影响是无限多维度的，但是行动者形成认同的只是某些特定领域、特定维度的景观，因此，他们对景观的认同必定是有限的。

总之，经济社会学和行为地理学的行为假定，在目标追求、环境变量对个人效用的直接影响、环境因素的有限内化方面体现出亲和性。表1简要地展现了这种亲和性。

表1 经济社会学和行为地理学的行为假定

行为假定特征	经济社会学	行为地理学
目标追求	效用最大化	效用最大化
环境变量对效用的直接影响	他人状况直接影响个人效用	地点环境直接影响个人效用
内化的心智结构	有限社会化	有限景观认同

上述两学科的行为假定的亲和性，为经济—社会—地理行为的分析性结合，提供了理论想象空间。

四 一个互补性讨论：社会—地理人的选择行为

（一）社会—地理人效用函数

将经济社会学和行为地理学两个学科对效用函数的改造，即公式（1）和（2）加以综合，我们可以得到一个新的扩展效用函数，我们将之称为社会—地理人效用函数，它可以形式化地表示为：

$$U_i = U_i(X_i, R, P) \tag{3}$$

式中 U_i、X_i、R、P 等符号的含义与公式（1）和（2）中相同，不赘述。这里重要的是，除传统经济学中的自变量 X_i 之外，R 与 P 同时作为自变量共同进入 i 的效用函数，表示个体的效用同时受到他人效用和非社会关系环境的直接影响。

需要指出的是，沃尔波特在发展地点效用概念时，提及了地点效用

来源于个体所在的地点以及地点周围的人群（Wolpert，1965：159 –
169）。我们在公式（2）和（3）中引入变量 P，是受到他的启发，但是，
我们并没有将地点周围的人群状态纳入该变量。之所以这样处理，是因
为我们在经济社会学的效用函数公式（1）中已经有了一个表示他人状态
的变量 R，而 R 的范围大于沃尔波特的地点人群。特别是在公式（3）中，
如果允许 P 中包括地点周围人群状态，那么势必在自变量 R 和 P 之间出
现交集，这在函数关系式中是不被允许的。从分析的角度看，在个人的
空间选择中，常常会在他人影响和非社会的环境之间权衡（后面的分析
将展示这一点），如果在地点变量中混合着两个因素，将使分析无法
展开。

在社会—地理人效用函数基础上，我们可以思想实验，进行人的选
择行为分析和逻辑演绎。下面略做说明。全面展开阐述，将是另文的
任务。

（二）社会—地理人的效用最大化选择

根据社会—地理人的效用函数，我们假定人们在选择居住地时，不
仅要考虑通过收入能够带来的产品和服务的多少（X_i），而且要考虑周边
人际关系和环境。

虽然人际关系和环境对效用的直接影响有正负之分，但我们在这里
只讨论影响为正的情况。为行文方便起见，将带来正效用的人际关系称
为正人际关系，将带来正效用的环境称为正环境。我们假设正人际关系
与正环境之间具有相互替代性，即个人在体验到较少的正人际关系时可
以通过较多正环境作为补偿，由此获得同等的效用。将能够达到同等效
用的正人际关系与正环境量组合连成曲线，就构成了个人 i 在正人际关系
和正环境之间的无差异曲线。运用无差异曲线组和预算约束线（可用资
源约束线）分析选择行为是经济学中的一个成熟工具，主要用于分析消
费者对不同产品的效用最大化选择，我们不妨将之用于分析人际关系和
环境的搭配选择行为。

图 1 刻画了这种搭配选择。图中，横轴表示正环境，纵轴表示正人
际关系，两坐标轴构成的二维空间中的每一点表示正环境和正人际关系
量的一个组合；在同一条无差异曲线上的各个组合带给个人的效用相同；
诸条不相交的无差异曲线构成无差异曲线组，右上方的曲线所代表的效
用值大于左下方的曲线。

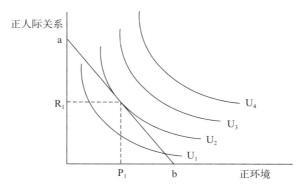

图1　正环境与正人际关系具有替代性的无差异曲线图

图1中的ab线是行动者可用资源约束线。它表示个人在获得正效用人际关系和正效用环境方面能够付出的最大资源量。该约束线的斜率表示行动者用一个单位的资源能获得的正人际关系量与正环境量的比率。资源约束线与无差异曲线的切点同时满足最大化使用资源和最大化实现效用两个条件，因而是个人实现效用最大化的现实方式。图1中，该切点是在U_2上，对应的正环境和正人际关系的组合是（R_1，P_1）。

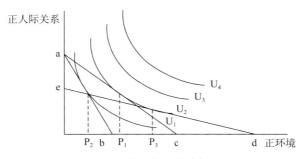

图2　效用最大化选择

以上述图形为基础，我们可以做出进一步的演绎分析。假定在特定地点集上，正环境的获得变得更困难。这将使资源约束线将向左转动，见图2，由ac变为ab。与此相应，与资源约束线相切的无差异曲线由U_2变为U_1，效用降低，个人的正环境从P_1减少到P_2。如果想在不改变资源约束的条件下保持原有的效用水平，即保持在无差异曲线U_2上，那么行动者也许不得不放弃部分正人际关系，而迁移到正环境更容易获得的地方去。在图2中，表现为资源约束线变为ed，仍与U_2相切，效用不变，但正人际关系和正环境的组合变化了，前者减少后者增加。

我们还可以设想其他情况，比如，人际关系恶化了，行动者要想保持效用水平不变，将如何做出调整，等等。运用上述分析工具不难得出推论，这里不再赘述。

社会—地理人的效用最大化选择分析，为更深刻地理解人们的流动、迁移现象奠定了行为基础。

（三）他人地点选择的影响

对社会—地理人来说，他人对其效用的影响不仅如上节所讨论的仅仅在关系人之间，而且有更大的范围，包含了诸多有间接联系的人以及陌生人等。例如，旅游地的选择就不仅受朋友、邻居等有直接关系的人的影响，而且受到有关游客的信息的影响。在本节中，我们将讨论这种更广泛的他人的地点选择行动带来的影响。

我们可以旅游地的选择为例，说明在他人影响下的选择特征。有必要首先说明，我们这里讨论的旅游地，具有与产生影响的"他人"的相对独立性。也就是说，我们不把那些"他人"作为休憩地的内在特征。比如，"他人"的进入，造成了旅游地的拥挤，从而构成了环境的一个内在消极因素。我们只考虑"他人"行动本身的影响，而不是"他人"进入旅游地以后造成旅游地质量改变的影响。

根据社会—地理人效用函数，我们有理由假定，个人的某旅游地效用受其他愿意到该地旅游者人数的影响。用函数式表示为

$$U_{pi} = f(N_p) \tag{4}$$

式中，U_{pi} 为 i 的旅游地效用，N_p 为愿意到该地旅游的人数。

公式（4）并没有指示出 N_p 对 U_{pi} 产生影响的方向。事实上，对处在特定时空中的某个人来说，他人人数对其效用的影响可能为正，也可能为负。有的人具有趋同倾向，越多人去的旅游地，越是想去，他人人数对其决策发生正效应；有的人则相反，存在求异心理，越多人去的旅游地，越是拒绝去，他人人数对其决策发生负效应。

正效应情况可以用公式表示为：

$$dU_{pi}/dN_p > 0 \tag{5}$$

此时行动者 i 的旅游地效用是愿意到该地旅游者的增函数。

负效应情况可以用公式表示为：

$$dU_{pi}/dN_p < 0 \qquad\qquad (6)$$

此时行动者 i 的旅游地效用是愿意到该地旅游者的减函数。

公式（5）即他人地点选择人数产生正效应的情况，有助于我们理解地理景观由少数人的景观变成集体景观乃至杰克逊所谓"政治景观"的某种内在机制；而公式（6）即他人地点选择人数产生负效应的情况，则有助于我们理解一些新景观的发现和形成的某种内在机制。不论是表示正效应的公式（5），还是表示负效应的公式（6），都明确地体现出经济社会学和行为地理学在行为假定上的互补、结合。

（四）规范内化与景观认同的互补影响

公式（3）给出了社会—地理人效用函数的一般形态。而对行动者来说，怎样的产品和服务（X_i）、怎样的他人状态（R）、怎样的地理环境（P）能够带来怎样的效用，会受到内化的行为规范、内化的景观认同的制约。它们形塑着具体的社会—地理人的效用函数。

具体的社会—地理人效用函数的形塑以及变迁，是一个更深层次的问题，对此也有不同的研究路径。从今天的选择影响着未来的价值偏好（贝克尔，2000；阿克洛夫，2006）的角度看，效用函数 $U_i = U_i（X_i，R，P）$ 中的各个自变量在影响行动者效用的同时，也影响着其未来的价值偏好。其中一个重要环节是个人经历的积淀，贝克尔在"个人资本"概念的运用和讨论中，阿克洛夫在"忠诚过滤器"的讨论中，都涉及了这个环节。我们用 V_{t+1} 表示未来的价值偏好，用 $X_t、R_t、P_t$ 分别表示当前消费的产品和服务、当前发生影响的他人状态、当前发生影响的景观环境，则可以得到价值偏好变化的函数式：

$$V_{t+1} = f（X_t，R_t，P_t） \qquad\qquad (7)$$

我们可以将公式（7）称为社会—地理人的价值函数。这一函数式提示我们关注，许多对个人进而对社会起着重要作用的价值理念不仅具有社会性，而且都伴随着地理概念。它将有助于我们理解和分析对故乡的眷恋、对祖国的价值情感、对一座城市的热爱与厌恶，也有助于理解信仰与圣地崇拜的结合、信仰与山川崇拜的结合等现象。

五　空间尺度的互补性

在前两节中，我们讨论了经济社会学和行为地理学在行为假定上的亲和性、互补性，本节将讨论两个学科已有的研究在空间尺度上的互补性。需要指出，我们这里涉及的是已有研究，并不意味着未来的研究会锁定在已有的空间尺度上。

在经济社会学研究中，已经发展出了人际关系在社会经济生活中作用的理论，并积累了数量可观的文献（格兰诺维特，2008；伯特，2008；Uzzi，1999：481－505）。而人际关系的建立和维系在很大程度上离不开面对面的互动。有研究在讨论贫民窟移民群体的社会资本时，注意到了社会资本的地理特征（toponomical features），强调互动发生的空间与物质条件（Patricia，1995）。从空间角度看，面对面互动是小尺度空间中的互动。因此，经济社会学在重视人际关系的同时，事实上引入了小尺度空间因素。

同时，在一些地理学者的研究中，已经注意到了小尺度空间研究的意义，如沃尔特·克里斯塔勒在构建他的中心地理论时写道：

> 当然，人们完全可以再派生出一种"近距离经济学说"。它似乎可以在其特有的规则中包容所有的地方市场关系，社会学上的邻里社区关系以及住宅关系。然而，那些从这种角度出发正在形成的一些术语，诸如"空间经济"甚或"空间结构"等（这些没有被大家接受），是含混的，所以没有介绍的必要。（克里斯塔勒，2010：15）

克里斯塔勒显然意识到在引入空间因素后，可能发展出包含面对面互动在内的近距离的经济学，或者把社会学和经济学融合起来的学说，但一句"没有介绍的必要"就放过了为近距离的空间经济社会学奠定某些基础的机会。时至今日，我们也很少看到社会学和地理学在这一方面的系统性努力。

虽然在地理学的已有研究中，一些研究者注意到了个人空间在行为研究中的意义，但是在他们看来，由于个人空间的讨论仅仅在小尺度上发挥作用，而行为地理学研究者更加关注的是人们在大尺度环境中的行为，因而很少引起地理学研究者的关注（沃姆斯利，1988）。

这样，形成了一种特殊的研究格局：经济社会学发展了小尺度空间的行为研究，而行为地理学则发展着大尺度空间中的行为研究。

不过，我们注意到，在行为地理学关注的大尺度空间作用的领域，如产业区位、迁移等的研究中，经济社会学的小尺度空间研究视角和技术已经渗透进来，并开始了两个学科的事实上的互补研究。

例如，地理学教授萨克森妮（Saxenian）在她的著作《区域优势》中对美国的两个高技术产业地区，即位于波士顿的 128 公路地区和位于加利福尼亚北部的硅谷地区在 20 世纪 70～90 年代的发展进行了比较研究。这无疑是大尺度空间研究的一个范例。她注意到，在 20 世纪 80 年代中期以前，128 公路地区的高技术产业发展迅速，但是从 80 年代后期开始，硅谷地区则后来居上。这种差异是如何造成的？萨克森妮教授像社会学家那样，通过比较两个地区的组织差异来寻求答案。她的发现之一是，在硅谷地区，研究和开发人员之间依托关系网络的、经常性的、面对面的非正式交流在创新活动中起着非常重要的作用。显然，在微观社会机制的研究中，她引入了小尺度空间因素，并将之与大尺度空间的分析结合起来（Saxenian，1996）。

经济社会学者李国武对中国河北省清河县羊绒产业集群的形成研究，也是将产业集群区位这一大尺度空间现象和小尺度空间中的人际互动结合起来研究的一个例子。他研究的地区，既非接近原料产地，也曾经缺乏工业基础，但却一度超越靠近原料产地又有羊绒产业基础的地区。如何解释这一现象？他用该地区在改革背景下的先行优势来解释。而先行优势的获得，除了制度环境的地区差异之外，一项早期的革新技术（将梳棉机改造成梳绒机）在密集的乡村人际关系网络中的迅速扩散，以及借助人际关系形成的早期产业聚集，发挥了重要作用（李国武，2009）。

除了在产业区位研究中实现大尺度和小尺度空间的结合外，在迁移研究中也可以见到这样的努力。不少社会学研究者已经注意到，人们的迁移决策、迁移地的选择，都受到人际关系的影响。有的研究者还提出了"网络型流动"的概念（郭于华等，1997），这一概念在学者们对"浙江村"这一北京外来农村人口聚居区进行研究时得到了较为充分的体现。"浙江村"无论是最初皮衣加工技术从亲朋到全村的扩散路径（项飚，2000），还是最终形成的依托传统人际网络实现人口流动与迁移的方式（王汉生等，1997），都展示了人际互动对于大尺度空间行为的意义。无疑，这些都是将大尺度空间和小尺度空间研究结合起来的实践。

可以看到，不同空间尺度的互补研究已经被一些研究者或自觉或不自觉地开展起来。可以预见，这种互补将不仅体现产业聚集和迁移研究方面，其研究潜力是可观的。

结　语

在本文中，我们对经济社会学和行为地理学这两个学科的亲和性、互补性进行了初步的探讨。探讨是扫描式的，意在对两个学科互动发展的可能性有所把握。

虽然是扫描式的探讨，但本文并非定位为全面的文献综述。我们希望在初步的探讨中提炼出一些可供日后深入研究的学术生长点。在这样做的时候，我们尽量控制住在那些生长点上进一步向纵深挖掘的冲动，以便使整篇文章保持比较统一的风格。尽管如此，我们知道，我们的作品会使希望看到更深入研究的读者有浅尝辄止的不满，也会使希望迅速了解概貌的读者有深浅凸凹不平的感觉。这些，都希望读者能包涵。

对我们来说，本文是一个研究的起点。

参考文献

D. J. 沃姆斯利等，1998，《行为地理学导论》，王兴中、郑国强、李贵才译，陕西人民出版社。

郭于华等，1997，《关系资本、网络型流动、乡土性劳动力市场问题的提出》，载于孙立主编《转型期的中国社会》，改革出版社。

何雪松，2006，《社会理论的空间转向》，《社会》第 2 期。

加里·S. 贝克尔，2000，《口味的经济学分析》，李杰等译，首都经济贸易大学出版社。

李国武，2009，《技术扩散与产业聚集：原发型产业集群形成机制研究》，格致出版社、上海人民出版社。

罗纳德·伯特，2008，《结构洞：竞争的社会结构》，任敏等译，上海人民出版社。

刘世定，2011，《经济社会学》，北京大学出版社。

马克·格兰诺维特，2008，《经济行动与社会结构：嵌入性问题》，载于马克·格兰诺维特编《找工作：关系人与职业生涯的研究》，张文宏等译，格致出版社、上海人民出版社。

乔治·阿克洛夫，2006，《一位经济理论家讲述的故事：关于经济理论新假设有趣结果的论文集》，胡怀国译，北京：首都经济贸易大学出版社。

托马斯·C. 谢林，2005，《微观动机与宏观行为》，谢静等译，中国人民大学出版社。

孙秀林，2015，《城市研究中的空间分析》，《新视野》第 1 期。

王汉生等，1997，《“浙江村”：中国农民进入城市的一种独特方式》，《社会学研究》第 1 期。

沃尔特·克里斯塔勒，2010，《德国南部中心地原理》，常正文等译，商务印书馆。

项飚，2000，《跨越边界的社区：北京“浙江村”的生活史》，生活·读书·新知三联书店。

约翰·布林克霍夫·杰克逊，2016，《发现乡土景观》，俞孔坚等译，商务印书馆。

Kelly M. Patricia Fernandez. 1995. "Social and Cultural Capital in the Urban Ghetto: Implications for the Economic Sociology of Immigration." in A. Portes. *Economic Sociology of Immigration: Essays on Networks, Ethnicity, and Entrepreneurship.* Russell Sage Foundation.

Saxenian, Annalee. 1996. *Regional Advantage: Culture and Competition in Silicon Valley and Route 128.* Cambridge: Harvard University Press.

Uzzi, Brian. 1999. "Embeddedness in the Making of Financial Capital: How Social Relations and Networks Benefit." *American Sociological Review* 64 (4): 481 – 505.

Wolpert, Julian. 1964. "The Decision Process in Spatial Context." *Annals of the Association of American Geographers* 54 (4): 537 – 558.

——. 1965. "Behavioral Aspects of the Decision to Migrate." *Papers of the Regional Science Association* 15 (1): 159 – 169.

——. 1966. "Migration as an Adjustment to Environmental Stress." *Journal of Social Issues* 22 (4): 92 – 102.

地点效用概念的引入及其可能的研究方向

——对刘世定、户雅琦、李贵才论文的评论

张樹沁[*]

　　《经济社会学与行为地理学：亲和性与互补性》（以下简称《亲和与互补》一文）是一篇十分富有新意的文章。在跨越学科边界，寻找新问题这一点上，该文做出了一个很好的尝试。经济社会学可以看做是经济学和社会学的交叉学科，而行为地理学又大致可以被看做是地理学、心理学和经济学三个学科的交叉学科。因此，本研究可以看做是涉及四个学科的交叉学科研究。

　　为什么对空间的研究需要四个学科的视角介入其中？对这一问题的回答则需要回到我们如何来构建理论模型、形成分析框架这一出发点上。从该文的理论建模思路来看，该文试图以经济社会学中的理论建模框架作为基础，结合行为地理学关注的问题，构建了社会—地理人的价值函数。在该函数中，行动者的价值偏好取决于三个因素，一是当前消费的产品和服务；二是当前发生影响的他人状态；三是当前发生影响的景观环境（刘世定等，2018）。上述三个因素中，第一个因素来自经济学，第二个因素来自社会学，第三个因素则来自心理学和地理学的交叉学科——行为地理学。显然，暂且不论研究的后续演绎效率，这样的假设更加符合行动者的真实决策过程。

　　但是，正如文章的结尾部分讨论的那样，由于《亲和与互补》一文的关注点在于有学术生长点的理论模型的建构，但限于篇幅，其中一些十分有趣的关注点难以进一步讨论，与实证研究的结合也只能浅尝辄止。

* 张樹沁，中央财经大学社会与心理学院讲师，阿里研究院新乡村研究中心客座研究员。

作为本文的读者，不免在阅读本文"脑洞大开"之后，希望能够在文章的基础上做一些延展性的讨论，作为《亲和与互补》一文的评论。

对地点效用的不同理解

在《亲和与互补》一文中，将地点效用纳入行动者的效用函数，是一个非常重要的理论建模尝试，在行文中，作者努力澄清了地点效用的基本定义和适用情境，强调了文章中"地点效用"一词，与传统行为地理学中"地点效用"一词的差别，前者主要强调的是非社会关系环境的作用。但是，这并不代表文中的地点效用没有行动者互动的影响，根据文章中的论述，可以将地点效用的形成机制整理为以下三种。

第一类是满足了人们生理偏好需求的纯自然景观，进而使得人们获得了地点效用。这其中包括了对灾害、污染、拥挤这些引起生理性负向效用的避免，和对安全、洁净、宽阔的生理性正向效用的追求。上述偏好的形成机制往往有演化理论作为支持，比如假设人们长期的环境偏好来自"生物自卫本能"（Wilson，1984）和祖先的栖息地寻找的集体记忆（Orians，1980），也有研究者基于最优行动假设，提出人们的景观偏好是来自两类人的基本需求——探索和理解，进而形成了一系列评价指标（Kaplan et al. 1989）。此类地点效用所讨论的偏好应该被看做是人类的默认偏好，在模型中一般不会发生变化。

第二类是满足了人们由他人活动所引起的对特定环境景观的偏好，进而获得地点效用。这类偏好并不是来源于人类的基本需求，而是人们参照他人信息所做的一种决策行为。如在《亲和与互补》一文中，特别提到了旅游地的选择过程。旅游地的选择可以看做是人们在进行多个不完全信息"商品"的选择时，倾向于依靠已经进行过选择的其他行动者的公开信息进行决策。如果去过该地的人们真实地报告[①]了旅游地的情况，则参考他人的选择信息进行的决策就能得到理性的结果[②]，无论这一决策是从众的还是求异的。对这类效用的讨论涉及了对集群行动的考察，与第一类地点效用相比，由于受他人行动的影响，此类效用的变化可能

---

①　在非互联网时代，通过广告和电视录像进行"报告"，在互联网时代，则可以通过大众评论的方式来完成"报告"。

②　虽然在一些情况下，这样的从众行为可能会带来完全错误的结果（Anderson & Holt，1996），但仍旧无碍这一过程是理性的。

性更大。

最后一类则是满足了由特定人文活动所凝结而成的人们对特定环境景观的偏好，进而获得地点效用。对此类效用的讨论又可以进一步划分为共识性的文化空间偏好与私人性的个体空间偏好。与第二类地点效用不同的是，第三类地点效用虽然同样来自人文活动，但是这类偏好基于特定文化或特定生活史，因而相对稳定。对于基于文化的空间偏好，研究者已经形成了较为丰富的评价体系，用于支持有关景观决策和监测（Ode et al.，2008），但是在跨文化比较中往往会出现不同群体之间对景观偏好存在较大差异的情况（Strumse，1996），这一差异的情况则是由特定文化的接受范围所决定的。例如，"长城"作为一个旅游景点，不仅在中国人群体中有特殊的文化意义，而且也往往是中国展现给世界的一个文化符号。因此即使长城再拥挤，未到过长城的人也会努力在节假日抽出时间实现这一"地点效用"；对于基于个人生活史的空间偏好，研究者常常用恋地情结（topophilia）或场所依恋（place attachment）来描述，强调的是人们对长期居住的地区所产生的情感依附，在这一地点效用的逻辑下，熟悉感和个人经历是影响效用实现的重要因素（Tuan，1974，转引自 Jakle and John，1975）。

基于上述讨论，我们可以将不同类型的地点效用整理为以下表格：

表 1 非社会关系地点效用不同类型的比较

	效用来源	驱动力	稳定性	受他人影响程度
第一类	生理需求的满足	生理需求	最稳定	最低
第二类	理性决策	效率	最不稳定	最高
第三类（1）	文化意涵	规范、文化	较为稳定	较高
第三类（2）	场所依恋的满足	追求熟悉感	较为稳定	较低

我们可以从效用来源、驱动力和稳定性三个方面来比较这三种类型的地点效用。需要强调的是，同样看似均是受他人影响的行为，其内在的逻辑可能并不相同，比如同样是决定去甲地旅游，行动者 A 的理由是甲地人烟稀少，人均可观赏的自然景观资源更丰富，行动者 B 的理由是向朋友炫耀知道一条人烟稀少的景区小道。前者是根据他人公开信息所做的理性决策，后者则更明显地嵌入在一种炫耀性消费的行为之中。

地点效用与另外两个变量的关系

以上是对《亲和与互补》一文中地点效用这一重要概念的简要整理，对于地点效用类型的划分有助于我们进一步思考效用实现的逻辑，以及在行动者效用函数中，不同类型的地点效用与当前消费、当前受影响的他人状态的关系。接下来，我们要考虑，上述模型有助于我们理解哪些现实问题。

在《亲和与互补》一文中，作者着重考察了人际关系与（非人际关系的）环境之间的替代和互补关系。这一点为理解城市化进程提供了一个十分有趣的视角。假定我们认为城市化进程一定程度上瓦解了人与人之间的联系，使得行动者在正人际关系上的效用降低，如果在给定收入约束的条件下，考虑人际关系和地点效用之间的替代关系，那么，人们势必寻求地点效用的提高，以维持总效用大致不变。由于我们给定了收入约束，人们无法通过消费来弥补上述总效用的降低，那么，人们可能会基于第三类地点效用的逻辑，通过在老家购买住宅、新建楼房，或是在城市地区寻找类似社区以满足对家乡的场所依恋，来提高自身的地点效用。如果使用第一种地点效用满足方式，则城市化伴随着乡村情结的进一步强化，虽然一个个体看似长期在城市生活，但是在村中却拥有一幢小楼，城市化刺激了乡村的"楼房化"。如果使用第二种地点效用满足方式，则城市化伴随着群体的集聚甚至区隔，如作者也提及的北京"浙江村"现象。项彪（2000）在描述浙江村的发展史时，虽然把主要注意力放在了讨论人际关系的作用上，但是我们也能从中发现，人们交流的开场白往往询问的是对方是哪里人。不仅仅是人际关系，浙江村中语言、互动方式乃至饮食习惯，这一系列只能发生在浙江村这一地块上的熟悉感，也是人们选择在陌生城市聚集的重要原因。

我们或许能从上述论述中得到一些推论，原先人际关系越紧密的地区，在城市化进程中的流动人口，越倾向于在原先村落新建楼房或选择在新城市聚集，相较而言，原先人际关系不太紧密的地区，流动人口更可能直接融入到城市化进程中，无须通过提高地点效用的方法来弥补损失的人际关系效用。更进一步，随着代际更迭，选择第一种方式（即在老家建房）满足地点效用的群体，由于第二代人并未在家乡生活过，其人际关系构成也均是本地无差异的群体，因而在城市化进程中既无人际关系效用的损耗，家乡也无法带来地点效用，从而被完全市民化；选择第二种方式（即在城市中聚集）满足地点效用的群体，由于从小是在有共同小众身份标识的群体中长大，第二代人仍旧会认同家乡这一符号，因而在迁出原先社区后仍旧存在人际关系效用的损耗，此时，重新选择集聚或返乡购房可能成为新一代满足地点效用的选择。

在现实案例中，我们也能够发现诸多地点效用与产品效用之间的有趣关联。比如张惠强（2018）分享的深圳城中村的案例中，讨论了深圳在已经几乎无可用空地的情况下，如何通过对城中村的统一改造，来满足吸引人才来深圳工作的目标。对于相对中层的求职者来说，如何在期望工作的城市体面生活是一个考察城市的重要指标。在改革开放初期，外来务工人员满足于城市明显更高的收入，这一高收入使得他们能够承受地点效用的损失，租住在环境较差但房租低得多的住宅中。但是在新一代求职者中，虽然城中村的房租明显比统一改造后的"人才公寓"要便宜许多，但是支付相对较高的价格，在人才公寓中租住所获得的地点效用远高于在城中村中未经改造的住房，这一地点效用的满足不仅包括第一类地点效用（更干净、舒适、安全），还包括了第三类地点效用，比如有统一的公共空间，空间中包括了健身房、厨房等设施。虽然在深圳快速的工作节奏中，租户并不一定能充分享受到公共空间中的各种设施，但是有这样一种公共空间象征着一种体面的生活。因此，研究者提出了"不要一听到租价提升，就担心会给产业发展带来负面影响"（张惠强，2018）这样一个政策建议，其背后的一个逻辑即产品效用和地点效用之间的复杂关系：租金提升虽然使得租房不再足够"划算"，但衍生的地点效用却弥补了上述产品效用的损失，成为吸引往往是多目标函数的中高层次人才的重要途径之一。

以上两方面的讨论，都展现出了地点效用概念与人际关系效用和产品效用之间可供进一步讨论的丰富内容。地点效用不仅能够成为经济学中产品效用和社会学中人际关系效用的有益补充，效用间的相互作用也为我们提供了新的研究视角。

一些需要进一步讨论的问题

《亲和与互补》一文在建构了加入地点效用的行动者模型之后，还提出了不少需要进一步思考的问题，其中一个值得进一步讨论的即大尺度的空间研究和小尺度空间研究的互补问题。

在《亲和与互补》一文中，作者认为地理学的已有研究关注的是大尺度的空间研究，而实际上，许多大尺度的空间行为的背后，是小尺度的人际互动聚合而成的。比如硅谷和128公路的创新产业之争，实际上是何种互动方式更加有利于创新的竞争，从产业发展的经验事实来看，高频、熟悉、面对面的非正式经验交流似乎更能刺激创新的产生。同样，我们也能在作者举例的清河羊绒产业和"浙江村"的集聚中看到人际关系的作用。所谓的大小尺度的互补，强调的是大尺度的空间现象有小尺度的人际互动作为支持。

上述列举的研究将关注点主要放在了行动者不同的互动关系上，经济地理学一般更关注运输成本问题。除了这两个因素以外，在《亲和与互补》一文提出的模型的基础上，围绕地点效用本身的大小尺度互补研究还比较少。社会学的传统研究中，对行动者互动关系的重视远胜于其他因素，因而，在相关的研究中，往往使用小尺度的人际关系来解释大尺度的现象，但这并不是说小尺度的研究只能关注行动者间的互动关系。可以想象，围绕地点效用形成的大小尺度互补，理应成为一个值得进一步发展的领域。一个典型的研究可以参考托马斯·谢林（2005）提出的区隔模型，在谢林的区隔模型中，每个行动者有一个以门槛值表示的邻居同质性偏好，我们可以将其理解为每个行动者的地点效用，达到一定水平的地点效用聚合的结果是，群体间产生了明显的区隔。

另一个值得进一步深思的问题是，随着中国网民数量的进一步攀升，是否非面对面接触的互联网互动方式瓦解了空间的意义？对于上述问题的回答可能有两种思路，一是强调在信息时代，面对面的互动仍旧是一个重要的互动方式，有研究者强调了在健康、教育和婚姻上，在线互动都不能完全替代面对面互动，在许多场合，面对面互动比在线互动来得更有效（平克，2017）。循着这一思路，地点效用在信息的社会的独特性，以及非面对面互动可能带来的潜在互动结果是社会学的研究可以进一步挖掘的。另一种思路则可尝试将网络社区也看做是一种地点效用的展现，比如每天习惯性的访问特定网站，更善于经营自己的互联网主页而不是使房屋保持整洁，这样的思考或许有助于我们拓宽对地点这一概念的理解，寻求在信息社会仍具有通行解释力的框架。

总的来说，《亲和与互补》一文为社会学研究空间因素并纳入互动关系中来提供了一个非常好的理论支持，对这一问题的思考有助于我们将对行动者的关注转向对行动者所在场所的关注，这类场所往往凝结了更多的行动者长期互动的痕迹。正如原文所言，上述研究还只是一个起点，如何更加充分地挖掘地点效用的社会学意涵，还需要更多研究者的努力。

参考文献

Anderson, L. R. and Holt, C. A., 1996. "Classroom Games: Information Cascades." *Journal of Economic Perspectives* 10 (4): 187 – 193.

Jakle and John, A. 1975. Topophilia: A Study of Environmental Perception, Attitudes, and Values. *Journal of Historical Geography* 1 (3): 325.

Kaplan, R., Kaplan, S., and Brown, T. 1989. "Environmental Preference: A Comparison of Four Domains of Predictors." *Environment & Behavior* 21 (5): 509 – 530.

Orians G. H. 1980. "Habitat Selection." In: Lockard, J. S. (ed) *The Evolution of Human Social Behavior. Elsevier. New York.* pp 49 – 66.

Ode, Å., Tveit, M. S., and Fry, G. 2008. "Capturing Landscape Visual Character Using Indicators: Touching Base with Landscape Aesthetic Theory." *Landscape Research* 33 (1): 89 – 117.

Strumse. 1996. "Demographic Differences in the Visual Preferences Foragrarian Landscapes in Western Norway." *Journal of Environmental Psychology* 14 (16): 17 – 31.

Wilson, E. O. 1984. *Biophilia.* Harvard University Press.

苏珊·平克，2017，《村落效应——为什么在线时代，我们必须面对面重新连接?》，青涂译，浙江人民出版社。

项飚，2000，《跨越边界的社区：北京"浙江村"的生活史》，生活·读书·新知三联书店。

刘世定、户雅琦、李贵才，2018，《经济社会学与行为地理学：亲和性与互补性》，《社会学评论》第5期。

托马斯·C. 谢林，2005，《微观动机与宏观行为》，谢静等译，中国人民大学出版社。

张惠强，2018，《为未来的栋梁之材供应居所——深圳城中村更新的鲜活经验》，《中国改革》第2期。

《经济社会学研究》征稿启事

为反映经济社会学领域的最新研究成果，推动中国经济社会学研究的发展，拟组织出版《经济社会学研究》（*Chinese Economic Sociology Research*）集刊，每年一辑，每辑字数在 25 万左右，拟收录和发表 10 篇左右的论文。

一 出版宗旨

（1）倡导经济社会学研究的问题意识和理论取向。希望投稿论文具有明确的问题意识，特别是基于中国经验提出具有重要理论意义和现实关怀的问题。同时，希望投稿论文立足中国经验，反思西方经济社会学的现有理论，推动中国经济社会学的理论创新。

（2）促进中国经济社会学研究学术共同体的交流。《经济社会学研究》是一个平等开放的学术交流平台，真诚欢迎各大专院校和研究机构的学者积极投稿、踊跃参与，共同推动中国经济社会学研究的深入发展。

（3）反映国内经济社会学领域的研究进展，积累本土知识。《经济社会学研究》既收录已发表的学术论文，也发表高质量的新作，借此一方面积累中国经济社会学研究的本土知识，另一方面反映中国经济社会学研究的最新动态。

二 来稿要求

（1）《经济社会学研究》的内容定位于对经济社会学不同议题和方法的研究与讨论。

（2）投稿论文以 1.5 万字左右为宜（包括注释和参考文献），最长不要超过 2.5 万字。

（3）《经济社会学研究》既收录已在学术期刊上发表过的高质量学术论文，也刊登尚未公开发表的高质量学术论文，但不接收已在著作或论文集中出版过的稿件。如果投稿的是已在学术期刊上发表过的学术论文，请作者自己征得原发期刊的许可。

（4）来稿必须遵循国际公认的学术规范，内容应包括：中英文标题、作者姓名、工作单位和联系方式、摘要、关键词、正文、参考文献。引文注释必须清楚准确，论述言之有据，论证逻辑全文一致，使用的研究方法和分析工具清楚、准确。

（5）来稿要求以中文写作，并请附中英文的论文题目（不超过 20 字）、摘要（不超过 300 字）和关键词（3~5 个）。

（6）来稿中出现外国人名时，一律按商务印书馆出版的《英文姓名译名手册》翻译，并在第一次出现时用圆括号附原文，以后出现时不再附原文。

（7）作者的说明和注释采用脚注的方式，序号一律采用"①、②、③……"每页重新编号。引文采用文内注，在引文后加括号注明作者、出版年份，如原文直接引用则必须注明页码。详细文献出处作为参考文献列于文后，以作者、书（或文章）名、出版单位（或期刊名）、出版年份（期刊的卷期）、页码排序。文献按作者姓氏的第一个字母顺序排列，中文在前、英文在后。

（8）图和表的规范：统计表、统计图或其他示意图等，也用阿拉伯数字连续编号，并注明图、表名称；表号及表题须标注于表的上方，图号及图题须标注于图的下方；"注"须标注于图表下方，以句号结尾；"资料来源"须标注于"注"的下方。

（9）《经济社会学研究》随时接受投稿，来稿请自备副本，概不退稿；采用编委会审稿制度，以质取文。采用与否，编辑部均在 2 个月内通知作者。一经发表，即送作者当辑集刊 2 册。稿件请发至电子邮箱：qinqi11@ vip. sina. com（刘玉照收）或 leeguowu@ 126. com（李国武收）。

三　文献征引规范

为保护著作权、版权，投稿文章如有征引他人文献，必须注明出处。

本书遵循如下文中夹注和参考文献格式规范。

（1）文中夹注格式示例

（周雪光，2005）；（科尔曼，1990：52 - 58）；（Sugden，1986）；（Barzel，1997：3 - 6）。

（2）中文参考文献格式示例

曹正汉，2008，《产权的社会建构逻辑——从博弈论的观点评中国社会学家的产权研究》，《社会学研究》第 1 期，第 200 ~ 216 页。

朱晓阳，2008，《面向"法律的语言混乱"》，中央民族大学出版社。

詹姆斯·科尔曼，1990，《社会理论的基础》，邓方译，社会科学文献出版社。

阿尔多·贝特鲁奇，2001，《罗马自起源到共和末期的土地法制概览》，载徐国栋主编《罗马法与现代民法》（第 2 卷），中国法制出版社。

（3）英文参考文献格式示例

North，D. and Robert Thomas. 1971. "The Rise and Fall of the Manorial System：A Theoretical Model." *The Journal of Economic History*，31（4）：777 - 803.

Coase，R. 1988. *The Firm，the Market，and the Law.* Chicago：Chicago University Press.

Nee，V. and Sijin Su. 1996. "Institutions，Social Ties，and Commitment in China's Corporatist Transformation." In McMillan J. and B. Naughton（eds.），*Reforming Asian Socialism：The Growth of Market Institutions*. Ann Arbor：The University of Michigan Press.

诚邀各位学界同人积极参与，不吝赐稿，共同推动中国经济社会学研究的发展。

Chinese Economic Sociology Research
2019 Vol. 6

Table of Contents & Abstracts

Theoretical Modeling Based on Social Behavior

Yan Jun, Zhang Shu-qin, Liu Shi-ding / 1

Abstract: Existing studies on economic sociology tend to emphasize various social factors as exogenous constraints, and thus inevitably lead to deviations from economic conclusions and weak discussion on intermediate mechanism. Totally differently, as another research program and working method for the development of economic sociology theory, theoretical modeling takes the social actions of subject as the basis, aiming at promoting internalized revision of the existing model through sociological concepts or ideas. In recent years, Chinese scholars have gradually been involved in the theoretical modeling, which is mainly embodied in the extended application of static analysis model for utility maximization and the collective action model, studies on preference intensity of endogenous relative position, and the introduction of action-oriented network model under actor-specific assumptions, embedded game model, and dynamic models based on preference changes. These results have fully demonstrated that theoretical modeling can not only be carried out based on existing economic models, but also on real social processes. It is expected to extend its analytical domain to a much broader field of human behaviors.

Keywords: Theoretical Modeling; Social Behavior; Internalized Revision of Model

Reference Group, Social Identity, and Positional Concerns

Li Guo-wu, Chen Shu-yu / 14

Abstract: There are three different opinions about the people's positional concerns in social science researches: Absolute Gains, Relative Position, and E-galitarianism. Based ona survey toward college students and staff members, this paper explored the complexity and variability of the people's positional concerns under different conditions. We find that with the change of items of comparison, reference groups and social identity, individual positional concerns will vary accordingly. When the reference group changed from others to colleagues, the percentage of relative positional answers by both college students and staff members on all items decrease significantly, while egalitarian and absolute answers increase. When the reference group is others, on almost items staff members obviously show lower relative positional concerns and higher egalitarian concerns than college students. However, when the reference group is colleagues, staff members' positional concerns on most items have no significant difference from college students.

Keywords: Relative Position; Egalitarianism; Absolute Gains; Reference Group; Social Identity

Review   *Zhuang Jia-zhi* / 34

Preference Changing and Behavioral Strategy of Actors with Bounded Rationality: A Preliminary Theoretical Model

Yan Jun, Li Ting-ting / 39

Abstract: Based on the theoretical approach and concept tools of bounded rationality, through the hypothesis of stable preference and utility maximization, a theoretical model including a group of four categories of actors has been proposed in this study. On this basis, preference changing and strategy selection in the process of sequential action has been further described to revise and enrich the understanding on the complicated relationship between preference and behaviors in current studies, as represented by the Revealed Preference Theory. Different from behavioral economics which puts particular emphasis on short-term situational analysis, this study shows more concern about the evolution (progressive or regressive) mechanism, and the possibility of revealing or hiding preference in behaviors under specific conditions. This study may help reexamine existing conclusions on preference changing, but also provide design ideas for new behavior tests.

Keywords: Bounded Rationality; Preference Changing; Behavioral Strategy; Theoretical Model; Revealed Preference Theory

Review   *Han Yi* / 58

Preference Changing and Capital Accumulation: *Empirical and Theoretical Research on the Theory of Extended Preference Function*

Fang Hui / 63

Abstract: Preference problem is the cornerstone of Micro-economics and an important research field of sociological interaction theory. This paper bases on the change of farmers' behavior preferences before and after the transformation of rural power grid in Enshi of Hubei Province, analyses the rationality of Becker's extended preference function theory from the perspective of "positive evidence" and "theory". Although the farmer's extended preference function is intertemporal stability, with the implementation of the power grid transformation, the farmer's personal capital and social capital have changed in quantity and structure, which leads to the change of the narrow preference function of farmers across time and space. On this basis, the paper first introduces the cognitive acquisition process outside the "consumption capital" in the concept of "personal capital". Secondly, it discusses in detail the process of the change of the "personal capital" and "social capital" stocks, and the intrinsic mechanism of preference change. Finally, from the perspective of personal life history, this paper explores the interaction of "personal capital" and "social capital".

Keyword: Personal Capital; Social Capital; Extended Preference Function

Review   *Zhai Yu-hang* / 98

Threshold Models: *the Formation and Extension of a Formal Theory in Sociology*

Liu Wei / 103

Abstract: Formal theories have been broadly used in social science. Especially, the whole Micro-economics is a typical application, while in sociology formal theories are quite few. Fortunately, Mark Grannovetter's threshold models seem regarded as a paragon of formal theories. Owing to the scarcity of formal theories in Sociology, We will focus on the establishment and extension of threshold models in order to explore the approaches to formal sociology. First, we will illustrate the formalization and mathematical analysis of the simple threshold model, and explain the logic of theory accumulations in two complex ones. Secondly, the comparison between the development of Micro-economics and threshold models will help us generalize the special characteristics of formal theories in Sociology.

Keywords: Formal Theories in Sociology; Threshold Models; Micro-economics

Review   *Wang Xiao-lu* / 126

"*Story*" *as an Analytical Concept of Sociology*: *An Exploring Review and Discussion of the Literatures*

Liu You-chi / 133

Abstract: Although the word "story" has a long history in people's daily use, its analytic and instrumental role as a theoretical concept in social science study have been ambiguous and await to be explored. The paper tries to introduce "story" as an analytic theoretical concept to social science study. The paper gives a definition to "story" and discusses "story" as well as the actions influenced by "story". Then the paper provides a preliminary discussion to the position of "story" by combining "story" with the existing theories in both fields of collective actions that influence short term social operation and social norm that influence long term action features. The results of literature review and analysis show that when introduction "story" to the discussion of collective action study, it is the short-term and even instantaneous definition of the situation be the key link where "story" plays its function. "Story" exerts an influence on people's action decisions and collective actions by influencing the subjective explanation and judgment on certain environment and situation before people decide whether to participate in the collective actions. In the discussion that connects social norm and "story", an important link where "story" plays its role is collective memory. In long term, "story" can exert influence on the forming and evolution of common norms through influencing the construction, inheritance and evolution of collective memory of certain social groups, to some extent being a carrier of social norm.

Keywords: Story; Collective Action; Social Norm; Definition of the Situation; Collective Memory

Review *Wang Lin-lan* / 155

Weak Ties, Strong Ties, or the Homophily Based on Social Attribute?

Qiu Ze-qi, Qiao Tian-yu / 162

Abstract: After reviewing the debate between the hypotheses of weak ties and strong ties on social network and social capital, we found that they were both logically self-consistent but lead to different conclusions. In this article, we argue that the strength of a tie, be it strong or weak, may not the essential factor. It is the homophily based on the social attributes of the two nodes of the tie that plays the actual role, even in the context of getting a job. By analyzing the data from DAS and CGSS, we found that no matter in US or China, the effect of the strength of ties on the outcome of job searching is subject to the degree of homophily of the social attributes between the job searchers and the one who help them.

Keywords: Weak Ties; Strong Ties; Homophily; Get a Job

Review *Liu Shi-ding* / 190

Embedded Game Model of Bureaucratic System

Wang Shui-xiong / 194

Abstract: Modern bureaucratic system is ubiquitous. The process of adjusting behaviors in cooperation by people in the bureaucratic system is directly associated with efficiency and fairness. It involves not only technical issues, but also the framework, rules and methods in actors' conflict and cooperation. Taking the expression of embedded game, the "dual gamble", as the standard, it highlights the "common knowledge problem" among different hierarchies within a bureaucratic system, or even within the same hierarchy. While the discussion based on "the case of allocation in Daliang" shows that, it is especially significant to study the "common knowledge problem" and its effect on game results in the aspects of "fairness" and "efficiency" by noticing the social status differences of the game players, especially when they are at different positions in the bureaucratic system or "principal-agent" relation. When a game is embedded in "superior-subordinate relationship", the "category" of the superior may become a key factor that influences game results. If the superior is not understood by the subordinate, and in the meantime seizes the strong "ex post facto" power, then it can be almost concluded that, the subordinate would change its behavior and even take actions at the cost of overall efficiency. For the case in which a game is embedded in a bureaucratic system, the question becomes even more complicated. The discussion may offer some valuable views and suggestions to the transformation and governance of bureaucratic system.

Keywords: Embedded Game; Bureaucratic System; Superior-subordinate Relationship; Fairness; Efficiency

Review   *Liu Yu-zhao* / 216

Economic Sociology and Behavioral Geography: The Affinity and The Complementarity

Liu Shi-ding, Hu Ya-qi, Li Gui-cai / 219

Abstract: This article first explores the affinity between economic sociology and behavioral geography in the perspective of research, and then starting from the three basic hypotheses of the two disciplines, points out the consistency of the goal pursuit, similarity of the environmental variables influence and isomorphism of the individual internalization. Based on this, the utility function of two disciplines can be the new basic of social-geographic man. Further, this article explains and expands how the agent balances the interpersonal relationship and the environment according to the resource constraints. This article also discusses the influence of others and the internalization of social norms on individual utility. Finally, this article discusses the complementarity of economic sociology and behavioral geography on the spatial scale and puts forward the prospect of future research.

Keywords: Economic Sociology; Behavioral Geography; Behavior Assumption; Social-geographic Man; Space Scale

Review   *Zhang Shu-qin* / 234

Call for Papers   / 241

图书在版编目（CIP）数据

经济社会学研究. 第六辑 / 刘世定主编. -- 北京：
社会科学文献出版社，2019.6
ISBN 978 - 7 - 5201 - 4804 - 7

Ⅰ. ①经… Ⅱ. ①刘… Ⅲ. ①经济社会学 - 文集
Ⅳ. ①F069.9 - 53

中国版本图书馆 CIP 数据核字（2019）第 088946 号

经济社会学研究 第六辑

主　　编／刘世定
执行主编／严　俊　张樹沁

出 版 人／谢寿光
责任编辑／杨桂凤
文稿编辑／黄　丹

出　　版／社会科学文献出版社·群学出版分社（010）59366453
　　　　　地址：北京市北三环中路甲 29 号院华龙大厦　邮编：100029
　　　　　网址：www. ssap. com. cn
发　　行／市场营销中心（010）59367081　59367083
印　　装／三河市尚艺印装有限公司

规　　格／开本：787mm × 1092mm　1/16
　　　　　印张：15.75　字数：267 千字
版　　次／2019 年 6 月第 1 版　2019 年 6 月第 1 次印刷
书　　号／ISBN 978 - 7 - 5201 - 4804 - 7
定　　价／79.00 元